权威·前沿·原创

皮书系列为
“十二五”国家重点图书出版规划项目

中国社会科学院创新工程学术出版项目

澳门蓝皮书
BLUE BOOK OF MACAU

本丛书由澳门基金会策划并资助出版

澳门经济社会发展报告（2014~2015）

ANNUAL REPORT ON ECONOMY AND SOCIETY OF MACAU (2014-2015)

主　编／吴志良　郝雨凡
执行主编／林广志　娄胜华

澳門基金會
FUNDAÇÃO MACAU

社会科学文献出版社
SOCIAL SCIENCES ACADEMIC PRESS (CHINA)

图书在版编目(CIP)数据

澳门经济社会发展报告. 2014～2015/吴志良，郝雨凡主编. —北京：社会科学文献出版社，2015. 5
（澳门蓝皮书）
ISBN 978－7－5097－7303－1

Ⅰ. ①澳… Ⅱ. ①吴… ②郝… Ⅲ. ①区域经济发展－研究报告－澳门－2014～2015 ②社会发展－研究报告－澳门－2014～2015 Ⅳ. ①F127. 659

中国版本图书馆 CIP 数据核字（2015）第 063336 号

澳门蓝皮书
澳门经济社会发展报告（2014～2015）

主　　编／吴志良　郝雨凡
执行主编／林广志　娄胜华

出 版 人／谢寿光
项目统筹／祝得彬　高明秀
责任编辑／沈　艺　王晓卿

出　　版／社会科学文献出版社·全球与地区问题出版中心（010）59367004
地址：北京市北三环中路甲 29 号院华龙大厦　邮编：100029
网址：www. ssap. com. cn
发　　行／市场营销中心（010）59367081　59367090
读者服务中心（010）59367028
印　　装／北京季蜂印刷有限公司

规　　格／开 本：787mm × 1092mm　1/16
印 张：21. 25　字 数：319 千字
版　　次／2015 年 5 月第 1 版　2015 年 5 月第 1 次印刷
书　　号／ISBN 978－7－5097－7303－1
定　　价／79. 00 元

皮书序列号／B－2009－116

主要编撰者简介

吴志良 1985年北京外国语学院葡萄牙语专业毕业；1986年赴葡萄牙进修；1991年在澳门东亚大学完成公共行政课程；1997年获南京大学历史学博士学位。现任澳门基金会行政委员会主席。又任澳门学者同盟主席、全国港澳研究会副会长、中国中外关系史学会副会长、中国明史学会理事、中华艺文奖评审委员会副主任、作家协会全委会委员，以及澳门大学、北京外国语大学客座教授。

主编《澳门论丛》、《新澳门论丛》、《濠海丛刊》和《澳门法律丛书》等丛书百余种，也是《粤澳公牍录存》、《澳门丛书》、《澳门百科全书》和《澳门总览》的双主编之一，并合作主编《明清时期澳门问题档案文献汇编》、《粤澳关系史》、《澳门历史新说》、《澳门编年史》、《澳门史新编》、《中国地域文化通览·澳门卷》和列国汉学史书系（25部）。著有《葡萄牙印象》、《澳门政制》、《青年与澳门未来》、《东西交汇看澳门》、《生存之道——论澳门政治制度与政治发展》（中、葡文版）、《澳门政治制度史》、《一个没有悲情的城市》和《悦读澳门》。合著有《葡萄牙投资指南》、《澳门政治社会研究》、《镜海飘渺》、《东西望洋》、《过十字门》、《早期澳门史论》及 *Revisitar os primórdios de Macau: para uma nova abordagem da História* 。

郝雨凡 澳门大学社会科学学院院长，政治科学讲座教授，博士生导师。著名国际问题专家，先后于1984年和1989年获得美国约翰霍普金斯大学高级国际问题研究院硕士和博士学位，曾任哈佛大学国际问题中心麦克阿瑟研究员、美国科盖特大学（Colgate University）政治科学教授及亚洲研究何鸿毅讲座教授。多年从事国际关系、中美关系、决策学、腐败理论及澳门社会发展等研究。先后出版20余部学术专著和编著，并有众多学术文章在国际主要学术刊物中发表。英文近作有：*Macao and Sino-U.S. Relations* (Lexington Books, 2010), *China's Policies on Its Borderlands and the International Implications* (World Scientific, 2010), *Sino-American Relations: Challenges Ahead* (Ashgate, 2010), *Challenges to Chinese Foreign Policy: Diplomacy, Globalization and the Next World Power* (University Press of Kentucky, 2009), *Chinese Foreign Policy Making: Societal Forces in Chinese American Policy Making* (Ashgate, 2006)。中文近作有：《转型中国的社会正义问题》（广西师范大学出版社，2013）、《澳门学引论》（社会科学文献出版社，2011）、《澳门文化创意产业：策略与发展》（中国社会科学出版社，2011）、《中国人文社会科学30年回顾与展望》（复旦大学出版社，2008）、《中国外交决策》（社会科学文献出版社，2007）、《布什的困境》（时事出版社，2005）、《白宫决策》（东方出版社，2002）、《瞬间的力量》（新华出版社，2002）、《限制性接触》（新华出版社，2001）、《无形的手》（新华出版社，2000）等。曾任北京师范大学、北京大学、清华大学和中国人民大学客座教授，韩国汉城东亚研究所、日本国际大学、日本庆应大学和美国布鲁金斯学会客座研究员。现为复旦大学、上海外国语大学、北京外交学院兼职教授，《澳门研究》主编，《南国学术》编委会主任。

摘　要

2014～2015 年《澳门蓝皮书》由总报告、政治法制篇、经济贸易篇、博彩发展篇和社会民生篇五大部分共 17 份报告组成。此外，附有《澳门概况》附录，读者可直观地了解澳门各个领域的最新发展与变化。通过对国内外经济形势的分析，结合澳门自身资源与发展趋势，本报告认为，2015 年是澳门实施“十二五”规划、打造“世界旅游休闲中心”的关键一年。一方面，特区政府换届，新班子锐意进取，开启了澳门经济社会发展的新纪元，各项事业的改革发展进入新阶段；另一方面，随着博彩收益下降以及土地、人口、资本要素的日益紧张，经济适度多元发展以及城市承载力等问题成为亟须解决的重大课题。

总报告回顾 2014 年澳门特区政府的施政情况以及当前澳门经济社会面临的主要问题及相关对策建议。特区政府在以民为本、科学施政的理念指导下，保持澳门特区的经济、教育、社会民生等各项事业较高速度发展。然而，澳门社会的各种矛盾也逐步显现出来。总报告分析了当前存在的问题，建议特区政府制定中长期发展战略和清晰的产业政策，采取建立投资基金、健全分享机制、推进行政司法改革、加强青少年教育及国情教育、落实人才培养机制、提高市民素质和推进高等教育改革与发展等一系列措施。

政治法制篇关注了 2014 年澳门社会的政治发展情况。首先，该篇介绍 2014 年第四届特区行政长官选举的具体情况，向读者介绍澳门行政长官和主要官员的产生程序，社会各界在选举前后又进行了哪些制度思考。其次，澳门在 2014 年亦同样面对着新媒体对社会管治所带来的机遇和挑战，一系列的社会运动既考验了特区政府的管治，亦为政府与民众的沟通开启了一扇新的窗口。该篇还针对澳门的立法工作及政府绩效制度建设给出了专门的分析总结。

经济贸易篇主要聚焦于澳门经济的适度多元发展以及中国与葡语国家经贸交流服务平台建设。首先，该篇回顾分析了2014年国内外和澳门的经济形势，对澳门2015年的经济增长与发展趋势做出预测。通过重点扶持会展、文创等新兴产业和致力拓展珠三角区域合作，澳门经济适度多元发展的格局初步形成，但发展势头有待提高。其次，介绍“中国与葡语国家经贸合作服务平台”的发展现状，包括澳门在国家的大力支持下设立的中葡中小企业商贸服务中心、葡语国家食品集散中心、中葡经贸合作会展中心的概况。指出有关机构的设立将为中国与葡语国家企业相互对接提供很大的便利，并可能成为澳门未来持续发展的新动力。再次，持续关注澳门旅游业近年在软硬件上的发展情况，以及旅客在澳的消费特征。旅游业是澳门的支柱产业，近年一直高速发展，但一些负面的社会效应亦在积累和凸显。旅游业界和澳门特区政府正进行一系列的改革，以期提升澳门的旅游竞争力及城市承载力，以缓解社会矛盾，推动建设宜居、宜游的国际旅游城市。最后，对澳门设立“主权财富基金”的必要性和可行性进行了探讨。

博彩发展篇是2014～2015年《澳门蓝皮书》的新篇章。博彩业占澳门经济的比重因计算方式不一而有不同的说法，但无论如何，博彩业是澳门最重要的产业，而且“一业独大”的趋势日益明显，在区域、经济和民生方面的影响受到国内外的广泛关注。经过十年的高速发展，澳门已成为世界最大的博彩中心，但在2014年，在中国经济新常态背景下，出现了自金融危机以来较为严重的收入下滑，面临重大调整机遇。该篇从借贷竞争、枱面枱下、国际竞争三个层面，从制度饱和的角度，揭示了博彩业下滑的内在原因。针对国内外对博彩业资金流向的关注，该篇还详细介绍了澳门博彩业反清洗黑钱的监管制度及执行情况。非幸运博彩尽管在澳门博彩业所占比例较小，但其沿袭百年的经营模式，极具澳门特式，对澳门博彩业发展有一定的贡献，值得学界关注。

社会民生篇预测，未来数年，随着多段公路、铁路、城际轨道的开工建设，珠三角区内外交通便利程度将得到明显的提高，区内居民在周边城市就业和生活将会成为常态。居民的跨区域流动，必将涉及交通运输配套、教育和医疗福利携带等多方面的社会保障问题。该篇用了较大篇幅讨论相关议题，期望能使读者对包括澳门在内的珠三角西岸未来城际生活有更深入的了解。同时，关注了澳门的职业教育和社会保障制度建设，认为特区政府有关举措可完善澳门教育结构，并保障基层市民分享社会经济发展所带来的成果。

目　录

BLUE BOOK

𝔹Ⅰ　总报告

𝔹Ⅱ　政治法制篇

𝔹Ⅲ　经济贸易篇

BⅣ 博彩发展篇

BⅤ 社会民生篇

BⅥ 附录

皮书数据库阅读使用指南

总 报 告

Synopsis

BLUE BOOK

B.1

当前澳门经济社会面临的挑战及其对策建议

——兼论人才机制建设与高等教育改革

郝雨凡*

摘 要： 2014年，澳门特区以民为本，科学施政，在经济建设、社会发展等各个领域取得了世人瞩目的巨大成就。然而不可讳言的是，在澳门经济社会高速发展的同时，澳门社会的各种矛盾和问题也逐步显现出来，比如产业结构单一、物价高涨、贫富差距大、行政司法效率低、区域合作缓慢、劳动力不足和素质低下等问题。建议制定中长期发展战略和清晰的

* 郝雨凡，澳门大学社会科学及人文学院院长，教授，博士生导师。

产业政策，采取建立投资基金，健全分享机制，推进行政司法改革，落实人才培养机制和提高市民素质等一系列切实有效的措施加以应对，而建立良好的人才培养机制是实现澳门特区长期繁荣稳定的必要条件。

关键词：澳门　挑战　战略产业　人才

回归以来，在中央政府的支持下，澳门特区政府在何厚铧先生、崔世安博士的带领下，坚持贯彻“一国两制”、“澳人治澳”、高度自治的方针，以民为本，科学施政，在经济建设、社会发展等各个领域取得了世人瞩目的巨大成就。

2014 年，澳门经济呈现蓬勃生机，本地生产总值（GDP）为 4433 亿澳门元，人均 GDP 为 8.9 万美元，分别约为 2001 年的 8.5 倍和 5.6 倍[①]。在财政盈余增加的基础上，教育、文化、体育等各项社会事业取得了显著进步。在民生方面，特区政府建立了若干机制，通过调整最低维生指数及敬老金、社会房屋租金豁免、社屋轮候家团临时补助、公交及电费补贴、现金分享和医疗补贴计划、提升职业税豁免额和退税、完善社会保障制度等措施，大幅提高了居民的各项保障和福利。2014 年，崔世安博士以高票连任第四届澳门特区行政长官，显示了社会各界对特区政府施政绩效的高度认可。然而，不可讳言的是，在经济社会高速发展的同时，澳门社会的各种矛盾和问题也逐步显现出来，有的矛盾和问题还相当尖锐和突出，例如通货膨胀、楼价高企、交通拥堵、城市超荷、经济适度多元发展缓慢等民生和发展的问题。

面对这些问题，澳门各界纷纷献策，从战略规划、产业政策、司法改革、福利分享等诸多方面提出建议，其中越来越多的有识之士逐渐认识到建

① 澳门统计暨普查局，http://www.dsec.gov.mo/PredefinedReport.aspx?ReportID=32。

立良好的人才培养机制是实现澳门特区长期繁荣稳定的必要条件。2014 年 1 月 28 日澳门特区政府设立了由行政长官崔世安担任主席的人才发展委员会。该委员会的正式设立，意味着“构建澳门人才培养长效机制”的全面启动。

本文将结合本书相关作者的有关论述分析当前澳门经济社会发展面临的各种问题，并提出相应的对策建议。

一　当前澳门经济社会面临的主要挑战

综合来看，澳门的经济社会面临的主要挑战有产业结构单一、物价高涨、贫富差距大、行政司法效率低、区域合作缓慢、劳动力不足和素质低下等问题。

博彩业“一业独大”，经济适度多元发展缓慢。自 2002 年澳门赌权开放后，博彩业的规模与效益不断攀升，澳门经济实现了飞跃式发展，经济规模和整体 GDP 急速上升。然而，经济发展是建立在博彩业“爆炸式”增长的基础上，博彩业虽为澳门财政提供了有力的支撑，但同时也强力削弱了非博彩业的发展动力，挤压了其他产业所需的资源和空间。2013 年博彩业产值占澳门本地生产总值的 46.1%，博彩税占澳门财政总收入的 86.4%。目前，经济结构单一导致整体经济的波动性风险增加，澳门经济可持续发展问题表面化。根据有关统计，由于受到外围因素的影响，澳门博彩业在 2014 年下半年收入跌幅明显，尤其是贵宾厅业务，2014 年博彩收入较 2013 年减少 2.6%，是澳门赌权开放逾 13 年以来，全年博彩收入首次出现负增长①。部分博彩企业开始推出自愿放无薪假制度。特区政府虽已意识到“一业独大”带来的风险，并提出经济适度多元发展的战略思路。可是，经过多年的探索，由于各种原因，特区政府着力发展的中医药、会展、文创以及信息科技等新兴产业发展缓慢。人们不禁要问，澳门经济适度多元发展究竟路在何方？

① 见本书柳智毅《2014 年度澳门经济回顾与展望》。

区域合作进展缓慢，“平台”“中心”建设效果不彰。澳门土地面积小，人口密度大，容纳了世界上最大的赌场建筑群，拥有20多万辆机动车，其土地资源、发展空间十分有限。长远来看，加强区域合作，是澳门经济社会可持续发展的必由之路。在《珠江三角洲地区改革发展规划纲要（2008～2020）》、“十二五”规划纲要以及《粤澳合作框架协议》中，中央政府和澳门特区政府已将澳门定位为“中国与葡语国家经贸平台”及“世界旅游休闲中心”。这对澳门参与区域合作提出了更高的要求。2009年，国务院颁布《珠江三角洲地区改革发展规划纲要（2008～2020）》，明确提出开发“横琴新区”。近年来，澳门与横琴的合作力度在加大，包括澳门大学横琴校区落成使用、澳门中医药产业园区进驻，以及33家澳门企业推荐进入横琴，但是来自政府层面的利用横琴以推动澳门经济适度多元发展、推动“平台”“中心”建设的重大区域合作举措乏善可陈，更遑论与内地其他地区的合作，这使澳门未来发展欠缺宽阔的“腹地”。显然，区域合作的滞后发展，严重制约了澳门之“平台”和“中心”的建设与发展。“中国与葡语国家经贸平台”“世界旅游休闲中心”究竟如何建设，其作用如何发挥？

物价持续高涨，贫富差距拉大。尽管澳门特区经济数据亮丽，劳动人口收入指数稳步上升，但经济发展成果似乎被居高不下的通胀率所吞噬，居民生活质量并不乐观。澳门经济于2014年下半年开始走低，并且在第三季度首次出现季度经济负增长，但由于消费总需求保持强劲势头，通货膨胀依然严重。澳门统计暨普查局的资料显示，2014年大部分时间的通胀率都高居6%以上，比2013年的通胀情况更为严重。年均通胀率已连续四年超过国际消费物价指数（CPI）升幅5%的通胀标准[①]。由于物价持续攀升，百物腾贵，本地生活消费越来越高，居民生活压力沉重，削弱了居民的购买力，其实际生活水平也随之下降。实际上，回归以来，澳门贫富差距不断拉大。在博彩业的带动下，一方面，澳门的人均生产总值已位居亚洲前列；但另一方面，澳门仍约有60%的居民属于中低收入阶层，反差异常鲜明。其中，部

① 见本书柳智毅《2014年度澳门经济回顾与展望》。

分居民，尤其是低收入家庭和弱势群体，在整体经济蓬勃发展时，不仅未能分享经济繁荣带来的成果，而且由于房地产价格上涨、通胀压力加大等原因，生活水平甚至有所下降，导致社会矛盾尖锐，社会不稳定因素急剧增加。

特区政府成立后，基本采用澳葡政府时期的行政和法律体系，并一直沿用至今。回归15年来，澳门的经济社会状况已发生巨大变化，相关行政架构、法律规章不太切合实际情况，可以预见的是，随着时间推移，特区政府施政的难度将逐年增大，改革现行行政与法律体系，提高政府施政能力和水平，提升政府决策的科学性、服务市民的有效性，为澳门的长期繁荣稳定及“一国两制”伟大事业在澳门的成功实践提供坚实保障，已成为特区政府未来能否有效施政的重大考验。

人力资源短缺，人口素质亟待提升。澳门人口总量小，加上出生率较低，老龄化相对严重，本土人力资源数量有限。由于经济规模日益壮大，外资涌进，人力资源供给总量严重不足。根据澳门统计暨普查局的数据，在2013年65岁或以上的人口占总人口的8%，到2036年澳门65岁或以上的人口将占总人口的20.7%。2013年老年人口抚养比例为9.9%，2036年的比例预计为31.2%[①]。尽管澳门整体失业率长期维持在2%以下，早已实现全民就业水平，但人力资源数量仍然严重不足，而且本地人力资源在数量和素质上倾向博彩产业及其相关行业，其他行业特别是中小企业“请人难”的问题越加突出。将来随着“世界旅游休闲中心”的建设、横琴自贸区的开发、港珠澳大桥的开通及澳门本地轻轨等大型项目的开发，澳门可能需要补充大量的人力资源。长期以来，澳门唯有依赖输入外劳以满足经济发展的需要。2014年底，外地雇员人数已达17万多，是回归初期的5倍多[②]。另外，澳门劳动人口素质整体偏低，缺乏竞争力，严重制约澳门的产业升级及适度多元发展。2011年人口普查显示，澳门总人口中接受高等教育的比例

① 见本书陈建新、伍芷蕾、冯国豪《粤澳合作框架下的社会服务合作挑战与机遇》。

② 澳门统计暨普查局，http://www.dsec.gov.mo/Statistic.aspx?NodeGuid=7bb8808e-8fd3-4d6b-904a-34fe4b302883。

只有16.7%（含外地雇员）；在劳动人口中，具有高等教育学历的只有23.64%（含外地雇员）①。博彩业高工资、低技术、低学历、低门槛的特点，使澳门青年一代的就业观、求学观发生了变化。这种变化，对澳门人口素质和竞争力的提升，对澳门经济社会的持续发展必将带来长期而深远的影响。

二　关于澳门未来发展的对策建议

上述矛盾和问题能否缓解和解决，已成为新一届政府能否有效施政的重大挑战，必须引起高度重视。2014年，国家主席习近平在澳门特区第四届政府就职典礼上发表重要讲话，对澳门提出四点希望：继续奋发有为，不断提高特别行政区依法治理能力和水平；继续统筹谋划，积极推动澳门走经济适度多元可持续发展道路；继续筑牢根基，努力促进社会和谐稳定；继续面向未来，加强青少年教育培养。换届之后，行政长官崔世安针对目前澳门存在的各种矛盾和问题，在2015财政年度施政报告中提出了五个施政重点：同心协力，应对内外环境的改变；建设宜居城市，共享优质生活；促进经济适度多元；完善民生措施，共建美好家园；提升政府治理水平，实现社会善治。施政报告展现了新一届特区政府务实解决问题、认真长远谋划的施政理念和方向，其中不乏新思路、新举措。对此我们表示赞同，并在此基础上提出若干建议。

配合国家发展战略，制定中长期发展规划。澳门特区的繁荣稳定及可持续发展已成为国家战略的组成部分。国家“十一五”“十二五”规划对澳门经济社会的发展制定了战略性规划。目前，国家正在筹划“十三五”规划，澳门特区应抓住机遇，积极以“一国两制”的原则统筹兼顾澳门未来发展规划，在参与落实国家整体发展战略的前提下，全面和具体评估自身在国家

① 澳门统计暨普查局，http：//www.dsec.gov.mo/Statistic.aspx？NodeGuid = 8d4d5779 - c0d3 - 42f0 - ae71 - 8b747bdc8d88。

发展战略中的功能定位和发展路向，将影响澳门经济社会发展的重点、难点问题如土地空间、水域管理等纳入发展战略，“慎思谋远”，将行政长官任期制与澳门发展的前瞻性结合起来，将澳门未来的战略定位及区域合作的重要事项与国家战略结合起来，取得国家的支持，与国家发展同步，为澳门建设“世界旅游休闲中心”开拓更多机遇和更大空间，为实现“中国梦”做贡献。

规范博彩业，制定清晰的产业政策。在规模上，澳门博彩业已成为“世界之最”，但是否“世界之强”？博彩业如何带动经济适度多元发展？从解决澳门深层次发展矛盾着手，政府必须制定推动经济适度多元发展的清晰的产业发展政策。一方面，必须在“一业独大”的脆弱性与周边国家和地区陆续开赌的竞争性中确立博彩业的“强身”之路，增强抗风险能力和综合竞争力；另一方面，必须重新审视澳门经济适度多元的发展路向，建立围绕博彩业发展的垂直多元发展战略，形成龙头与支撑格局，即做强博彩业，也带动边际产业的发展。正如2014年崔世安博士在参选政纲中指出的，“作为一个微型经济体，澳门经济适度多元的近期方向，应是优势产业链的延伸，促进博彩产业与其他产业的联动发展”。应发挥博彩业的“发动机”和“助推器”作用，用好用足“自由行”、紧贸安排政策，做大做强博彩业及其关联产业，包括文化旅游、休闲旅游、购物旅游、会展商务旅游等，积极推动酒店业、餐饮业和娱乐业的转型升级和现代化发展，重点发展批发零售业、会议展览业等相关产业，打造经济适度多元的新增长点。在这个基础上，围绕“平台”“中心”建设，大力培养和发展现代旅游休闲服务业，为澳门经济的长远发展注入新的动力。

建立投资基金，实现长远发展。回归15年来，澳门外汇储备和财政储备逐年增多。2013年，澳门的外汇储备和财政储备的总规模高达2979亿澳门元，但是投资收益并不理想。2000年以来，澳门的储备资产的实际规模一直大于适度规模，而且二者之间的差距导致过剩储备资产规模大幅上升①。对

① 见本书邱晓华、张明、王永中、潘圆圆《澳门“主权财富基金”研究》。

外开展金融投资，也是澳门经济适度多元发展的重要途径。建立澳门主权基金，利用丰厚的财政积累，通过稳健的可持续的对外投资，获得财产性收入，实现财富持续增长。最近，行政长官崔世安在2015年施政报告中指出，政府拟设立“特区政府投资发展基金”。应该说，这是政府吸纳社会意见、深思熟虑的战略举措。事实上，这是从澳门特区和居民的长远利益出发的措施，有利于平滑特区代际收入，以现代化、科学化、专业化的金融财务手段开展对外投资，促进经济适度多元，实现澳门现有财富效益的最大化，为澳门经济社会可持续发展提供有力支撑。内地新一届政府制定了宏伟的发展蓝图，而且开局良好，未来十年，中国经济仍将平稳快速发展。澳门如何参与内地建设，如何分享内地新一轮经济发展的“红利”？通过投资内地（当然不仅限于内地），以“反哺”方式支持内地经济建设，搭乘内地经济发展的“快车”，实现长期的稳健的经济回报，将对澳门经济起到重要的补充作用①。如果说，博彩业吸纳了内地大量资金，博彩的社会成本主要由内地来承担，那么，建立投资基金，投资内地重大项目，乃改善这一状况的良好途径，其社会经济效益不容小觑。实践证明，依靠祖国经济发展来扩大“经济版图”是澳门经济能够持续稳健发展的必由之路。

落实分享机制，确保社会和谐发展。特区政府在让居民分享经济发展成果方面已经有了一些举措，包括社会保险、医疗保障以及所谓“派钱”等。崔世安博士在参选政纲中提出的“财政盈余分配的长效机制”可望为居民分享经济成果设立制度保障。澳门经济发展取决于多方面因素，包括中央政府的支持、特区政府的正确施政，还有全体居民的贡献与付出等。这一机制的落实，将确保成果分享的方式不是临时性的而是长远性的，不是偶然的而是持续的。这一机制的落实，势必改进居民分享方式，确保居民实现更稳定、更持续、更有保障的分享。回归15年来，特区政府累积了丰富的施政经验和物质财富，这一机制是可望落实的。这种分享不应仅是“消极”的

① 林广志、郑成文：《设立“主权基金”，推动澳门产业适度多元化》，载郝雨凡、吴志良主编《澳门经济社会发展报告（2009～2010）》，社会科学文献出版社，2010，第11～23页。

“分钱”，而是要建立经济发展与市民贡献“挂钩”的机制，以财政盈余的多与少，决定居民分享的多与少。这种分享，也不仅面向已经积累的财富，而且更要从未来的经济增长中实现持续的分享。可以说，让全体居民共享成果，是解决贫富差距的有效途径之一。

推进行政司法改革，提升行政司法效率。针对行政架构重叠、司法改革缓慢的状况，特区政府采取了若干措施，取得了一定的效果。但总体而言，这与澳门经济社会的快速发展，与市民大众的期望仍有较大差距。有的问题还比较突出，民怨较大。因此，加快推进行政司法改革，既是政府有效施政的需要，也是实现“以民为本”施政目标的具体举措。在行政改革方面，应尽快完成重叠性行政机构的调整，在电子政务、新媒体管理、社会舆情的收集与判断、政府与社会沟通及获取意见的渠道与方式等方面亟须改善和加强，确保政府绩效第三方评估机构的公信力，落实精兵简政以及实现绩效问责[①]。在行政效率方面，行政长官崔世安多次提到要实施绩效管理、领导官员评审和官员问责制，“完善领导官员绩效评审制度，实现官员问责制度与领导官员评审制度的结合，形成‘绩效导向’‘权责相当’的行政文化”。这一举措的实施，将有效提升行政管理效率，建设新的行政文化，尤为社会各界所期待。在司法改革方面，虽然任务繁重，但也应制定中长期规划，分阶段、分步骤、分缓急尽快完成相关改革工作，以适应日益变化的社会经济环境。

近年来，国家领导人多次在不同场合肯定澳门的成绩，同时指出澳门应居安思危，增强忧患意识，解决人才与发展等问题。这既是鼓舞，也是警示。“一国两制”政治框架是澳门发展的根本原则和长远保障，是澳门和国家的根本利益。澳门在“一国两制”框架下已取得举世瞩目的成就，充分证明了“一国两制”制度的优越性和强大的生命力。在中央政府的支持下，在特区政府以及广大市民的努力下，我们对澳门的未来充满信心。但是，澳门在前进的道路上，仍然会遇到产业结构单一、物价高涨、贫富差距扩大、

① 见本书鄞益奋《澳门特区的政府绩效治理制度》。

行政司法效率低下、区域合作缓慢、劳动力不足和素质低下等不少困难和挑战。对此，我们应保持清醒的认识，制定中长期发展战略和清晰的产业政策，采取建立投资基金、健全分享机制，推进行政司法改革等一系列切实有效的措施。尤其是在落实人才培养机制、加强青少年教育、提高民众素质以及高等教育改革方面需要加大力度。

2013 年，特区政府开始实施人才发展机制，注重培养各类优质人才，社会各界对此乐观其成。人才培养是一项长期的工作，所谓“百年树人”，而且除了培养优质人才外，还必须注重基础教育发展，整体提升居民文化素质。因此，可适时启动以教育改革为基础，以产业发展为动力，以提升居民素质为目标的“澳门人才发展规划”，实施人才培养和使用的短期、中期及长期策略。

根据发展规划，人才培养包括以下几个方面：关注中小学教育改革，提高基础教育的质量；大力发展中学后教育，提高总人口及劳动人口中高等教育毕业生的比例；应对发展需求，加强“平台”“中心”建设的专才培养；推进博彩相关产业人才的培养，为经济持续发展储备力量；注重行政司法人才的培养，促进行政司法人才的阶梯式成长。如果说，目前实施的“人才培养机制”是培养精英人才、优秀人才的短期计划，那么，作为整体提升市民素质的中小学（非高等教育）教育改革则是百年大计，更应引起足够重视。虽然政府对中小学教育的投入逐年增大，但至今尚无统一的教学大纲和测量标准，在“教什么”“怎么教”“学得如何”方面仍处于放任自流的状态，这对居民素质的整体培养和提升非常不利。

值得注意的是，虽然回归已经 15 周年了，但有关“国家意识”的教育仍有待加强。应落实在中小学推行宪法教育、国民教育以及“去殖民化”教育，以延续和保持澳门社会“爱国爱澳”的优良传统。必须加强澳门与内地的高校及相关文化部门的交流合作，借助内地优势文化资源，在澳门青年中深入持久地开展国情教育和传统文化教育。最近香港发生的以青年学生为主的“占中”行为及其主张，将来会不会在澳门发生？这些都是特区面临的十分严峻的问题。长远来看，对澳门青少年的培养教育，必须提升到

“一国两制”的贯彻落实、保持澳门长治久安的战略高度来认识。特区政府、社会各界和各级学校应承担起相应的责任。特区需要利用现有资源，在校内外开设中国国情与传统文化课程及开展相关活动，使学生认识新中国走过的不平凡道路和取得的巨大成就，深入理解“一国两制”方针与实现中华民族伟大复兴中国梦的内在联系，明确自己与祖国的关系及其相应的义务和责任，增强辨别是非、抵御错误思想的能力，增强民族自豪感和爱国爱澳的自觉性以及投身“一国两制”事业的责任感和使命感。

培养高素质人才，高等院校可谓义不容辞。澳门特区的诸所大学需要继续探索具有澳门特色的与国际接轨的大学办学机制，为“一国两制”下港澳高等教育的管理机制和发展模式摸索道路。在“一国两制”、高度自治的制度环境下，港澳的大学究竟如何办？如何确保港澳的大学既坚持学术自由，与国际接轨，又保持应有的治校秩序，与国家的发展目标保持一致，为国家、港澳的发展做出应有的贡献？过去国家和特区政府在这方面思考不多，着力不够，近几年香港个别大学出现的一些问题，教训极为深刻，令特区的教育工作者不能不对此进行反思。国家有关部门需要对港澳高等教育的发展问题展开认真研究，在“一国两制”框架下理顺港澳大学的办学机制与发展问题。例如，国家有关部门可以加强对澳门高校开展传统文化、家国情怀、乡土文化以及人文社会科学领域的教学、研究工作的指导与支持，协助澳门高校与内地省市教育部门、著名高校开展中国文化教育交流与合作，鼓励澳门高校以地区单列方式参与教育部人文社会科学重大科研基金项目和基地建设，将澳门高校若干优秀人文社会科学杂志列入国家评价体系等。长远来看，办好澳门高等教育具有重大的战略意义，既为“一国两制”政策的贯彻实施、为澳门长远发展培养优秀人才，为特区政府科学施政、解决制约澳门经济社会发展的重大问题贡献智慧，也可在“一国两制”制度背景下，对港澳乃至中国高等教育制度的改革发展提供启示和借鉴。

政治法制篇

Political and Legal Development

B.2

澳门行政长官选制修订与选举实践分析

——以第四任行政长官选举为中心

娄胜华*

摘 要： 按照2012年新修订的行政长官选制，第四任行政长官选举于2014年顺利完成。此次选举是在选委扩容、界别分组调整、投票人数增加的基础上进行的。与上届选举相比，此次选举因应社会环境与社会诉求的变化，在参选政纲与竞选宣传方面都有所不同，尤其强化了候选人与社会的互动，以及注意利用现代网络技术进行宣传。但是，“一人参选”的格局却得以延续，而选委选举的竞争性也未见有较大幅度的提

* 娄胜华，博士，澳门理工学院公共行政学教授兼课程主任，研究方向为社会治理与公共政策、NGO与公民社会。

升。因此，从选举实践反观选制效果，可以说选制修订成效是有限的，需要进一步完善选制。在选委选举上，要继续降低选委提名门槛。在行政长官选举上，需要以增强选举竞争性来促进当选者的认受性，改变多届“一人参选”的局面。同时，在非选制影响方面，需要调整施政方向，重视民生改善与管治结构革新。

关键词：行政长官　澳门选举制度　选举委员会　竞争性　认受性

2014 年 8 月 31 日，澳门特区举行了第四任行政长官选举。此次选举是依据 2012 年新修订的行政长官选举制度进行的。从检验与判断制度发展成效的角度看，2014 年第四任行政长官选举实践无疑是对 2012 年选制修订的一次检验。实际上，通过观察与分析 2014 年选举实践及其结果，非但可以验证 2012 年选举法律修订的成效，为未来完善行政长官选举制度提供经验性依据，而且还能够观察特区政府的施政得失与民意走向。

一　2012年行政长官选制修订的议程与内容

自澳门特区成立以来，行政长官选举制度经历了从创设到修订的过程。2004 年，根据《中华人民共和国澳门特别行政区基本法》（以下均简称《澳门基本法》）及附件一《澳门特别行政区行政长官的产生办法》的规定，澳门特区颁布了第 3/2004 号法律《行政长官选举法》，连同之前通过的第 12/2000 号法律《选民登记法》，为澳门特区行政长官选举构筑起制度性框架。此后，行政长官选举制度经历了两次修订，即 2008 年修订与 2012 年修订[①]。两次

① 需要说明的是，2012 年澳门特区的“政制发展”包括立法会选举制度与行政长官选举制度两个部分，本文讨论对象限于行政长官选举制度。

修订在程序、范围、内容、重点等方面存在着诸多不同之处。2008 年修订是由澳门特区主导的，修订程序是在澳门内部完成的。此次修订并未涉及选制调整等问题，属于技术性修订。与2008 年修订相比，2012 年修订，无论是内容还是程序都更为重要而复杂，因此，此次对行政长官选举制度的修订与立法会选举制度修订一起成为澳门特区成立后首次由中央决定、澳门各界参与的澳门政制发展。

2012 年行政长官选举制度的修订，在议程设置上，实行“两轮咨询、分步立法”。“两轮咨询”是指就与修订相关的议题进行了两次咨询，第一轮咨询的核心议题是修订与否，即行政长官产生办法及立法会产生办法是否需要修订；第二轮咨询的议题则是如何修订，即有关修订具体内容的讨论，包括行政长官选举委员会委员的增加与各界别或界别分组选委名额的分配与调整等。“分步立法”指的是，此次修订涉及《澳门基本法》两个附件①的修改及全国人大常委会批准、备案程序，所以，必须依照基本法所设定的程序，分两个部分按不同步骤进行修订。第一部分是由中央政府主导的经过“五部曲”完成的《澳门基本法》附件的修订。具体包括：第一步，行政长官向全国人大常委会提出行政长官与立法会产生办法是否修改的报告；第二步，全国人大常委会对是否修改做出决定；第三步，澳门特区政府向立法会提出修改行政长官和立法会产生办法的修正案（草案），并经立法会全体议员三分之二多数通过；第四步，行政长官同意经立法会通过的修改行政长官和立法会产生办法的修正案（草案）；第五步，行政长官将有关修正案（草案）报全国人大常委会，由全国人大常委会批准或备案。其中，关键环节是必须由全国人大常委会做出可以修改的决定，否则，无从启动修订的后续议程。

如果说修法的第一部分是由中央政府决定的，那么，修法的第二部分是在澳门本地进行的，属本地立法阶段，是由澳门特区政府与立法会共同完成

---

① 《澳门基本法》附件一为《澳门特别行政区行政长官的产生办法》，附件二为《澳门特别行政区立法会的产生办法》。

的。不过，在议程上，只有当第一部分修法程序完成后，才能启动第二部分本地修订程序。也就是说，第一部分《澳门基本法》两个附件修订的完成为第二部分本地立法提供了宪制基础。虽然两个部分的修法是分阶段进行的，却又并非完全独立或隔绝的，事实上，第二部分本地立法直接采用了第一部分修法咨询的成果，即修订《行政长官选举法》的相关条文时直接采用了第一部分修法咨询时收集的意见，而非再一次向社会就修订的具体内容进行全面咨询，由此，节省时间与资源，从而提高了立法效率。

经过上述程序，2012 年 8 月 29 日澳门特区立法会通过第 11/2012 号法律《修改第 3/2004 号法律〈行政长官选举法〉》，9 月 3 日获行政长官签署公布，新修订的《行政长官选举法》正式生效。至此，行政长官选举制度的修订宣告完成。

2012 年行政长官选举法律制度修订的核心内容是增加行政长官选举委员会委员及选委界别或界别分组之名额分配，具体体现在以下几点：

（1）行政长官选举委员会新增 100 名选委，由原来的 300 人增加到 400 人；

（2）调整选委界别或界别分组的名额分配，具体见表 1；

表 1　行政长官选举委员会委员数量与各界别名额分配的变动

界别	界别分组	调整前	调整后	变动（+、-）
第一界别	工商、金融界	100	120	**+20**
第二界别	文化界	18	26	+8
	教育界	20	29	+9
	专业界	30	43	+13
	体育界	12	17	+5
	小　计	80	115	**+35**
第三界别	劳工界	40	59	+19
	社会服务界	34	50	+16
	宗教界	6	6	-
	小　计	80	115	**+35**
第四界别	立法会议员代表	16	22	+6
	澳区全国人大代表	12	12	-
	澳区全国政协委员代表	12	16	+4
	小　计	40	50	**+10**

（3）提名行政长官候选人所需最低选委人数，虽仍然维持在全部选委六分之一的比例，而绝对数却有所增加，即由原来至少需要获得50名选委提名，相应地增加到66名选委提名；

（4）扩大法人选民的投票人数，每一具投票资格的法人选民，投票人数由原来的最多11人增加到最多22人；

（5）取消行政长官选举委员会委员“自动当选”机制，即使某界别或界别分组获提名的候选人总数不多于该界别或界别分组获分配的选委名额，该等候选人不得自动当选，仍然需要通过投票选举产生。

上述修订是严格按照全国人大常委会确立的修改原则进行的，即在明确“两个不变”（《澳门基本法》附件一第一条关于“行政长官由一个具有广泛代表性的选举委员会依照本法选出”的规定维持不变，《澳门基本法》附件二第一条关于“第三届及以后各届立法会”由“直接选举的议员、间接选举的议员和委任的议员”三部分组成的规定维持不变）的前提下“可适当修改”①，因此，属于一种局部性或技术性修订。修订目的在于在基本保持行政长官选制稳定的同时，又可以更好地发挥制度效应，即①维护行政主导的政治体制更为有效地运作；②扩大行政长官选举委员会的代表性，更广泛地吸纳包括中产专业人士在内的社会各阶层人士，促进各阶层、各界别的均衡参与；③在某种程度上增强行政长官选举的竞争性，为培养政治人才创造条件；④提高行政长官的社会认受性，促进特区政府施政的畅顺度。

那么，上述目标是否能够真正实现呢？较为可靠的检验途径是观察修订后的制度实践及其效应。实际上，2012年行政长官选举制度的修订原本就是考虑到2014年第四任行政长官选举而由特区政府提出并得到全国人大常委会批准启动的②。

---

① 《全国人民代表大会常务委员会关于澳门特别行政区2013年立法会产生办法和2014年行政长官产生办法有关问题的决定》。

② 《2012年财政年度施政报告》，澳门，2011年11月15日。

二　第四任行政长官选举过程及其特征

（一）第四任行政长官选举的“两个阶段”

从制度性质看，行政长官选举属间接选举，行使行政长官候选人提名权与选举行政长官投票权的都是选举委员会委员，而非自然人选民，因此，这种由选举委员会选举产生行政长官的制度可以称为“选举委员会制度”。从选举过程看，行政长官选举分两个阶段进行选举。首阶段选举是产生选举委员会，而非行政长官。选举委员会委员分为两种，即选举委员与当然委员。选举委员占全体选委的84%，通过选举方式产生。当然委员占全体选委的16%，其中，澳区人大代表属当然委员，澳区政协委员代表、立法会议员代表以自行选举方式产生，宗教界代表则由确认提名方式产生。选举委员与当然委员共同组成行政长官选举委员会。次阶段选举是由选举委员会委员投票选举行政长官。

在首阶段行政长官选举委员会的选举（以下简称“选委选举”）中，因选举委员新增加了100名，加上现任行政长官崔世安较早宣布参选而形成“一人选举”的社会心理预期，故而选委选举反而成为社会各界关注的环节。在400名选委中，除了56名当然委员外，344位选委是需要通过选举产生的，涉及三大界别七个界别分组，共计有825个法人选民（社团）有资格参选。

本届选委提名程序虽然与往届相同，但是选委提名结果却出现变化。以往获提名候选人往往与应选名额相同①，而本届七个界别分组共提名352个候选人，较应选名额多出8人，其中，教育界、体育界、劳工界获提名候选人较应选名额分别多出2人、2人与4人，也就意味着该三个界别分组必然

① 在回归后历次行政长官选委选举中，仅2004年第二任行政长官选委选举时出现过专业界别分组中获提名候选人数多于该界别应选选委名额2名的情况，其他界别均为获提名候选人数与界别应选名额相等。因此，在等额选举的情况下，为省却投票与计票引致的行政成本而设置了“自动当选”机制。该机制在2012年选举法例修订时被废除。

出现差额选举。由于本届选举取消了“自动当选”机制，除了教育、体育与劳工三个界别分组因出现差额而必须投票选举外，其他界别分组即使等额，亦需要投票。七个界别分组共有825个法人选民（社团）提交了5448位合资格投票人，其中，4505人参加了2014年6月29日的投票，总投票率为82.69%。各界别分组的投票率，以劳工界最高（92.14%），文化界最低（66.56%），具体可参见表2。

表2 第四任行政长官选举委员会委员提名及选举统计

单位：人，%

界别	界别分组	法人选民（社团）	合资格投票人	应选名额	获提名人数	投票率
第一界别	工商、金融界	99	849	120	120	83.39
第二界别	文化界	137	637	26	26	66.56
	教育界	24	292	29	31	86.64
	专业界	54	576	43	43	80.38
	体育界	313	668	17	19	80.69
第三界别	劳工界	66	916	59	63	92.14
	社会服务界	132	1510	50	50	84.37
合　计		825	5448	344	352	82.69

资料来源：根据澳门特区第四任行政长官选举网站（http://www.ece.gov.mo）资料整理。

行政长官选举委员会的产生标明第四任行政长官选举首阶段的结束，随后进入第二阶段，即行政长官候选人的提名、竞选及投票阶段。应该说，一直以来，能否产生两位以上的行政长官候选人以增加选举竞争性是社会各界对行政长官选举的重要观察点。然而，自现任行政长官崔世安于2013年12月公开表示有意角逐连任之后，面对澳门主要社团的领袖及包括现任全国政协副主席何厚铧在内的政界人士陆续表达支持崔世安连任的情形，一些被社会预测具挑战实力的政治人物并未显示出有意参选的迹象。在进入第四任行政长官候选人提名阶段后，尽管有两位市民领取提名表①，却不能征集到任

① 《李光远吴锐源领表参选特首》，《澳门日报》2014年7月16日，第A02版。

何选委的提名，结果，崔世安顺利征集到 331 个选委的提名，从而成为第四任澳门特区行政长官唯一候选人。

由于属无对手的“一人参选”，社会关注焦点已不在何人当选上，而在于崔世安参选政纲的内容。8 月 16 日，作为唯一候选人的崔世安发布题为《同心致远、共享繁荣》的参选政纲，并展开以“听民意、敢承担、迎挑战”为宗旨的竞选工程。应该说，参选政纲以“宜居”“发展”“关爱”“善治”四个部分来全面回应社会要求，尤其是将房屋、交通等急迫的民生问题放在政纲突出位置，作为当选后的施政重点，并以行政改革作为落实民生政策的保障，此举切合民意，得到了澳门居民的广泛认同与支持。

在为期两周的竞选宣传期间，崔世安利用公听会、座谈会、走访小区等多种形式，与社团、居民进行面对面交流，听取社会各界别、各阶层、各行业人士的意见。相应地，社团、居民也积极踊跃地通过问卷等多种形式及渠道对崔世安的参选政纲发表意见，提出各自的建议与期望。尽管社会上也出现了反对崔世安连任及要求普选的“民间公投”活动，但是，似乎并未影响社团及居民向崔世安陈情的热忱。据统计，仅各大社团收集的会员与居民之意见（含问卷）就有近 12 万份（条）。实际上，与通常竞选活动所具有的不同对手之间紧张对峙的情形完全不同，此次竞选宣传已成为一次全面的意见征集与争取民心活动，选举竞争的色彩与氛围反而显得非常淡薄。

2014 年 8 月 31 日，崔世安一如所料顺利当选为第四任澳门特区行政长官候任人。在 400 名选委中，有 396 名选委参加了投票，崔世安获得 380 张支持票，得票率为 95.96%，超过了上届（2009 年）的 95.27%。另有 13 张空白票，3 张废票。

（二）第四任行政长官选举的基本特征

2014 年第四任行政长官选举已经结束了，回顾此次选举，与 2009 年第三任行政长官选举相比，有相同之处，也有不同之处。具体分析，在选举组织、选举过程及程序等方面，两次选举都基本一致，其中，最大的相同之处就是两次选举的候选人都是唯一的且均为崔世安。可以说，两次选举的相同之处居主导地位。即使如此，两次选举也存在一些相异之处，主要表现为以下四点。①法律环境的差异。2014 年选举是 2012 年行政长官选举法修订后的首次实践，因此，选举本身是对 2012 年修订成效的一次检验，尤其是修订部分，其中以行政长官选举委员会扩容效果的检验最值得观察。②社会环境与社会矛盾的变化。2009 年第三任行政长官选举时，澳门社会面临着 2008 年全球金融危机带来经济减速与企业裁员的环境，因此，如何应对金融风暴引致的就业问题成为当时社会热点议题，也是行政长官候选人在参选政纲中需要明示的政策焦点。而 2014 年选举时，澳门经济连续高速增长多年，然而，尽管经济发展累积了巨额的社会财富，可居民生活质素却并未得到切实的提升，虽然居民平均收入水平有所提升，而房屋、交通、通胀等社会民生问题却变得更加突出，严重困扰着居民日常生活。与此同时，游客与外劳的快速扩容，使澳门基础设施及社会承载力的危机与缺陷暴露出来，结构性社会矛盾与深层次社会问题日益浮现。如何将经济增长转化为居民生活质素的有效提升是行政长官候选人不可回避的新课题。③参选政纲的主调变化。参选政纲的主调转变取决于参选时的社会环境与社会矛盾变化，同时也与选举类型或性质密切相关。2009 年行政长官选举是一次换届选举，而 2014 年选举却是现任行政长官崔世安的连任选举。所以，就不难理解何以 2009 年参选政纲以“传承创新、共建和谐”为主调，而 2014 年参选政纲却以“同心致远、共享繁荣”为主调。对于竞选连任来说，无须强调传承的意涵，而更应着力解决具有强烈社会要求的问题。④竞选（宣传）形式有所不同。虽然两次选举均因“一人参选”而少了竞选意味，但是，五年的技术进步与社会发展导致澳门民众参与及社会沟通方式发生巨大变化。为适应这种变化，2014 年选举在竞选方式上出现了两大改变：一是强化了候选人与社会的互动。在竞选宣传期间，行政长官候选人不仅通过多种方式与选委互动，而且更重要的是直接与居民进行互动，以争取民心及获得社会认同与支持。应该说，行政长官候选人的努力得到了社会各界的积极响应，超过 100 个社团通过行政长官候选人竞选办公室提交约 12 万份（条）建言（问卷）就是其中表现之一。二是强化了沟通与宣传中现代网络技术的利用。

行政长官竞选网站设计新颖、有趣，以短片、“趣闻”卡通漫画形式，可以更容易吸引伴随网络成长起来的年青一代的关注。尽管某些为创新而创新的竞选宣传形式并不一定获得社会认同，例如，在公听会上设置评论人被社会批评反而阻碍了民众与行政长官候选人之间的直接沟通，效果不如预期，但是，这一定程度上反映了行政长官竞选团队迎合社会发展的主观意愿。

由上述比较可见，无论是内容还是形式，2014 年选举都有着不同于 2009 年选举之处，其间的差异性可以说正是 2014 年行政长官选举特征。

三　行政长官选举实践效果及影响分析

对于澳门来说，行政长官选举并非孤立的，作为五年一次的重大政治活动，其实践效果与政治影响是综合性的，简单地说，从选举实践既可以反观与检验选举制度修订效果，也可以观察民意走向与政府施政得失。

（一）选制方面：修订效果有限，应以增强选举竞争性来提升选委代表性与行政长官认受性

1. 促进选委选举的竞争性，需要降低选委提名门槛

应该说，2012 年行政长官选制修订的着重点在于促进选举委员会代表性的扩大与均衡，并提升选举的认受性。因此，选举委员会人数得以增加，由原来的 300 人增加到 400 人，增幅超过三成。同时，新增选委的界别分配没有采取四大界别平均分配，而是向第二、三界别倾斜，尤其是劳工界、社会服务界、教育界、专业界等，增幅均超过 43%；而工商、金融界仅增长 20%。非选举界别或界别分组中，宗教界、澳区人大代表维持原来数目，立法议员代表与澳区全国政协委员代表分别增加了 6 名与 4 名。

从 2014 年的选举实践观察上述修订，虽然效果有所显现，总体上却应该承认效果有限。效果主要表现在，与以往历届行政长官选委选举相比，本次选委选举出现了较多界别分组提名名额与获分配名额之间的差额现象，尽管仅有三个界别出现差额选举，出现最大差额的劳工界别也仅 4 名而已，却

已是历届以来最有竞争性、最多界别出现差额竞争的选举。差额选举的出现及其扩大趋势本身说明选委扩容带来的竞争性，以及通过选举竞争可以提升选委的代表性与社会认受性。同样可以说明问题的是，界别分组投票率，虽然因以往设“自动当选”机制而无法将本次选委选举的投票率与以往进行全面比较，唯有专业界别在2004年选委选举中因出现提名与应分配名额的差额而需要投票，经与本次选委选举相比较，显然有竞争的2004年投票率达到88.91%，而没有竞争的本次选举则仅为80.38%。比较本次选委选举中各界别分组的投票率同样可以发现，投票率排名前两位的正是存在差额选举的劳工界（92.14%）与教育界（86.64%），由此可见，竞争某种程度上具有提升投票率的效果。

虽说出现竞争比无竞争自动当选要好，但是，没有必要高估目前选委选举的竞争性。在不改变以选举委员会方式选举行政长官的前提下，如果要增强选委选举的竞争性，最直接的方式就是进一步降低选委提名的门槛，可以考虑从目前由获确认的界别内全部法人选民（社团）的20%降低到10%，甚至更低。相信此举较增加每一法人选民（社团）投票人数会更有效，实际上，从本次选委选举情况看，递交了投票人名单的法人选民（社团）数为825个，获确认合资格的投票人总数为5448人，也就是说，每个法人选民（社团）为9.33票。可见，2012年选制修订中增加法人选民（社团）投票人数的意义并不明显。

2. 提升行政长官的认受性，需要加大行政长官选举的竞争性

在行政长官选制修订中，扩大行政长官选举委员会本身并非目的，目的在于借更多选委参与行政长官投票活动来提升行政长官的社会认受性。毕竟作为特区政府首长，行政长官肩负领导特区政府施政的重任，而畅顺的施政离不开施政者的社会认受性。

在选举委员会制度下，尽管通过增加选委名额可以在某种程度上提升行政长官的社会认受性，但是，如果行政长官候选人是唯一人选的话，无疑更加局限了选委扩容的效果。例如，2014年8月16日，行政长官候选人面向400名选委举办参选政纲发布会暨答问大会，接受选委现场提问。然而，竞

有超过三分之一的选委并未出席活动。可见，在“一人参选”的格局下，即使是拥有投票权的选委也因选举不具竞争性而持消极态度。实际上，行政长官候选人在竞选过程中，面对的不仅仅是400名选委，也不只是向选委进行拉票活动，更重要的是，通过政纲发布、小区走访、座谈交流、网络互动等方式面向社会、面向全体居民，争取其施政理念与政策为居民所认同，获社会支持。然而，在一人参选的情况下，行政长官候选人几乎等同于行政长官候任人，因此，竞选活动出现反转或倒置现象，不是行政长官候选人向社会做出施政承诺，而是社会各界纷纷向行政长官候选人陈情诉愿，原本应是候选人争取社会支持的情况反而变成俯顺民情了。如果竞选人无须以其施政愿景与承诺、施政理念与政策获取社会支持的话，即使当选，又何来社会认受性？

实际上，在行政长官选举委员会制度下，有必要引入更为进取的方法来增加行政长官选举的竞争性，通过竞争性选举促使不同候选人以其政策理念与施政承诺赢得民心，使具投票权的选委亦有机会与空间做出符合社会期望的选择，从而令当选为行政长官的候选人具有更广泛的社会认受性。以往的实践也说明，在有竞争的行政长官选举中，即使当选者的得票率远低于一人参选情形下的当选者，其社会认受性也不低于一人参选情形下的高票当选者。例如，在首任行政长官选举中，有两位候选人竞选，结果，当选者何厚铧的得票率为81.9%，却不意味着何厚铧的社会认受性低。相反，此后三任行政长官选举均为一人参选，得票率自然高于首任行政长官，但在社会认受性方面，公允地说，未必超过首任行政长官。可见，现行选制在排除了竞争之后极易形成“高得票率、低认受性”的政治困境。

其实，从制度上促进行政长官选举的竞争性并非难事，只要适当降低行政长官候选人提名门槛与规定候选人征集选委提名的最高限额即可。比如，在降低提名门槛方面，可由现行的全部选委的六分之一（66名）降低到十分之一（40名）或者更低；在最高限额方面，规定不能征集超过全部选委的二分之一（200名），以便给有意角逐的第二候选人留下足够的提名名额。

（二）非选制影响：施政首重民生改善，革新管治结构为先

五年一次的行政长官选举不仅仅是对行政长官候选人自身表现的一次检验，实际上也是对政府上一个五年施政得失的一次全面检查。在第四任行政长官候选人竞选期间，各种社会意见、建议（问卷）经社团、机构与个人排山倒海似的涌入行政长官竞选办公室。此一现象可以解读为社会民众对行政长官候选人寄予期望，但是，也可以说，目前澳门面临着复杂繁多的社会问题，从中分析澳门社会要求的变化，可以成为行政长官未来施政的重要参考。

梳理行政长官选举期间社会各界意见及要求，可以从中归纳出两个层次，即现实层面问题与结构性深层次问题。现实层面以民生问题为主导，主要涉及住房、交通、通胀、医疗、人力资源等方面。应该说，这些问题都是与居民日常生活息息相关、可感可知的，因此，受到社会普遍关注。毫无疑问，应列入特区政府施政之重点方向。理论上，澳门历经回归后十多年的经济高速增长，政府与民间积累起巨额财富，解决民生问题应该并不困难。然而，将经济发展成果转化为澳门居民生活质素的提升涉及社会利益结构的调整，必然遭到既得利益群体的抗拒与阻挠。因此，深层次改革就是管治结构的革新。通过改革管治结构，使分配决策权与既得利益阶层分离，回归社会，改变由商人控制支配决策权力的格局。如果不从根本上改变现存权力格局，使决策机构超越各种既得利益关系，非但现实民生问题无法真正得到解决，而且会使不合理的分配结构更加倾斜，最终导致土地、人力等社会宝贵资源的错位低效配置，社会利益关系畸形化，正面的良性社会导向难以建立。可见，如果延续现有的管治结构，社会面临的现实民生问题只能得到部分缓解，而不可能得到真正解决。

总之，尽管第四任行政长官选举已经落幕，新一届特区政府于回归 15 周年纪念日正式组成运作，然而，选举结果形成的社会政治影响却逐渐显现，未来如何从选制革新及政府施政两方面推进澳门社会进步与发展，无疑是新一任特区政府与澳门社会各界必须共同面对的课题。

B.3

澳门特区2013～2014年度立法工作述评

布嘉舒*

摘　要：2013～2014年澳门特区的立法工作取得丰硕的成果，立法会通过了多项酝酿已久的重要法律。为了叙述的方便，本文先简要介绍立法会2013～2014年度的立法职能及立法程序，其后，介绍立法会在2013～2014年度通过的法律并详细论述几项重要的法律。

关键词：立法会　立法职能　立法程序　澳门

一　总体情况

在2013～2014年，澳门特区立法会共通过了23项法律，包括几项重要的法律（即本文重点介绍的《食品安全法》《预防和控制环境噪音》《土地法》《城市规划法》《文化遗产保护法》），这几项法律的颁布不仅改进了现行法律的不足，回应了社会的诉求，还规范了特区政府的自由裁量权，增加了特区政府运作的透明度及公开性，从而增强了市民对特区政府的信任度，产生了积极的社会效果。现将有关情况分别表述。

在2013～2014年，特区政府和议员的提出法案及通过情况如下。

---

* 布嘉舒，法学硕士，国际公认反洗钱师（Anti-Money Laundering Specialist），民政总署高级技术员，主要研究方向为刑法学、反洗钱法。

（一）特区政府提案

立法会共接纳了25项特区政府提出的法案，其中23项已进行一般性和细则性审议并表决通过（详见表1）①。

表1　立法会审议并表决通过的法案

法律编号	名　称	在全体会议通过的日期	公布日期
1/2013	《修改第11/2003号法律〈财产申报〉》	03/01/2013	21/01/2013 28/1/2013（更正）
2/2013	《民航意外事故调查及航空安全资料保护法》	03/01/2013	21/01/2013
3/2013	《订定在横琴岛澳门大学新校区适用澳门特别行政区法律的基本规范》	04/02/2013	18/02/2013
4/2013	修改第21/2009号法律《聘用外地雇员法》	28/03/2013	15/04/2013
5/2013	《食品安全法》	27/03/2013	22/04/2013 10/06/2013（更正）
6/2013	《调整公共行政工作人员的薪俸、退休金及抚恤金》	22/04/2013	29/04/2013
7/2013	《承诺转让在建楼宇的法律制度》	21/05/2013	27/05/2013
8/2013	《修改第2/2004号法律〈传染病防治法〉附件的传染病表》	11/06/2013	24/06/2013
9/2013	《修改〈刑事诉讼法典〉》	09/08/2013	26/08/2013
10/2013	《土地法》	12/08/2013	02/09/2013
11/2013	《文化遗产保护法》	13/08/2013	02/09/2013
12/2013	《城市规划法》	12/08/2013	02/09/2013
13/2013	《2014年财政年度预算案》	16/12/2013	31/12/2013
1/2014	《调整年资奖金、津贴及补助的金额》	23/01/2014	27/01/2014
2/2014	《修改〈澳门特别行政区行政长官及主要官员薪酬制度〉》	23/01/2014	27/01/2014
3/2014	《建造业职安卡制度》	25/03/2014	08/04/2014
4/2014	《修改第17/2009号法律〈禁止不法生产、贩卖和吸食麻醉药品及精神药物〉》	25/03/2014	08/04/2014

① 《澳门特区立法会活动报告（2012～2013年）》及《澳门特区立法会活动报告（2013～2014年）》，澳门立法会，http://www.al.gov.mo/agenda/actividades/c2012－2013.pdf；http://www.al.gov.mo/agenda/actividades/c2013－2014.pdf。

续表

法律编号	名　称	在全体会议通过的日期	公布日期
5/2014	《修改关于批准澳门特别行政区政府承担债务的第5/2003号法律》	14/04/2014	28/04/2014
6/2014	《调整公共行政工作人员的薪俸、退休金及抚恤金》	23/04/2014	28/04/2014
7/2014	《修改第16/2012号法律〈房地产中介业务法〉》	13/08/2014	25/08/2014
8/2014	《预防和控制环境噪音》	13/08/2014	25/08/2014
9/2014	《2015年财政年度预算案》	17/12/2014	31/12/2014
10/2014	《预防及遏止对外贸易中的贿赂行为的制度》	17/12/2014	31/12/2014

另外，有两项特区政府提交的法案经一般性审议通过并完成细则性阶段的意见书后被特区政府撤回。一个是《旧区重整法律制度》，该法案于2011年3月23日全体会议上获一般性通过，被特区政府于2013年8月14日撤回，撤回理由是“以便因应近年社会发展所需重新审视其内容”，并与《土地法》《城市规划法》《文化遗产保护法》有更好的配合及衔接。对此，社会上有意见认为此项撤案“形成官民商三输局面”[①]。另一个是《候任、现任及离任行政长官及主要官员的保障制度》，该法案由特区政府提交立法会审议并于2013年12月10日被接纳，于2013年12月17日在一般性讨论及表决中获得通过，负责细则性审议该法案的常设委员会于2014年5月21日签署了相关的意见书。由于社会上有较大的反对声音，2014年5月25日下午举行的立法会全体会议通过决议，延迟对法案进行细则性讨论表决；但仍有澳门市民发起游行强烈要求特区政府撤回法案，因此该法案最后于2014年5月29日被特区政府撤回，撤回理由是“以便就建立此项制度进行更广泛的咨询及深入研究”。此事也引起国际的关注，“澳门立法会通过有关高官离职保障法案引发大规模的民众游行，参加游行人数高达两万人，是澳门1999年主权移交以来规模最大的一次游行，在强大的民意压力下，澳门立法全票通过暂缓法案表决。虽然

① 《市民日报》2015年3月6日，第3版。

暂缓表决被认为是特区政府的暂时让步，但示威民众仍然坚持要求全面撤回法案，否则还会再发起抗议。游行规模之大，显示民怨已经达到极点，要求特区政府马上撤回法案"①。虽然此项法律是制度建设的需要，但撤回法案正好反映了特区政府的提案宜加强与民沟通，广纳民意，寻求社会共识。

此外，有十项特区政府提出的法案过渡至2015年继续进行细则性审议程序（按通过顺序列出）②：

《处理医疗事故争议的法律制度》法案（2013年10月22日获接纳，2013年10月30日获一般性通过）；

《建筑及城市规划范畴内的认可、登记、注册和执业资格法律制度》法案（2013年11月12日获接纳，2013年11月19日获一般性通过）；

《公共部门劳动合同制度》法案（2014年4月16日获接纳，2014年4月23日获一般性通过）；

《因劳动关系而产生的债权的保障》法案（2014年5月9日获接纳，2014年5月27日获一般性通过）；

《物业管理范畴的清洁及保安雇员的最低工资》法案（2014年6月20日获接纳，2014年7月1日获一般性通过）；

《动物保护法》法案（2014年10月24日获一般性通过）；

《修改工作意外及职业病损害的弥补制》法案（2014年12月5日获一般性通过）；

《修改第7/2008号法律〈劳动关系法〉》法案（2015年1月12日获一般性通过）；

《消除无记名股票及修改〈商法典〉》法案（2015年1月12日获一般性通过）；

《家庭暴力防治法》法案（2015年1月13日获一般性通过）。

---

① 英国广播公司（BBC）中文新闻时事多媒体网站，2014年5月29日。

② 《澳门特区立法会活动报告（2012~2013年）》及《澳门特区立法会活动报告（2013~2014年）》，澳门立法会，http://www.al.gov.mo/agenda/actividades/c2012-2013.pdf；http://www.al.gov.mo/agenda/actividades/c2013-2014.pdf。

（二）议员提案

议员的立法提案共有 18 项，全部在全体会议一般性讨论及表决后不获通过，详情如下[①]：

《工会团体基本权利法》（高天赐议员提出，2013 年 3 月 28 日的一般性审议及表决时不获通过，及后高天赐议员及梁荣仔议员于第五届第一立法会期再次提出，2014 年 4 月 14 日的一般性审议及表决时不获通过）；

《同性民事结合》（高天赐议员提出，2013 年 3 月 28 日的一般性审议及表决时不获通过）；

《动物之法律地位及保护》（高天赐议员提出，2013 年 4 月 22 日的一般性审议及表决时不获通过，及后高天赐议员及梁荣仔议员于第五届第一立法会期再次提出，2014 年 2 月 17 日的一般性审议及表决时不获通过）；

《保护被拘留人的形象的措施》（高天赐议员提出，2013 年 4 月 22 日的一般性审议及表决时不获通过）；

《订定适用于预防家庭暴力、保护及协助其受害人以及家庭暴力刑事化的法律制度》（高天赐议员提出，2013 年 4 月 23 日的一般性审议及表决时不获通过，及后高天赐议员及梁荣仔议员于第五届第一立法会期再次提出，2013 年 11 月 7 日的一般性审议及表决时不获通过）；

《第 33/81/M 号法令的解释性规定》（高天赐议员提出，2013 年 4 月 23 日的一般性审议及表决时不获通过）；

《人权条约及国际劳工组织公约的推广、教育及宣传》（高天赐议员提出，2013 年 4 月 23 日的一般性审议及表决时不获通过，及后高天赐议员于第五届第一立法会期再次提出，2014 年 8 月 13 日的一般性审议及表决时不获通过）；

《就资讯的机密性或绝对提供资讯或进行查询的争议之诉》（高天赐议

① 《澳门特区立法会活动报告（2012～2013 年）》及《澳门特区立法会活动报告（2013～2014 年）》，澳门立法会，http：//www.al.gov.mo/agenda/actividades/c2012－2013.pdf；http：//www.al.gov.mo/agenda/actividades/c2013－2014.pdf。

员提出，2013 年 4 月 23 日在一般性审议及表决时不获通过）；

《居住用途的不动产的租金调整制度》（高天赐议员提出，2013 年 5 月 22 日在一般性审议及表决时不获通过）；

《透过电话中心向消费者及使用者提供推广、资讯及辅助服务的法律制度》（高天赐议员提出，2013 年 5 月 22 日在一般性审议及表决时不获通过）；

《维护劳工平等及不因性别及性取向被歧视的特别程序》（高天赐议员提出，2013 年 5 月 22 日在一般性审议及表决时不获全体会议通过）；

《保护劳工人格的特别程序》（高天赐议员提出，2013 年 5 月 22 日在一般性审议及表决时不获通过，及后高天赐议员于第五届第一立法会期再次提出，2014 年 7 月 1 日的一般性审议及表决时不获通过）；

《不动产的租金调整制度》（高天赐议员及梁荣仔议员提出，2014 年 1 月 2 日在一般性审议及表决时不获通过）。

二　2013～2014年重要立法简介

（一）第5/2013号法律《食品安全法》

该法案由特区政府于 2012 年 4 月 19 日提交，于 2012 年 4 月 20 日获立法会接纳。在 2012 年 5 月 9 日及 10 日的全体会议上进行讨论并获一般性通过，其后由第二常设委员会进行细则性审议，特区政府于 2013 年 1 月 25 日向立法会提交了法案的最后文本，最终由立法会于 2013 年 3 月 27 日通过，于 2013 年 10 月 20 日生效。

《食品安全法》的立法背景与倍加受到关注的澳门食品安全问题有关，其中法规及法权限分散、监管存在交叉或空白等问题使得本次立法愈加必要。对于本次完善食品安全的立法及监管，特区政府充分听取了社会各界的意见和建议，立法本身也参照诸如联合国粮农组织与世界卫生组织的相关指引，借鉴中国内地、香港、台湾以及新加坡等地有关食品安全立法的经验，对食品安全的监督管理与食品安全风险的预防、控制及应对措施，以及针对食品安全事故的处理机制做出规定，旨在达到保障澳门居民的食品安全和身体健康的目的，因此对于澳门法律体系的健全与当地居民的食品安全，该法均承载着重要的功能与作用①。

《食品安全法》共31条，分为四章，就食品安全问题的预防、控制与处罚等内容予以规定。具体而言，第一章为一般规定，分别就立法目的、法律适用范围、食品等名称的定义、有关特区政府部门的职权与义务、食品生产经营者的义务等内容予以具体规定。第二章为预防及控制，分别就食品安全标准、风险监测及评估、预防及控制措施、重大食品安全事故、解除措施与补偿等内容予以具体规定。第三章为处罚制度，分别就食品安全问题所涉及的刑事责任、行政责任进行具体规定，建立了刑事处罚和行政处罚的双重处罚机制。第四章为最后规定，就该次法律的补充与其他相关法律的废止等做出规定②。

需要指出的是：①《食品安全法》第七条第三款和第十条分别规定食品安全标准由补充性行政法规订定，如果出现关于食物安全问题的紧急情况，可由公布于《澳门特别行政区公报》的行政长官批示修改；如有充分依据显示发生或可能发生重大食品安全事故，行政长官可透过行政长官批示命令对某类行业、场所、食品、食品添加剂或食品相关产品采取上条所指预防及控制措施。②第13/2009号法律《关于订立内部规范的法律制度》第三条第二款及第三款规定："法律优于其他所有的内部规范性文件，即使该等文件的生效后于法律。独立行政法规不得就法律所载的条文作出具有对外效力的解释、填补、变更、暂停实施或废除性的规定。"第五条规定："立法会行使《澳门特别行政区基本法》赋予的职权，有权就澳门特别行政区自治范围内的任何事宜制定、修改、暂停实施和废除法律。"根据上述条文

---

① 澳门特区立法会第5/2013号法律《食品安全法》第二常设委员会第1/IV/2013号意见书，http：//www.al.gov.mo/lei/leis/2013/2013－05/parecer_cn.pdf。

② 澳门特区立法会第5/2013号法律《食品安全法》第二常设委员会第1/IV/2013号意见书，http：//www.al.gov.mo/lei/leis/2013/2013－05/parecer_cn.pdf。

不难得出立法会立法高于行政法规的结论。虽然依据该法律第七条[①]，独立行政法规得就某些特定事项做出规定，但相比第六条[②]对法律规制范围的界定，对独立行政法规规制范围的规定更多地局限于行政机关内部，实际上是

① 第13/2009号法律《关于订立内部规范的法律制度》第七条规定：
"一、独立行政法规得就以下事项作出规定：
（一）充实、贯彻和执行政府政策的规范；
（二）管理各项公共事务的制度和办法；
（三）政府的组织、运作及其成员的通则；
（四）公共行政当局及其所有的部门及组织单位的架构和组织，包括咨询机关、具法律人格的公共部门、公务法人、公共实体、自治部门及基金组织、公共基金会、其他自治机构及同类性质机构的架构及组织，但不包括属于立法会、法院、检察院、审计署及廉政公署的机构或纳入其职能或组织范围内的机构，以及对基本权利和自由及其保障具有直接介入权限的机构，尤其是刑事调查机关；
（五）行政会的组织、运作及其成员的通则；
（六）行政违法行为及其罚款，但罚款金额不超过澳门币500,000.00（五十万元）；
（七）不属于本法第六条规定的其他事项。
二、补充性行政法规可就具体执行相关法律订定的事宜作出规定。
三、属上款规定的情况，须明确指出需由行政法规拟规范的法律的规定。"

② 第13/2009号法律《关于订立内部规范的法律制度》第六条，下列事项须由法律予以规范：
"（一）《基本法》和其他法律所规定的基本权利和自由及其保障的法律制度；
（二）澳门居民资格；
（三）澳门居留权制度；
（四）选民登记和选举制度；
（五）订定犯罪、轻微违反、刑罚、保安处分和有关前提；
（六）订定行政违法行为的一般制度、有关程序及处罚，但不妨碍第七条第一款（六）项的规定；
（七）立法会议员章程；
（八）立法会辅助部门的组织、运作和人员的法律制度；
（九）民法典和商法典；
（十）行政程序法典；
（十一）民事诉讼、刑事诉讼和行政诉讼制度和仲裁制度；
（十二）登记法典和公证法典；
（十三）规范性文件和其他须正式公布的文件格式；
（十四）适用于公共行政工作人员的基本制度；
（十五）财政预算和税收；
（十六）关于土地、地区整治、城市规划和环境的法律制度；
（十七）货币、金融和对外贸易活动的法律制度；
（十八）所有权制度、公用征用和征收制度；
（十九）《基本法》赋予立法会立法权限的其他事项。"

赋予行政长官细化行政机关内部管理制度的独立职权，与法律规制范围的广泛性相比更多体现为内部制度建设而非对公民施加影响的外部效力。因此，《食品安全法》前述规定的“补充性行政法规”“行政长官批示”在法律位阶上均低于立法会立法，立法会通过的《食品安全法》做出的这一规定可以被看作一种立法授权，因此具有完全的合法性。而且，在出现紧急情况，特别是危及公众安全事件时赋予行政机关紧急事态处置权也是一种国际通行做法。

《食品安全法》突出了预防为主、风险防范的特点，用法律条文确定食品监管机制，建立严格的法律责任制度，还配合民事、行政、刑事等法律对违者实行严谨及全面的处罚，详情如表2。

表2　与食品安全相关的法律法规

法律编号	法例名称
第16/2014号行政法规	《食品中放射性核素最高限量》
第13/2013号行政法规	《食品中兽药最高残留限量》
第211/2013号行政长官批示	《修改经第2/2002号行政长官批示公布的〈民政总署组织架构规章〉第八条及第四十五条》
第210/2013号行政长官批示	《撤销第265/2008号行政长官批示设立的食品安全统筹小组》
第6/2014号行政法规	《食品中禁用物质清单》
第265/2008号行政长官批示	《设立食品安全统筹小组》
第50/92/M号法令	《订定供应予消费者之熟食产品标签所应该遵守之条件》
第7/2003号法律	《对外贸易法》
第40/2004号行政法规	《卫生检疫及植物检疫》
第452/2011号行政长官批示	《第7/2003号法律第九条第四款所指的出口表及进口表》
第556/2009号行政长官批示	《公布一般食品添加剂的特定名称及按食品添加剂的使用性质而定的功能及其子功能分类表》
第58/95/M号法令	《核准〈刑法典〉》
第12/88/M号法律	《消费者的保护》

（二）第8/2014号法律《预防和控制环境噪音》

该法案于2014年1月23日在立法会全体会议上引介，经一般性讨论后获得通过。法案由第一常设委员会进行细则性审议，法案在 2014 年 8 月 13 日的立法会全体会议上进行细则性讨论后获表决通过，并于 2015 年 2 月 22 日起正式生效。

《预防和控制环境噪音》的立法背景与澳门特区的噪音污染问题有关。近年来，澳门特区社会和经济急速发展，环境污染问题日益严重，对居民的健康及生活质量造成一定程度的影响，噪音问题已成为澳门城区主要环境污染问题之一。同时，根据《环境纲要法》的规定，防止噪音旨在保障居民的健康和安居，是澳门特区环境政策所拟达到的主要目的之一。因此，该法律着眼于澳门居民的实际诉求，同时为澳门特区政府施政执政的体现①。

《预防和控制环境噪音》共 24 条，分为四章，就噪音限制、监察与处罚制度等进行规定。具体来讲，第一章为一般规定，就法律目的与适用范围、用词定义等进行规定。第二章为噪音限制，具体就住宅楼宇中的更改、保养及维修工程，土木建筑工程及工作场所使用的设备，空调及通风设备，住宅楼宇中的日常生活活动及宠物，表演、娱乐及类似活动，工业、商业及服务业活动等进行具体规定。第三章为监察及处罚制度，就监察部门及其职责、行政违法的行为责任及处罚做出规定。第四章为最后及过渡规定，就行政违法行为的处罚通知方式、声学检测等进行规定。

总体而言，《预防和控制环境噪音》将生活噪音、建筑噪音、经营噪音、工业噪音等多种噪音产生的情形均纳入规范范围，为噪音污染的防治提供了有效的法律途径。主要有以下三个方面的重大突破。

（1）对噪音的定义兼顾了科学量化测量以及人体感受。例如，对骚扰噪音的定义并非完全按照声学标准，还从效果上定义为“骚扰他人生活安宁及休息的，或令人难受的”，使得噪音的认定更为容易和可实施，同时也可测量。

（2）对噪音的处理手段兼顾了预防和控制。不仅细致地规定了监察及

① 澳门特区立法会第 8/2014 号法律《预防和控制环境噪音》第一常设委员会第 3/V/2014 号意见书，http：//www. al. gov. mo/lei/leis/2014/2014 －08/parecer_ cn. pdf。

处罚制度，而且注重事先预防，例如，对打桩工程的设备进行了技术规范，对产生噪音的时间和地点进行了约束等。

（3）平衡了多方的利益。《预防和控制环境噪音》既旨在保障居民的健康和安居，也为经营娱乐、工业、建筑等行业预留了足够的空间，还灵活地规定了例外情况，平衡了重大公共利益等特殊情形。

同时，《预防和控制环境噪音》还有一些可以改善之处。

（1）虽然列举了多种情形，但缺乏兜底性的规范，难免挂一漏万。对于该法没有明确列举的噪音情形，由于缺乏兜底性的描述，很难纳入规管范围。

（2）对于持续性的噪音控制有效，但对于偶发性的巨大噪音则存在举证和约束的困难。

（3）该法主要从声源上对噪音进行控制，对噪音传播途径方面的防控则没有规定。例如临近居民住宅的城市高架桥应该安装阻断噪音设备，飞机场周围应控制住宅的开发建设并安装噪音消除设备，一般住宅楼宇的隔音窗标准等均可作为从噪音传播途径防治噪音的有效手段，如能从立法上予以规范，则能更好地保障居民的生活安宁和健康。

（4）缺乏公众参与的规定。公众参与对于环境权益的保护具有重大作用，在《预防和控制环境噪音》中规定公众参与的程序和方式既可以鼓励民众参与环境权益的保护，用社区自治、舆论自治消减监察部门的压力，也可以收集民众的意见，更好地预防和控制环境噪音。

（三）《土地法》《城市规划法》和《文化遗产保护法》法案

第10/2013号《土地法》，于2012年12月7日获立法会接纳，于2013年1月3日全体会议上引介并于2013年2月5日的全体会议上经讨论后获一般性通过。法案由第一常设委员会进行细则性审议，于2013年8月12日的立法会全体会议上进行细则性讨论后获表决通过，于2014年3月1日生效。

自回归以来，澳门特区社会经济不断发展，城市空间格局变化很大，用于民生的社会建设用地需要也日益增加。同时，博彩业、旅游业的发展也使得澳门有限的土地资源利用更加紧张。正是基于澳门特区有限的土地资源的现实状况，《土地法》的立法目的在于通过立法形式，将有限的土地更加有效地开发、分配和利用。《土地法》共 223 条，分为 15 章，分别就公产、私产及私有土地，保留地，对土地批给所衍生的权利的公用征收及设定行政地役权，可处置的土地的分类及使用和利用条件，土地的处置方式、批给与取得，承批人权利与义务，相关程序登记等内容予以规定。为使公产土地得以充分利用，该法引入专用批给制度，使行政当局增加一种处置公产土地的方法，以便能在公产土地上设置属公用的、固定及不可拆卸的设施和设备。同时，为了使有限的土地的利用最大化，该法规定在一般情况下，土地批给必须公开招标，仅在法律规定的例外情况下，方可豁免公开招标，且在批给程序上引入了“全程公示”制度以增批地透明度；同时，收紧了对无偿批给的要求，不得对批给所衍生的权利设定负担，尤其是进行抵押或将它移转，而且，无偿批给土地亦不可转换为有偿批给，批给的用途亦不可更改。该法亦规定，若无偿批给的土地因为城市规划改变，则可在指定的期限内向特区政府申请更改土地利用，不过，若所提出更改土地利用的申请不符合城市规划，特区政府亦可否决有关申请，并把批给解除及宣告收回土地，且无须赔偿。其次，将不遵守利用期限可科处的罚款与土地的溢价金挂钩，从而大幅加重对逾期利用的罚款，借此避免出现土地闲置的情况，最后为加强打击非法占用土地，该法引入属刑事罪行的“违令罪”及大幅提高非法占用国有土地的罚款，罚款与占用土地的面积挂钩①。

此外，由于新修《土地法》涉及面广，其具体运行还将配合《城市规划法》进行，这将会进一步加强对土地的管理，增加土地批给程序的透明度，并订定有效措施打击非法占用土地的行为，以确保澳门特区的土地资源能有效及合理使用。

---

① 澳门特区立法会第 10/2013 号法律《土地法》第一常设委员会第 3/IV/2013 号意见书，http：//www. al. gov. mo/lei/leis/2013/2013 –10/parecer_ cn. pdf。

第12/2013号《城市规划法》，于2012年12月19日由特区政府提交，于2013年1月23日获立法会接纳，于2013年2月5日的全体会议上经引介及讨论后获一般性表决通过。立法会全体会议、立法会第二常设委员会多次讨论与审议，该法案最终由立法会于2013年8月12日通过并于2014年3月1日生效。

《城市规划法》的立法背景为澳门现行城市规划体系存在诸多不足之处，亟待一套良好的法律制度去保障良好的城市规划，以统筹协调城市空间资源配置、落实城市的发展定位、促进城市可持续发展。

《城市规划法》共68条，分为11章，具体规定包括制订城市规划的定义、目的、原则、种类及等级；就编制城市规划，收集不动产所有人及其他物权拥有人的意见，公众参与，核准、检讨和修改城市规划等设立程序制度；街道准线图的发出；订定土地使用和利用的条件，按土地的分类及用途在城市规划内予以订定；征收与补偿规定；违反相关规定的责任等。《城市规划法》是澳门首次就城市规划制定一部真正属结构性的法律，遵守法律安定性原则、可持续发展原则、限制土地重新分类原则、环境保护原则、透明和促进公众参与原则与公开原则。同时，该法的制定借鉴了各地的成功经验①。

由于法案所涉内容复杂、对适用于澳门的城市规划进行立法尚属首次，该法案需要与《土地法》法案和《文化遗产保护法》法案一并进行分析。

第11/2013号《文化遗产保护法》，于2012年4月12日由特区政府提交，由立法会全体会议、立法会第三常设委员会多次讨论与审议，最终由立法会于2013年8月13日通过并于2014年3月1日生效。

澳门作为近代中西文化交流的重要城市，积累了丰富多样的文化遗产。《文化遗产保护法》的立法目的正是使澳门文化遗产的保护力臻完善，以回应现在和将来在澳门城市可持续发展及环境平衡方面所面对的挑战。保护文

① 澳门特区立法会第12/2013号法律《城市规划法》第二常设委员会第2/IV/2013号意见书，http://www.al.gov.mo/lei/leis/2013/2013-12/parecer_cn.pdf。

化遗产的工作不是孤立的而是全面的，必须将保护文物与城市建设、特区政府政策、资金运用、社会监督、公众参与联系起来，并以法律、法规的形式明确下来。《文化遗产保护法》共118条，分为十章，具体规定文化遗产的概念、范围及其保护的一般原则，文化遗产保护的具体政策，居民的权利及义务，被评定的财产所有人的权利及义务，澳门特区及相关公共行政当局的一般义务，文化遗产委员会的设立与运作，澳门历史城区的认定与保护，相关奖励、优惠和支援规定，处罚制度等①。

《文化遗产保护法》从澳门特区的独特情况出发，遵循国际公约的相关要求，借鉴国内外的成功经验，并且广泛征询公众意见，务求巩固技术上的支持和采取切合澳门实况的措施。

《土地法》《城市规划法》《文化遗产保护法》得以顺利实施，必须配合法律支撑、管理体制和技术支持，因此城市规划委员会的资源运用及完善行政法规是规范化的关键因素。同时通过研究曾被特区政府撤回的《旧区重整法律制度》法案，城市建设将更加事半功倍。

三　关于立法工作的两点评论

（一）在立法功能发挥方面

回归前，立法会与澳督双方分享立法权，实行双轨立法制。回归后，《澳门基本法》规定了单轨立法，立法会是唯一的立法机关，《澳门基本法》遵循的总原则是立法和行政之间既要相互配合，也要相互制衡，总体而言，立法会和特区政府在提案权的划分上仍坚持并反映了《澳门基本法》所体现的行政主导体制②。

① 澳门特区立法会第11/2013号法律《文化遗产保护法》第三常设委员会第4/IV/2013号意见书，http：//www.al.gov.mo/lei/leis/2013/2013－11/parecer_ cn.pdf。

② 王磊：《澳门特区立法会与政府之间的关系——以法案、议案为视角》，澳门基本法推广协会，2014。

然而，行政主导体制也给立法工作的法理规范与立法实践带来一定的困扰。第一，在法理规范上，根据《澳门基本法》第六十四条、第六十七条、第七十五条的规定，《澳门基本法》和《议事规则》对特区政府和立法会议员的提案做了一定的划分，特区政府和议员都有权提出议案/法案，但对议员提出议案/法案的范围却有明确限制，凡涉及特区政府政策的议案/法案，在提出前必须得到行政长官的书面同意。《澳门基本法》如此将立法会议员和特区政府提案进行了区别对待，反映了立法主导思想上对特区政府在立法话语权上的倾斜，不利于立法的健康发展，也在一定程度上削弱了立法对行政的制衡作用①。第二，在立法实践中，2013 ~ 2014 年，特区政府和议员共提出了 43 项法案，其中特区政府提案通过了 23 项，占所有法案的 53%，特区政府撤回了 2 个，相当于 5%；而议员提出的法案只有 18 项，占整个法案数的 42%，却全部在一般性审议及表决时不获通过，以上数字正好说明议员立法功能的依附性和被动性。

实际上，造成以上现象的原因当然是多方面的，但除了立法理念和政治模式的影响之外，议员立法功能不能充分有效发挥的最主要的内在原因是议员立法资源的局限性，议员不像特区政府可以广泛收集咨询意见，在提案会上也很难取得共识，这限制了立法议员的提案主动性，从而影响法律制定的走向。此外，议员的法律水平是关键因素，议员是民意的代表，但法律专家比例较少，因此提高议员及其团队的法律专业水平及法制实践经验对提高立法提案质量更是一个不可忽视的路径。

（二）在法律整理方面

2013 ~ 2014 年修改或新订的法律，大部分都是在改善民生方面，虽然取得一定的成效，但其共通点在于都是单行法。据统计，截至 2014 年 11 月份，全国有 251 项法律、900 多项行政法规、9000 多项地方性法规；

① 王磊：《澳门特区立法会与政府之间的关系——以法案、议案为视角》，澳门基本法推广协会，2014。

而澳门生效的法律、行政法规和法令，加起来共有3000多项，澳门回归后的15年，已经新增了208项法律，立法会每年都在大量新订法律，可是法律越是增加，法律的配合及执行操作问题亦越需要投入大量的工作[①]。社会不断发展，新的法律需要不断更新，因此单行法与法典是不可避免而且必须并行存在的。既然不可避免，只能增强单行法与法典的系统化管理，法律分门别类的汇总编纂及归类整理是最基本又迫切的任务。

① 《完善立法工作，助推澳门社会发展》，人民网，http：//ft. people. com. cn/directList. do？fid = 4342。

B.4
澳门新媒体环境与政治沟通

吴 玫　陈怀林　朱文博*

摘　要：澳门传统政治沟通模式是政府主导、社团协商、线下动员与媒体宣传的有机结合。进入网络社会后，在主流政治沟通模式之外，澳门出现了网络政治组织主导下的网络沟通和新媒体宣传动员的新态势，并在很大程度上导引了2014年的一系列公共事件，尤其是5月的“反离补”事件。本文回顾澳门2014年三大公共事件中的政治沟通过程，实证分析澳门市民新媒体使用与其对“反离补”事件认知和参与的关系，探讨新媒体对传统政治沟通的冲击和挑战。新媒体动员的公共事件反映出澳门传统政治沟通的不足，以及政府在网络政治沟通中的缺位，澳门政治沟通的改善迫在眉睫。展望未来，新媒体影响甚至主导政治沟通将成为澳门的“新常态”，政府、主流社团和主流媒体只有主动研究和学习新媒体的传播规律，加强和善用新媒体，审时度势，才能在与民众的政治沟通中取得相应的话语权。

关键词：新媒体　公共事件　政治沟通

* 吴玫，加拿大康科迪亚大学传播学博士，澳门大学传播系副主任、副教授，主要研究方向为新媒体与网络传播研究；陈怀林，美国威斯康星大学传播学博士，澳门大学传播系硕士课程主任、副教授，主要研究方向为大众传播实证研究；朱文博，澳门大学传播系硕士，主要研究方向为网络传播研究。

一 前言

政治沟通是政治系统内政治信息的生产传播过程，既包括政府、社会主要利益群体之间的意见交流，也涉及政府与公民的关系——通过信息交流来引导民意制造共识。政治沟通的媒介既有大众媒体，也有演讲、会议、私下交流等面对面的沟通形式。政治沟通的主要功能是宣导政令、表达民声、整合歧见和构建共识。澳门传统政治沟通是“多级传播”的模式，将政府主导、社团协商、线下动员与媒体宣传有机结合起来。进入网络社会后，在主流政治沟通模式之外，澳门出现了网络政治组织主导下的网络沟通和新媒体宣传动员的新形势，并在很大程度上导引了 2014 年的一系列公共事件①，其中最突出的是 5 月的“反离补”②、7～8 月的“民间公投”和 9～10 月的声援“占中”三次事件。其间新媒体显现了对舆论的影响力和社会动员能量。这是澳门社会发展的重要现象，也给政府施政能力带来挑战。这三次基于新媒体动员的公共事件反映出澳门传统政治沟通的不足和网络政治沟通的缺位，澳门政治沟通的改善迫在眉睫。展望未来，澳门新媒体与政治沟通的发展机遇与挑战并存，各方力量的舆论较量将会持续。本文从五个部分来讲述并分析澳门新媒体公共事件情况以及对政治沟通模式的挑战：①澳门新媒体使用现状；②代表性的新媒体公共事件；③澳门新媒体使用与公共事件的关系；④新媒体发展与澳门政治沟通；⑤澳门新媒体政治沟通展望。

---

① 公共事件是指有政治诉求的集体抗议/支持行动，该定义有不同的名词：如社会运动（social movements）、公民行动（civil activism）、集体行为（collective action）、群体事件等。这是社会群体对自身权利、福利表达不满和关切的重要社会形态，表现为不同形式的集体行为，如街头抗议等。不同语境对这种群体抗议/支持行动因立场和侧重点不同，使用的名词也不同。本文用“公共事件”来定义这种有政治诉求的集体抗议/支持行动。

② “离补”法是澳门《候任、现任及离任行政长官及主要官员的保障制度》法案的简称，“反离补”运动反对议会通过该法案。对此次活动本文后面有详细介绍。

二　澳门新媒体使用现状

2014 年，澳门新媒体的发展与普及取得长足进步，澳门已进入高度发达的网络社会。澳门居民上网率达到 76%，青年中网民比例接近 100%，居民新媒体使用更加普遍和多元，脸书（Facebook）、微信（WeChat）等社交媒体和移动即时通信应用广泛普及①。澳门已成为名副其实的网络社会，澳门居民的新媒体使用也达到世界发达国家和地区水平。根据澳门互联网研究学会于 2014 年 5 ~6 月的调查结果②，澳门新媒体使用呈现出全民化、年轻化、移动化、智能化、社交化的新特点。

（一）全民上网态势显著，青年几乎全部上网

澳门回归以来，居民上网率持续增长，全民普及的态势明显。自 2000 ~2009 年的快速增长后，2009 年澳门 6 ~ 84 岁居民的上网率已近七成。经过最近五年的平缓增长，2014 年澳门本地居民上网率已达到 76%，网民数量接近 44 万，上网率接近世界发达国家或地区的平均水平。如图 1 所示。

青年几乎全部上网，中老年上网率明显增长，网络使用的年龄差距缩小。最近三年的调查结果显示，15 ~24 岁、25 ~34 岁青少年居民的上网率接近 100%。6 ~14 岁及 35 ~44 岁居民中亦分别有约 85% 为网民。过去一两年相对年长的居民中网民比例增长较快，缩短了与较年轻群体的差距。45 ~ 54 岁居民的上网率较去年提高了 16 个百分点，达到 70%；55 岁或以上居民上网率升至 33%。如表 1 所示。

---

① 澳门互联网研究学会：《2014 年澳门互联网使用状况调查方法及主要结果》，http://www.macaointernetproject.net/index.php/LatestResults。

② 此次澳门互联网调查于 2014 年 5 ~6 月进行，调查成功访问了 1000 名 6 ~84 岁符合资格的澳门本地居民。在 95% 信心水平下的抽样误差为 ±3.16%。调查结果对照官方公布的人口数据，经过性别及年龄做加权处理。本部分澳门新媒体使用现状数据均源自此次调研结果。

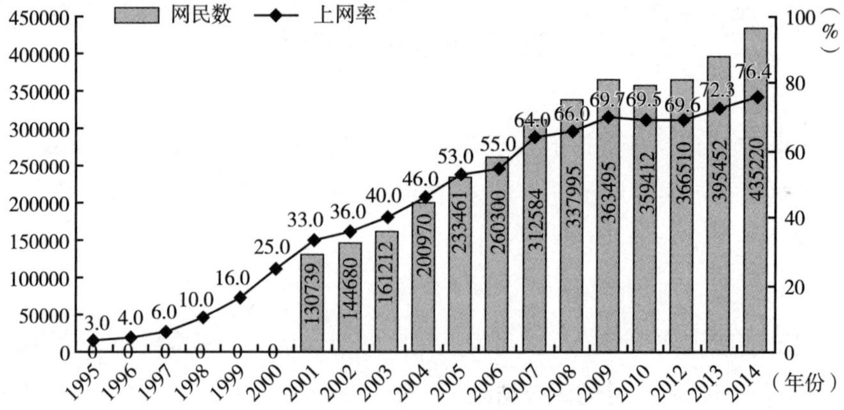

图1　1995～2014年澳门互联网普及程度：网民及上网率概况

资料来源：澳门互联网研究学会，http：//www.macaointernetproject.net/index.php/blog/2014/07/AdoptionRate。

表1　2012～2014年澳门6～84岁居民上网率

单位：%

年龄＼年份	2012	2013	2014
6～14	89	85	85
15～24	98	98	99
25～34	95	96	97
35～44	84	86	88
45～54	51	54	70
55或以上	15	28	33

资料来源：澳门互联网研究学会，http：//www.macaointernetproject.net/index.php/LatestResults。

（二）无线连接超过宽带，手机上网胜过电脑

澳门网民上网移动化特征明显，主要表现在无线上网和手机上网两个方面。上网方式中，无线上网的比例自2013年起已经超过固定的宽带，2014年67%网民上网时多数以无线方式联网。上网工具中，固定上网的桌上电脑的使用率近五年来持续下降，而手提电脑、平板电脑和手机等移动上网工具的使用率稳步提升，尤其是使用手机上网的澳门居民

占 91%，已超过电脑成为最主要的、高度普及的上网工具，如图 2、图 3 所示。

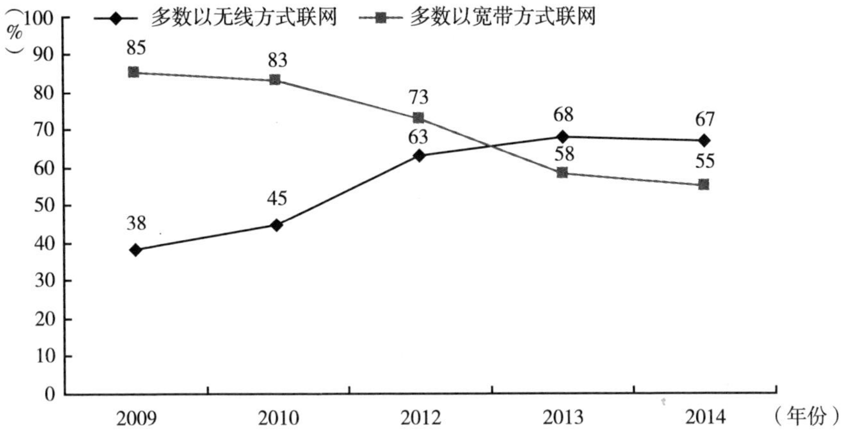

图 2　2009～2014 年澳门 6～84 岁网民联网方式概况

资料来源：根据澳门互联网研究学会 2014 年澳门互联网使用状况调查方法及主要结果制表。

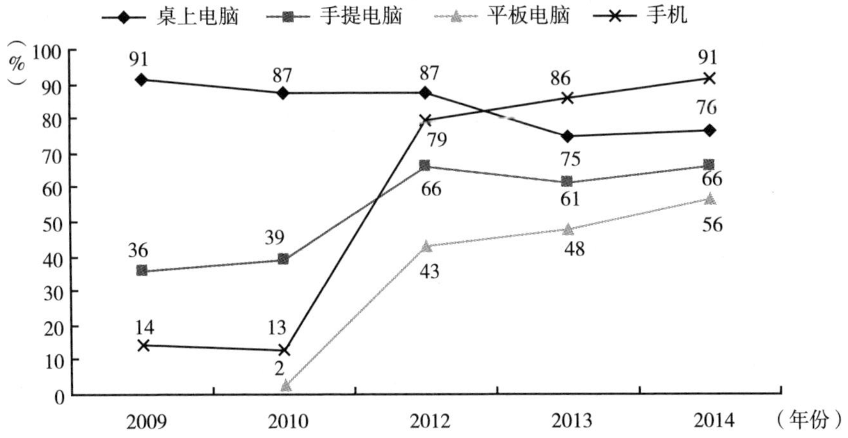

图 3　2009～2014 年澳门 6～84 岁网民上网工具概况

资料来源：根据澳门互联网研究学会 2014 年澳门互联网使用状况调查方法及主要结果制表。

（三）智能手机全面普及，社交媒体融入生活

澳门新媒体使用呈现高度智能化特征，智能手机用户比例高，社交媒体类应用软件备受青睐。据统计，近两年手机用户当中约85%表示目前在使用智能手机，较2012年的约65%有明显增长。智能手机用户的比例增加进一步带动手机上网，91%的网民通过手机上网，根据澳门人口数据估算，即6~84岁的居民中近40万人用智能手机上网。同时，社交或沟通类别的应用（Apps）最受澳门手机网民青睐，其中，微信、脸书和WhatsApp占据了最常使用应用的前三位，其比例分别为69%、48%和39%，如图4所示。

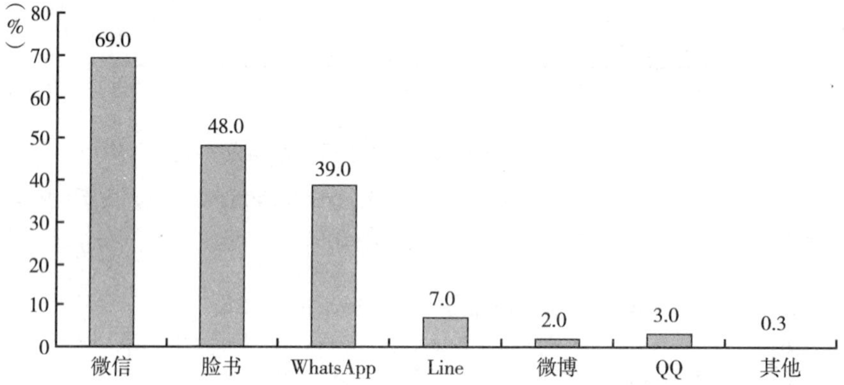

图4　2014年澳门社交及即时通信类应用的使用率

资料来源：根据澳门互联网研究学会2014年澳门互联网使用状况调查方法及主要结果制作。

调查还显示，如今手机已经成为澳门人的生活中高度依赖的产品。有高达90%的手机用户表示手机是一件必要的工具并会一直带在身边。如果忘带手机，有67%的人表示会觉得心神不安。甚至有13%的人表示他们在洗澡时也会将手机放在旁边。

综上所述，2014年澳门的新媒体使用呈现出全民化、年轻化、移动化、智能化、社交化的新特点。青年几乎全部上网。居民对手机高度依赖，以微信、脸书为代表的社交应用融入日常生活，使得随时随地的移动网络社交生活成为常态。

三 代表性的新媒体公共事件

2014年，澳门发生了几起较大的公共事件，最有代表性的是5月25日的“反离补”集会游行，另两次是7~8月的“民间公投”和9~10月的声援香港“占领中环”（以下简称“占中”）活动。这三次运动都与新媒体的宣传与动员有密切关系，反映出新媒体公共事件在澳门社会的诸多特征。

（一）澳门新媒体与公共事件概况

1. 5·25“反离补”运动

2014年5月25日的“反离补”运动是当年新媒体参与动员的最大规模的公共事件。“离补”法是澳门《候任、现任及离任行政长官及主要官员的保障制度》法案的简称，该法案于2013年12月16日由澳门特区政府提交立法会审议，法案主要包括以下内容。

（1）关于行政长官：候任行政长官在就职前每月可获发放金额相当于行政长官月薪酬90%的津贴及获得行政和后勤等支持；离任行政长官每月可获金额相当于离职日行政长官月薪酬70%的补贴；现任行政长官在任职期间内不适用刑事程序。

（2）关于主要官员：候任主要官员每月可获发放金额相当于月薪酬70%的津贴及获得行政和后勤等支持；离任主要官员每月可收取禁止工作补偿，金额相当于其离职日月薪酬的70%；离任主要官员享有一次性的离任补偿，金额相当于其离职日月薪酬的14%乘以自就职日至终止职务日担任有关官职的月数[①]。之后，立法会第二常设委员会决定，给予非公务员的主要官员更多离任补偿，在离职时按离职日月薪酬的30%计算离任

---

① 《行政会完成讨论〈候任、现任及离任行政长官及主要官员的保障制度〉法律草案》，澳门新闻局，http：//www. gcs. gov. mo/showCNNews. php？DataUcn =74619&Page Lang = C。

补偿[①]。

在2013年12月16日该法案在澳门立法会的一般性表决中，新澳门学社议员吴国昌、区锦新，澳门公职人员协会议员高天赐投了反对票，其他议员均赞成，法案获得通过[②]。

5月21日“离补法”在立法会获细则性通过，引起部分民间群体的不满。为了反对“离补”法案实施，澳门社团新澳门学社和网络组织“澳门良心”以脸书为主要媒体进行舆论宣传和社会动员，相继发起游行示威和包围立法会活动，最终促成政府撤回法案。事件关键进程如下。

（1）第一阶段：新媒体舆论宣传与动员。

在游行前夕，反对派进行宣传动员的新媒体平台主要有“澳门良心”脸书和“爱瞒日报”脸书。这两个新媒体平台各自运作并相互支持，在青少年群体内产生较大舆论影响。

“澳门良心”脸书主要活动包括：5月20日在脸书上开设“‘5·25反离补、反特权’大游行——March against the Bill of Greeds and Privileges”活动主页，共有6891人表示参加游行[③]。21日，“澳门良心”将脸书主页照片相继更新为“周日发起游行促撤自肥法案”，号召支持者参与活动。22日，“澳门良心”将游行的时间、地点标示在脸书主页照片上。23日，“澳门良心”脸书主页分享了“论尽媒体”脸书《5月25日活动详情》帖文。24日，发布《澳门良心呼吁游行市民展现良好公民质素》帖文。25日，“澳门良心”发布活动地点、照片并详细列出游行注意事项，提供直接指导。

“爱瞒日报”脸书主要活动包括：5月21日，脸书主页回应前一日“澳门良心”关于“离补”法案的发帖，并转载香港《东方日报》的报道。同

---

① 《〈候任、现任及离任行政长官及主要官员的保障制度〉旨在制度化建设》，澳门新闻局，http：//www. gcs. gov. mo/showNews. php？PageLang = C&DataUcn = 78563&Member = 0。

② 《候任、现任及离任行政长官及主要官员的保障制度》，澳门立法会，http：//www. al. gov. mo/proposta/chefe/cn. htm。

③ “爱瞒日报”Facebook主页，https：//www. facebook. com/macauconcealers。

一天，脸书发表《直得，值得?》的评论文章批评澳门高官不值得获得长俸福利，并号召支持者参加“澳门良心”脸书的“5·25反离补、反特权”大游行活动[①]。22日，“爱瞒日报”脸书主页发表帖文《爱瞒行动》，倡议5·25大游行，得到1179个赞和567次转发。帖文内同时贴出澳门良心“5·25反离补、反特权”大游行脸书活动主页地址。同一天，发表帖文《“爱瞒来论”驳冯志强，服务社会的菁英，要讲报酬吗?》，得到677个赞和102条评论。23日，“爱瞒日报”副社长崔子钊发表文章《今个礼拜日，让澳门人力量在塔石展现》，再次号召支持者和读者参加25日的游行和27日的包围立法会活动，得到1885个赞[②]。

（2）第二阶段：“反离补”大游行，法案暂缓。

5月25日下午2时半，由网络群组“澳门良心”和澳门公职人员协会分别发起的反对“高官保障法”游行在塔石广场集合，当中以学生和白领阶层占大多数[③]。游行队伍抵达南湾湖水上活动中心后，另有约700多人继续前往西望洋花园集会，活动至晚上8时结束。同日，“爱瞒日报”脸书主页发布视频“今日5·25游行15秒片段”，报道游行现场情景，累计收到2452个赞。发表帖文《“爱瞒焦点”点解“高官离补法案”咁离谱?》收到1436个赞。警方表示，活动人士在警员协助和指引下，和平有序地表达要求，整个活动秩序良好，过程顺利[④]。警方估计游行参与人数约7000人。“澳门良心”晚上发出新闻稿表示，游行人数达2万人。

“反离补”游行的同时，江门同乡会也组织了支持“离补法”的集会游行，称“支持政府制度化建设、支持高官离职保障制度法案”。该团体发动约1000名会员到场声援，指有人抹黑某些官员度身订造法案的言行

---

① “爱瞒日报”Facebook主页，https://www.facebook.com/macauconcealers。

② “爱瞒日报”Facebook主页，https://www.facebook.com/macauconcealers。

③ 《高官离补从长计议》，《澳门日报》2014年5月26日，第A01版。

④ 《高官离补从长计议》，《澳门日报》2014年5月26日，第A01版。

有失偏颇，是不理性炒作，最终只会影响澳门长远发展，拖累社会向前迈进[①]。

5月25日晚上，行政会立即召开紧急会议。会议结束后，三位身兼行政会成员的立法会议员郑志强、陈明金和欧安利深夜10时半在立法会紧急会见传媒，认为有必要和有责任以议员身份，向立法会主席提议该法案发回重审[②]。特区政府对此表示支持，行政长官崔世安请求立法会主席贺一诚交立法会全体会议议决是否中止法案细则性审议和表决的议程。

然而，"澳门良心"于5月27日在脸书发表文章表示"中止细则性讨论和表决法案，是将'撤案'的责任转移，模糊焦点，重申要求行政长官运用自身权力撤回'离补'法案"[③]，并决定继续执行包围立法会活动，号召支持者"放工放学围议会"。

（3）第三阶段：包围立法会，法案撤回。

5月27日下午，立法会全体会议召开，议决是否接纳行政长官请求中止法案细则性审议和表决议程。下午3时许，澳门数千名市民包围立法会，要求政府撤回法案。立法会全体会议全票通过了行政长官议决，即场中止法案的细则性审议和表决。行政长官会后发新闻稿表示，特区政府将继续就法案充分听取及咨询社会各界意见及建议。然而，集会的人数未因议决尘埃落定而减少，相反愈来愈多。"澳门良心"称，高峰时参加者约7000人，警方公布高峰时集会人数约4900人。晚上8时起集会人群和平散去，一场回归后鲜见的公共事件暂告一段落[④]。

包围立法会期间，反对派的新媒体宣传动员活动十分活跃。5月26日，"澳门良心"脸书发布"撤回离补恶法，包围立法会"主页，动员支持者参与活动。主页上共有2万人受邀，4815人表示参加。27日，"爱

① 《江门会今巡游挺离补法》，《澳门日报》2014年5月25日，第A07版。

② 《郑志强：重审法案三焦点》，《澳门日报》2014年5月26日，第A01版。

③ "澳门良心"Facebook"撤回离补恶法，包围立法会"活动主页，https：//www.facebook.com/events/481724428626862/。

④ 《高管离补煞停》，《澳门日报》2014年5月28日，第A02版。

瞒日报”脸书主页发表帖文《“爱瞞觉醒”身在澳门的朋友并不孤单!》，帖文内容展示了在葡澳门留学生对“反离补”的支持，获得6834个赞。28日，“爱瞞日报”脸书发布新澳门学社负责人周庭希参加香港TVB“左右红绿蓝”节目的专访视频，宣传“反离补”运动。同日，“澳门良心”脸书发布立法会集会现场照片，并号召支持者“昨天不是结束，我们需要继续团结一致，争取公义”。29日上午10点，“爱瞞日报”脸书发表关于行政长官撤回“离补”法案的帖文，获得2061个赞和632次转发。

5月29日，为了维护社会和谐，收窄社会分歧，特区政府行政长官崔世安在政府总部召开记者会，亲自宣布撤回“高官离补法案”。他表示，“政府对未来咨询持开放态度，有商有量，希望社会广泛参与，再提案并无时限”[①]。发起游行、包围立法会行动的“澳门良心”则表示，撤案只是民意小胜。至此，“反离补”公共事件结束。

总之，5·25“反离补”运动是澳门回归以来规模最大的示威游行活动，其促使政府最终撤销了法案。新媒体在运动中发挥了关键性的宣传和组织动员作用，尤其脸书在前期舆论宣传、游行组织动员和后期号召包围立法会中起到明显的引导作用。

2. 澳门“民间公投”

2014年7月7日，“澳门良心”（召集人）、“青年动力”和“开放澳门”协会三个团体仿效香港“占中”6·22公投，发起筹备所谓的“民间公投”。其目标针对澳门选举制度及2014年行政长官选举，要求在2019年实现澳门的“真普选”。此次运动由于被判定违反《澳门基本法》及澳门《个人资料保护法》，被依法禁止，实际规模与影响均有限。

新媒体在这次事件中同样发挥了重要的推波助澜的作用。7月10日，“澳门良心”脸书发表帖文《由澳门良心召集发起的特首选举民间公投活动正进行公开咨询，欢迎踊跃表达意见》。12日，“爱瞞日报”脸书主页发表

① 《政府撤回离补法》，《澳门日报》2014年5月30日，第A03版。

帖文“指《民间公投是非法》并无法律基础”，17 日发表评论帖文《民间公投，合理合法》。8 月 24 日，“爱瞒日报”脸书主页发表两篇关于民间公投的帖文，得到高度关注。

8 月 24 日，澳门举行“民间公投”，围绕“是否赞成 2019 年普选特首”和“是否信任唯一候选人成为特首”等问题，让年满 16 岁居民进行网络及街头投票。投票形式亦分为网络投票和街头投票站两种形式：网络投票采用与香港“占中”投票同样的美国服务器，街头投票设水坑尾、氹仔花城公园、高士德、祐汉、风顺堂区五个地点。“民间公投”开始当天，五名参与“民间公投”工作人员被认定为违反澳门《个人资料保护法》，且“屡劝不改”遭警方带走协助调查[①]。个人资料保护办公室副主任杨崇蔚解释，以“公投”为目的收集及处理个人资料并不具正当性[②]。当日下午，“民间公投”负责人周庭希被司警邀请协助调查。五个街头票站遭关闭，聚集人员全部散去，但网络投票持续到 31 日[③]。

澳门政府发言人谭俊荣在 7 月 8 日的新闻发布会上表示：“任何形式的所谓‘公投’在澳门均没有宪制性法律依据，不具备任何的法律基础，是非法的、也是无效的。对于个别小团体意图挑战澳门法治基础的行径，特区政府坚决反对。”同时，《澳门日报》在第一时间提醒澳门居民，“民间公投”网站的服务器在美国，且网站维护与香港“占中”投票为同一家公司，“民间公投”网站存在重大安全隐患，并呼吁网民保护好个人资料安全，防止因投票导致个人资料泄露用于非法用途[④]。

此次公投组织者的目的是获得 5000 人的投票，以表示他们获得的支持多于参加行政长官选举的人数。截至 8 月 31 日网络投票结束，“民间公投管理委员会”宣称有 8688 人参加网络投票[⑤]。澳门大学学者莫世健认为，澳

---

① 《违法“公投”五人控加重违令》，《澳门日报》2014 年 8 月 25 日，第 A06 版。
② 《个资办：“公投”集资料违个资法》，《澳门日报》2014 年 8 月 25 日，第 A06 版。
③ 《违法“公投”五人控加重违令》，《澳门日报》2014 年 8 月 25 日，第 A06 版。
④ 郑严：《“民间公投”与“占中”沆瀣一气》，《澳门日报》2014 年 8 月 28 日，第 C11 版。
⑤ “民间公投”投票人数，https：//macau2014. org/。

门的“民间公投”是对澳门选举制度的“简化”解读，“是香港‘民间公投’的低级翻版，会将特首选举庸俗化和娱乐化”[①]。

3. 声援香港“占中”运动

香港“占中”运动是香港大学法律系副教授戴耀廷、香港中文大学社会学系副教授陈健民及基督教牧师朱耀明于2014年9月28日发动的以争取“真普选”为目的的政治运动。此运动于2013年初开始酝酿，提出以“公民抗命”为手段，采取占领香港金融区中环的交通要道的方式，来争取符合《公民权利和政治权利国际公约》的行政长官和立法会普选。“占中”活动由2014年9月28日开始，至12月15日香港警方完成铜锣湾非法占领区域的清场行动，持续近80天的集会就此结束。主流舆论认为“占中”活动给香港零售、旅游、会展、交通、金融、教育等多个领域带来了负面影响，撕裂了香港社会，严重侵蚀了香港社会法治根基。

在香港“占中”期间，澳门“反离补”活动和“民间公投”组织者新澳门学社和“澳门良心”等发起澳门10月1日“黄丝带”[②]集会，以期声援。此次活动均仿效香港“占中”行动，主要通过新媒体来组织动员市民参与，但参与人数、活动规模和实际影响都有限。具体情况如下。

新媒体再次担当宣传动员作用。9月28日，澳门5·25“反离补”大游行组织者“澳门良心”脸书发表《澳门良心发声明强烈谴责香港政府》帖文[③]。9月29日，“澳门良心”脸书确认10月1日在友谊广场声援香港“占中”，2357人于脸书上表示将参加。9月30日，“爱瞒日报”脸书主页分享了澳门声援香港争取“民主普选”的活动。其后，该主页相继发表两篇评论文章《呼吁香港政府不起诉街头和平抗争之香港市民》和《哪里有公民　哪里便有希望》。10月1日还发表了《一名澳门人看香港运动》，得

① 莫世健：《澳门“民间公投”香港的低级翻版》，环球网，http：//opinion. huanqiu. com/opinion_ china/2014 -08/5115964. html。

② “黄丝带”是香港“占中”事件中一个标志性的支持符号；反“占中”一方则使用“蓝丝带”为标志符号。

③ “澳门良心”Facebook 主页，https：//www. facebook. com/macauconscience。

到710个赞，261次转发。10月28日，“爱瞒日报”脸书主页发表消息《爱瞒举伞》，消息称“‘雨伞运动’第三十天，澳门大三巴前，几位澳门网民相约前来举起黄伞”，消息得到857个赞①。

9月29日，活动组织者原定10月1日在立法会大楼前集会。由于该地点是澳门国际烟花比赛主要观赏地点，会有大量人流聚集，为避免安全隐患，民署要求改换地点②。活动地点遂改至友谊广场，并获得民署同意。10月1日晚上8时至10时，“澳门声援香港争取民主普选”集会在澳门友谊广场举行，参加者大部分是年轻人，亦有外籍旅客。活动和平进行，曾到香港参加“占中”的澳门本地居民、立法议员吴国昌及区锦新等现场发言，也有香港学联成员透过电话发表言论③。

单纯为声援香港“占中”而发动的“黄丝带”集会并没有演化成大规模政治行动，不仅参与人数少、活动规模小，而且影响力有限，澳门社会在香港“占中”期间保持和谐稳定。

（二）澳门新媒体公共事件的特点

从2014年澳门“反离补”游行、“民间公投”和声援“占中”这三次较大规模公共事件中，我们可以看出新媒体动员在澳门社会有如下特征。

第一，新媒体高度普及，社会动员渠道畅通。智能手机和脸书在2014年这几次较大规模公共事件中发挥着基础性作用，提供了畅通无阻的媒体动员渠道。在“反离补”运动中，“澳门良心”脸书从前期宣传、中期动员到后期总结，发挥着主导运动进展的信息发布作用。而通过智能手机的发文、拍照和摄像功能，参与者发布了大量的评论、宣传照片和现场视频，大大加速了信息的扩散与反馈。

① “爱瞒日报”Facebook主页，https：//www. facebook. com/macauconcealers。
② 《民署不批立会大楼前地集会》，《澳门日报》2014年10月1日，第B9版。
③ 《网上组织友谊广场集会》，《澳门日报》2014年10月2日，第B06版。

第二，以青年为主要动员对象，主流社团力所不逮。学生和青年群体新媒体使用能力强，对脸书等社交类软件依赖度高，对传统媒体的使用率低。新澳门学社等反对派将其作为社会动员的主要对象，过万人的游行中，逾七成是年轻人①。“民间公投”和声援香港“占中”事件同样以年轻人为主要参与者。然而，社会主流社团更倾向于呼吁青年学生回归理性，维护和谐。在“反离补”游行同时，由江门同乡会为代表的澳门传统社团发起“支持政府制度化建设、支持高官离职保障制度法案”集会游行举行，发动约1000名会员（多为中老年居民）到场声援，号召“不要为反对而反对”，形成明显的代际差异。

第三，本地议题受关注，动员方式仿效港台。本地议题“离补”法案在这几次集体行为中所引起的社会关注与参与程度最大。“离补”法案与澳门本地居民的生活满意度以及对特区政府的态度高度相关，容易延伸出收入、福利、住房、交通等民生问题，引发全民关注；而“民间公投”和声援“占中”运动，脱离了澳门政制实际和本地利益诉求，最终影响有限。另外，这三次社会运动的新媒体动员方式受到港台社会运动的直接影响。“反离补”的一个主导人物、“澳门良心”成员苏嘉豪与台湾太阳花学运成员背景雷同，并且参加过台湾的社会运动，认为台湾经验可套用到澳门②。

第四，澳门社会规模小，公共事件容易造成社会动荡。根据澳门统计暨普查局的统计数据，澳门人口共有63.1万人③。5月25日“反离补”游行的实际参与人数若以2万人计算，平均约每30人就有1人游行。“民间公投”的街头投票虽被禁止，但其网络投票平台称有8688人参加网络投票，数目不可小觑④。在澳门这样的小城市，上万人的集体抗

① 《何仲传促增施政透明》，《澳门日报》2014年5月27日，第A03版。

② 《“澳门版太阳花”主导人苏嘉豪读台大接触社运启发》，ETtoday，http：//www.ettoday.net/news/20140530/362833.htm#ixzz3A37D7r6d。

③ 《2014年第三季度人口统计数据》，澳门统计暨普查局，http：//www.dsec.gov.mo/Statistic.aspx？NodeGuid=7bb8808e-8fd3-4d6b-904a-34fe4b302883。

④ 澳门“民间公投”网，https：//macau2014.org/？page_ id=123。

议活动足以在社会中产生较大舆论影响力，对特区政府施政造成强烈的即时冲击。

四　澳门新媒体使用与公共事件的关系

为了进一步研究新媒体使用与公共事件之间的关系，澳门大学研究团队采用民意调查的实证研究方法，以“反离补”事件为例解析新媒体对澳门市民认知和参与的影响①。此次调查的问题包括：被访者使用传统媒介和新媒体的习惯和消息来源的可信度，有关“反离补”事件的信息来源，对“反离补”事件的关切程度、知识、态度和参与等。调查数据分析结果显示，新媒体尤其是社交媒体对澳门市民认知和参与“反离补”事件有重大的影响，新媒体的用户对“反离补”事件持更正面的态度，并更可能参与集会游行。

调查发现（见表2），社交媒体是澳门居民获取“反离补”信息的主要渠道。社交媒体中脸书独占鳌头，有近半被访者使用它来了解事件。另有22.1%的市民将微信作为消息渠道。其他社交媒体的接触率都在10%以下。

表2　使用社交媒体和新闻网站了解“反离补”事件

单位：人，%

消息来源	脸书	微信	CyberCTM	高登	Qoos	其他网站	不用网站
人次	420	188	77	36	20	53	157
百分比	49.4	22.1	8.3	4.2	3.6	6.2	18.4

注：样本数=851，可多选，故表内数据总和不为851人次和100%。

① 本次调查的目标受访对象为澳门所有讲中文的16~70岁的澳门本地市民。访问员随机抽取和拨打住宅电话，共有851人接受并完成访问，整体回应率为45.6%。抽样的误差为±3.4%。调查于2014年10月下旬至11月中旬进行。调查数据根据澳门最新人口数据做了加权处理，使用SPSS统计软件进行了频度、相关性等分析。

表3提供了媒体使用等变量与认知“反离补”事件的关联性。在“事件关注”方面，年轻人和高收入者更为关注。就一般传媒接触而言，接触香港媒体与“事件关注”呈现轻微的正相关，互联网的使用频率高和经常参与网络讨论的人就对事件高度关注。在社交媒体方面，通过脸书了解事件的人对“反离补”高度关注，而不依赖网络的被访者关注度明显偏低。信任澳门政府和《澳门日报》的被访者对事件的关注度也较低。同样地，对政府的表现评价较高的市民也不大关注事件。

各个变量对“事件知识”的影响模式同对“事件关注”的影响模式十分相似。年轻人对事件的了解显著多于年长者。就一般传媒接触而言，接触香港报纸的读者似乎对事件的知晓程度高一些。而互联网的使用频率高、用手机看新闻和经常参与网络讨论的人关于事件的知识大大高于其他人。在社交媒体方面，大部分依赖不同社交媒体探知“反离补”事件的人，尤其是脸书用户，其相关的知识水平更高；而不依赖网络的被访者对事件的了解明显较少。对澳门政府信任程度较低、对政府的表现评价较差的市民其对“反离补”事件所知更多。

“对事件态度”与不同自变量的关系大致符合人们的常识。年轻人对“反离补”事件秉持高度正面的评价，而香港报纸的读者和互联网的经常用户也都支持“反离补”集会游行。脸书的使用者同样对集会表示赞同。相反，信任澳门政府对高官离补法案的说明的人和赞赏政府施政表现的市民对集会持比较负面的看法。

“事件参与”与新媒体的使用密切相关。年轻人比年长者更积极参与“反离补”集会。在一般传媒接触方面，互联网使用和参与网络讨论与事件参与显著正相关，而接触传统媒体则没有影响。在列出的五家社交媒体中，使用其中四家作为事件消息来源的网民都更可能参与集会，尤以脸书的用户最为突出。在消息来源的可信度方面，对澳门政府、《澳门日报》、内地传媒信任度较低，对事件参与者和《苹果日报》更为信任的被访者参与集会的机会更高。

表 3　传统媒体和新媒体使用等因素与“反离补”事件的关联性（beta）

变量类型	变数	事件关注	事件知识	对事件态度（由负面到正面）	事件参与
人口变数	年龄	-.13***	-.21***	-.16***	-.24***
	性别（男=1；女=2）		-.09*		
	家庭收入	.16***			
一般传媒接触	澳门报纸				
	香港报纸	.09*	.10**	.10**	
	澳门电视新闻				
	香港电视新闻	.08*			
	内地电视新闻				
	互联网使用	.20***	.19**	.11**	.19**
	电脑上网看新闻				
	手机上网看新闻		.13**	.08*	
	参与网络讨论	.12**	.14***		.21***
从社交媒体了解	脸书	.13***	.23***	.10**	.26***
	微信		.10**		.18***
	CyberCTM				
	高登		.17**		.13***
	Qoos		.11**	.07*	.16***
	其他新闻网站	.11**	.08*		-.08*
	不用网络了解	-.14***	-.15***		-.17***
消息来源可信度	澳门政府	-.15***	-.11**	-.24***	-.24***
	《苹果日报》				.09*
	《澳门日报》	-.13**		-.17***	-.20***
	内地传媒			-.09*	-.18***
	网站消息				
	事件参与者		.09*		.13**
其他认知	对澳门政府评价	-.22***	-.13***	-.20***	-.24***

注：样本数=851。* $p<0.05$ 表示轻度相关；** $p<0.01$ 表示中度相关；*** $p<0.001$ 表示高度相关。正负符号代表正相关或负相关。

综上所述，年轻化、使用互联网和社交媒体、接触香港媒体和对澳门政府与传统媒体的低信任，是促使澳门居民关注事件、了解事件、正面评价和实际参与事件的重要因素。澳门居民通过对新媒体的日常使用增加对群体事件的关注，对相关知识的了解，助长对事件的正面认知，形成对群体事件的实际参与。相比之下，传统媒体对群体事件认知的影响相对薄弱，其中只有对《澳门日报》的信任度可以与新媒体的影响力形成某种平衡。分析也显示，市民对政府施政的满意程度和对政府的信任度与其就群体事件的认知高度相关，这提示了社会深层次的矛盾与群体事件的关联。

五 新媒体发展与澳门政治沟通

以5·25“反离补”事件为代表的新媒体组织动员的公共事件给澳门社会政治沟通格局带来严峻的挑战。长久以来，澳门是一个社团社会，社团是澳门政府与民众沟通的主要渠道，由此澳门维持了较为和谐的政治生态。近年来，澳门进入网络社会，新媒体为政治边缘群体提供了参与政治沟通的渠道。这对传统政治沟通模式造成冲击，也使得全社会意识到构建新型的网络社会政治沟通模式的迫切性。

（一）“多级传播”的澳门传统政治沟通模式

澳门传统政治沟通将政府主导、社团协商、线下动员与媒体宣传有机结合，是社团政治主导的线下沟通结合传统媒体宣传的模式。其主要特征如下。

第一，政府主导政治沟通，引领政策基本方向。在澳门行政主导政治体制下，特区政府在回归后的政治沟通模式中占有主导性地位。特区政府设置政治沟通的议程和咨询机制，对大政方针的基本方向具有引领作用。社团参与政治协商，达成主流群体共识。澳门行政会和立法会议员大多具有社团背景，代表所属社团与社会群体利益，直接参与政治决策。同时，在政府许多专业咨询机构和澳门的立法机构中，不少社团的负责人就是其中的成员，通过政治咨询或提案表决表达政见。如澳门中华总商会的负责人中，有的已出任立法会直选议员、间选议员或官委议员，甚至成为特区政府的行政会成员及主要官员[①]。

第二，社团线下组织动员，为决策提供民意支持。社团承担组织和动员基层民众的工作，同时也通过各种活动来宣传和推广主流共识。社团代表不仅积极利用媒体发表群体立场，表达政治态度，而且在必要时组织动员社团成员，以座谈、请愿、集会、游行和示威等方式开展社会活动。特别是主流社团，往往通过各种线下活动来声援政府施政或表达政治意见。如2014年11月11日澳门行政长官崔世安在立法会上做2014年财政年度施政报告，翌日澳门多个主流社团，如街坊总会、工联总会、妇联总会、民众建澳联盟和归侨总会等负责人纷纷接受采访，对行政长官的年度总结表示肯定，并提出多项建议。

第三，传统媒体引导舆论，构建社会认同。以《澳门日报》和澳门广播电视股份有限公司（简称“澳广视”）为代表的传统主流媒体，在澳门言论自由的环境中，承担了构建社会舆论认同的责任。它们对政府施政既有批评监督又有宣传配合，特别是在维护澳门“一国两制”稳定发展等重大问题上，起到了宣传政策和引导舆论的重要作用。

总之，澳门传统政治沟通模式保障了政府的主导地位，通过社团的参与协商达到一定程度的精英阶层的共识，再通过社团基层动员和传统媒体的舆论引导，取得社会普遍认同。这个模式长久以来发挥着重要的政治沟通的作用，维系了回归以来澳门舆论格局的相对和谐稳定。

然而这种从回归以来延续至今的沟通模式有其明显的弱点，具体如下。①政府与利益集团间关系纠结，影响信息沟通的透明度与政府决策的公平性。政府与部分主流社团关系密切，容易导致涉及利益分配和调整的重要信息交流只在小圈子里进行。②社团政治易于产生不同的利益团体，它们有可能利用掌握的民意来为自身争取利益，有碍政府决策的公平性。③主流社团所能凝聚的基础民众年龄偏大。虽然回归以来在几次立法会选举中，主流社

① 娄胜华：《转型时期澳门社团研究——多元社会中法团主义体制解析》，广东人民出版社，2004，第233页。

团都取得了明显的优势，稳固了自己的民意基础，但对年青一代缺少吸引力。④主流媒体沟通的观念较为陈旧，手法缺少创新。特别是报纸的新闻报道方式与话语模式沿袭正面报道传统，在秉公直言、为民发声方面有缺失，缺少与受众的互动。⑤香港和台湾的大众媒体在澳门有受众市场，特别是香港的报纸和电视对澳门舆情有重要影响。如前述实证调查所显示的，经常接触《苹果日报》的澳门市民就更倾向于不信任澳门政府和更可能参与“反离补”游行。

（二）新媒体对传统政治沟通的冲击

近年来，澳门出现了网络政治组织主导下的网络沟通和新媒体宣传动员的新模式，对澳门传统的政治沟通模式构成挑战。

网上组建政治组织，脱离传统社团政治格局。新媒体在澳门的高度普及，使组建网络群体成本几乎为零。因此，非主流群体可以轻易跳脱主流政治版图，在社交媒体上组建政治团体，发展政治势力。在“反离补”运动中起领导作用的“澳门良心”就是网络政治组织的典型代表，它摆脱了澳门政治沟通体制与法律法规的限制，通过脸书等社交媒体发展“群组”与“支持者群”，成为澳门传统政治沟通体系之外新的政治势力。

网络组织主导沟通，宣扬非主流政治理念。网络政治组织不仅自建网页宣传政见，而且在社交网站上也极为活跃。它们通过点赞、发帖、分享、评论和组织活动等方式，采用情绪化的网络语言，向“支持者群”或“朋友圈”散播其非主流政治理念。在网络政治议题的设置和讨论中，全面理性分析政治议题的来龙去脉与利弊得失的讨论很难进行，而那些情绪化、吸引眼球的“符号”更容易刺激网民神经。

网络组织迎合青年媒体使用习惯，动员青年参与公共事件。澳门青年群体成长于新媒体环境，处于传统主流媒体接触区的盲点，对社会主流政治理念认同不足，易受到网络政治组织的宣传影响。网络组织在传播技巧上主动迎合青年的新媒体使用习惯，将传统政治沟通格局中处于边缘的冷漠政治群体——青年学生动员了起来。“爱瞒日报”脸书动员游行的帖文《爱瞒行动》，得到1179个赞和567次转发。“澳门良心”的主要支持群体是青少年；参与“反离补”游行的过万人中，近七成是青年学生。

新媒体通过组织动员，推动政治激进化。非主流网络政治宣传与动员并不提倡通过主流政治渠道表达意见和理性沟通协商，其重点是通过网络号召行动，特别是鼓吹街头政治抗议，用激进的群体行动来制造公共事件，逼迫政府让步。如“民间公投”号召在街头设立投票站；“离补”法案推行期间，“澳门良心”通过脸书动员上千“支持者”包围立法会。这种激进的街头公共事件，不一定是改善政府与民间的政治沟通环境最有效的途径，反而可能会加剧民间对立情绪，使理性沟通和协商式民主的实行更为困难。

网络社群匿名化、情绪化，造成理性政治沟通困难。匿名性一方面可保护公民身份，让人畅所欲言；另一方面，又容易为网络语言暴力提供滋生土壤，导致诸多不负责任的线上社会言论和线下行为。如澳门一男子2008～2010年在互联网上散播各种恐吓言论，后被政府拘捕。另有调查显示有32%青年受访者认为澳门网络欺凌情况严重①。这种状况影响理性对话的政治沟通方式。同时，研究表明网络“支持者群”具有情绪感染、群内同质化倾向，易陷入封闭的、同一的情绪状态，沉湎于情感共鸣之中，难以倾听和接受不同意见②。

总之，随着新媒体的普及，澳门出现了网络政治沟通新形态，由非主流网络政治组织主导的某种意识觉醒和事件参与热情或许会演变为动员青年群体参与的激进街头政治运动，使传统政治沟通格局难以为继。

（三）“反离补”运动中反映出来的政治沟通问题

“反离补”运动的重要导火线，就是法案缺乏与青年基层群体的有效政

① 《三成青年认澳网络欺凌严重》，《澳门日报》2014年2月28日，http：//www.macaodaily.com/html/2014-02/28/content_882389.htm。

② Adam D. I. Kramera, Jamie E. Guilloryb, Jeffrey T. Hancock, “Experimental Evidence of Massive-scale Emotional Contagion through Social Networks,” *Proceedings of the National Academy of Sciences*, Vol. 111 (2014), No. 24, http://www.pnas.org/cgi/doi/10.1073/pnas.1320040111.

治沟通。该事件揭示了当下澳门社会传统政治沟通模式的不足和网络政治沟通的缺位。

1. 传统政治沟通模式的不足

第一，政府咨询组织的意见多样性减弱，公信力降低。有报道反映，澳门虽有近40个咨询组织，但成员选拔过度集中，离不开社团框架，过早将一些反对声音拒于门外，意见不够多元，这导致政策有欠周全，兼容性不足①。在“反离补”运动发生之前，社会已有质疑之声，并通过传统媒体公开表达，但并未引起政府咨询组织的足够重视。

第二，主流社团的代表性降低，凝聚力减弱。随着时代的发展和新媒体的普及，传统社团老年化、封闭化和利益化现象日趋严重，在新生代青年群体中的吸引力和凝聚力下降。虽然在“离补”法案推行期间，主流社团如澳门中华总商会、澳门青年企业家协会等代表接受采访，表示支持法案，江门同乡会则组织近千名社团成员发起“支持政府制度化建设、支持高官离职保障制度法案”游行，但这已经不能代表多数基层民众的呼声。“反离补”游行大多是青年学生、白领和中产，“他们大多无帮无派，有感社会不公义，又不想再‘被代表’，终于打破沉默，赤膊上阵表达要求”②；而江门同乡会支持“离补”法案的游行则以中老年居民为主，世代上的差别在现场一目了然。

第三，公开咨询遭到否决，民意收集渠道收窄。5月6日，立法会内部会议决定不再为“离补”法案公开咨询③。在“离补”法案细则性讨论时，同样有部分立法会议员担心“再撤回、重新咨询”只会“拖拖拉拉，没完没了”④，公开咨询再次遭到议员否定。另外，有报道指出，政府曾发布公开咨询指引，规范公开咨询的目的、对象、手段、反馈和结果公布等，但各

---

① 甄庆悦：《政策“接地气”方获民支持》，《澳门日报》2014年6月4日，第A03版。
② 甄庆悦：《政策“接地气”方获民支持》，《澳门日报》2014年6月4日，第A03版。
③ 《主要官员离任制度不再咨询》，《澳门日报》2014年5月6日，第A02版。
④ 《唐萧：非公职高官三成补偿合理》，《澳门日报》2014年5月14日，第B05版。

部门执行几年后仍良莠不齐，咨询质量不佳，假咨询、走过场等质疑挥之不去①。

2. 网络政治沟通的缺位

第一，主流群体对新媒体宣传动员的认识不足。“反离补”运动由线上发起，再借社交网络、新媒体广传发酵动员，在数天之内得到成千上万的学生、青年、基层公务员和庄荷等普通民众响应，震动澳门社会。此次事件反映出澳门政府和主流群体对新社交媒体的宣传动员能力缺乏重视，从而应对乏力、左支右绌。

第二，政府和主流媒体自身网络沟通能力不足。从网络主页建设来看，澳门政府机构和传统主流媒体虽然都有官方主页，但功能局限于基本信息的发布，与网民的实时互动与反馈功能匮乏。从社交媒体运用来看，澳门政府除了个别部门开设脸书账号外，行政、立法和经济等部门均无脸书账号；澳门发行量大的主流报纸《澳门日报》《华侨报》《市民日报》也无脸书账号，澳广视、澳亚卫视和澳门有线电视虽开设了脸书账号，但功能同样仅限于节目信息发布，其得到支持者的点赞、回复和分享数量极少。在“反离补”事件发生期间，主流媒体基本没有起到有效政治沟通的作用。澳门政府和主流媒体网络沟通能力的建设有待加强。

第三，主流群体与澳门新生代青年的有效沟通不足。澳门新生代青年群体在新媒体环境中成长，是脸书、微信等社交媒体的主要使用者。他们自主意识较强，有自己的传播方式和话语风格，与主流群体的世代隔阂明显。“反离补”运动发生期间，虽然政府和传统社团试图在传统媒体上与青年理性沟通，但成效甚微。在“反离补”抗议游行前夕，《澳门日报》试图理性解读政策初衷，同时报道各大社团的主要意见，希望弥合分歧，但终不成功。在事件发生后，《澳门日报》又发表多篇评论文章总结经验教训，呼吁整合社会歧见，回归协商理性。但因主流媒体欠缺与青年沟通的网络平台和打动人心的沟通能力和技巧，大部分青年群体长期处于传统政治沟通的盲

① 甄庆悦：《政策“接地气”方获民支持》，《澳门日报》2014 年 6 月 4 日，第 A03 版。

区。因而，加强与青年群体在新媒体上进行政治沟通的研究和实践刻不容缓。

六 澳门新媒体政治沟通展望

未来几年，建立新型的政治沟通模式有效凝聚全社会共识，将成为新一届特区政府的主要任务之一。首先，新一届特区政府对新媒体形势下的政治沟通已经具有危机意识，并给予高度重视。在“离补”法案撤回时，行政长官崔世安就表示会从三方面改进政治沟通工作：①应多层次做好法律提案及政策解说；②建设更多咨询渠道，多听意见；③配合发展，多听民意，收窄社会分歧求共识[①]。相信澳门政府今后在考量推出新政策和新方案时，将会更准确地评估民意走向，展开有效沟通。其次，中央政府高度支持澳门政府依法施政，坚持“一国两制”方针，对特区政府施行更有效的政治沟通提供了坚实的保障。面对非主流群体一度试图触碰《澳门基本法》的行为，中央政府明确表示任何“民间公投”皆为非法，支持特区政府依法处置[②]。在澳门回归 15 周年之际，国家主席习近平亲临澳门，提出“路子对人心齐，桌子上也可唱大戏”[③]，为澳门未来施政的政治沟通指明了方向，就是要找对路径凝聚人心。再次，今后几年粤港澳一体化的发展进程也为新的政治沟通提供了鼓舞人心的内容。在横琴再建一个澳门将为改善澳门民生带来新希望。粤港澳经济整合将大大促进澳门产业平衡发展，提高居民收入水平；也将拓展澳门生活的地域空间，改善住房和交通等民生问题，满足居民的基本利益需求。

然而，澳门政治沟通也面临着诸多不确定因素。从澳门的大环境看，

---

① 《崔强调做好民生事务》，《澳门日报》2014 年 5 月 30 日，第 A03 版。

② 《澳门中联办回应“民间公投”》，澳广视，http：//www. imastv. com/news/article. php？id = 43429。

③ 《习近平澳门致辞：路子对人心齐桌子上也可唱大戏》，新华网，http：//news. china. com/domestic/945/20141220/19128553_ all. html。

2014年澳门博彩业收入减少，经济增长放缓，2015年的经济形势也不容乐观，澳门政府面对的社会整体舆论压力有增无减。粤港澳一体化利好效应尚未完全显现，澳门经济和民生等深层次问题在短期内难以得到根本改善，新媒体舆论或许会出现更多的负面声音。一旦政府施政出现瑕疵，非主流群体再次推动公共事件的可能依旧存在。从外部形势看，香港和台湾地区的新媒体公共事件和政治动荡随时有可能发生，这将不可避免地给澳门社会带来冲击。此外，随着澳门国际化程度日益加深，不同的国际势力也有介入澳门政治沟通格局的可能，这或许会导致澳门政治议题复杂化。这种“内忧外患”的形势将给澳门传统的政治沟通模式带来持续挑战。

在未来机遇与挑战并存的形势下，各种势力的舆论较量将成为澳门的“新常态”。一方面，澳门政府和主流社团将力求突破传统沟通模式的局限。澳门政府将吸取2014年应对新媒体公共事件的经验和教训，切实加强对新媒体政治沟通的研究和实践，并将与民众特别是年青一代的网络沟通和网络治理列入重要议事日程。主流社团将更加重视扩展在基层青年中的影响，完善民意咨询机制。主流媒体也需要反思如何在社交媒体上发出自己的声音，加强与社交媒体青年受众的互动。另一方面，非主流政治群体和网络组织高度活跃的态势仍将持续。他们将利用在“反离补”运动中积攒的经验和人气，继续加强在新媒体上的宣传动员力量和舆论优势，加强与香港、台湾公共事件组织的联系互动，寻找新的议题继续对澳门政治格局施加影响。2015年1月底借由议员冯志强的言论而引发的“取消官委议员”的小规模抗议活动就是最新例证。

澳门社会各界都注意到，中央政府2014年下半年以来对香港行政长官普选争议的明确表态和反对“占中”活动的鲜明立场，其实也为澳门政治沟通格局的演变划定了基本的框架。在“一国两制”体制下，澳门各方势力持续互动博弈的“新常态”将促使澳门的政治沟通良性发展。

B.5

澳门特区的政府绩效治理制度

鄞益奋*

摘　要：在原有的"公共行政人员工作表现评核制度""公共服务评审委员制度""市民满意度评估计划"的制度基础上，澳门特区在2013年启动政府绩效治理制度，实施领导官员绩效评审制度。2014年，特区政府对政府绩效治理制度进行了全面的谋划，勾画出引入中立评审机构、形成绩效管理和官员问责的结合、职能重组及精兵简政等制度设想。未来政府在绩效治理制度的构建和完善中，应该把确保第三方评估机构的公信力、塑造"绩效导向"的行政文化、落实精兵简政以及实现绩效问责等几个方面作为考量重点。

关键词：政府绩效治理　领导官员绩效评审　中立评审机构　精兵简政　绩效问责

一　政府绩效治理的既有制度

回归以来，澳门特区政府一直积极推进"服务型政府"的建设，努力提升政府行政效率和行政效能，推出了诸如公务人员制度的改革、电子政务

* 鄞益奋，管理学博士，澳门理工学院社会经济与公共政策研究所副教授，港澳与内地合作发展协同创新中心研究人员，主要研究方向为公共行政、粤澳区域合作。

的推行、一站式服务等一系列的改革措施。这些改革措施本质上都是提升政府绩效的计划和措施，都属于政府绩效建设的不可分离的部分。当中，属于“制度建设”范畴的政府绩效建设，主要有“公共行政人员工作表现评核制度”“公共服务评审委员制度”“市民满意度评估计划”三个方面的内容，分别对应“人员评估”“公共服务评估”“政府部门评估”三个层面，是当前澳门政府绩效治理制度的既有基础。

首先是“人员评估”层面的“公共行政人员工作表现评核制度”。公共行政人员工作表现评核制度的法规规范主要包括第 8/2004 号法律《公共行政工作人员工作表现评核原则》以及第 31/2004 号行政法规《核准公共行政工作人员的工作表现评核一般制度》。该评核制度坚持客观、公正、平等、无私等原则，设立了工作成效、责任感等七个必须评核项目，以及主动性、革新及创造力等八个非必须项目，涵盖平常评核、主管评核、特别评核、简要评核四种评核方式，厘定了“优异”“十分满意”“满意”“不大满意”“不满意”五个评核等级。总体上看，公共行政工作人员工作表现评核制度对原来的人员评核制度存在的问题进行了一定的改革，引入了自我评核等新的评核方法，扩大了评核等级，取得了一定的改革成效，对提高澳门公务人员工作的积极性和主动性有一定的激励作用。

其次是“公共服务评估”层面的“公共服务评审委员制度”。2007 年初，澳门特区政府成立了隶属于行政法务司司长的公共服务评审委员会，由公共行政、绩效管理和顾客服务等领域的专家组成。委员会负责评审澳门特区公共部门及实体的服务素质和效率，对提升公共部门及实体素质及效率的计划发表意见，并向特区政府建议能达到更高素质和效率标准的措施。按照第 69/2007 号行政长官批示的规定，自 2009 年 1 月 1 日起，所有推行服务承诺计划的公共部门和实体，必须取得“公共服务评审委员会”的认可。评审委员会的评审结果分为“合格”和“不合格”两种等次。其中，获得“合格”评审等次的公共部门或实体将被认可为“服务承诺持有人”，获得“不合格”评审等次的则表示有关的服务承诺计划被拒绝认可。与此同时，评审委员会需要说明拒绝认可的理由及依据，并提出针对这些问题的具体改善建议①。

最后是“政府部门评估”层面的“市民满意度评估计划”。随着市民的要求越来越高，除了引入服务承诺外，特区政府自2001年开始推行“市民满意度评估计划”，并在之后的几年把其作为行政法务范畴的施政重点。“市民满意度评估计划”的目的是让公共部门收集服务对象的评价和意见，检讨影响其服务质量的因素，从而不断提升行政效率及服务质素。至2006年中期，不少政府部门包括行政暨公职局、身份证明局、教育暨青年局均已透过政府入口网站“优化公共服务专题网页”内的“市民满意度评估计划”，公布市民对部门公共服务的满意度。

二　领导官员绩效评审制度的推行

行政长官崔世安在2013年的施政报告中首次明确提出建立政府绩效治理制度，显示特区政府对政府绩效的充分重视，并把领导官员的绩效评审制度作为政府绩效治理制度的突破口，“明年，我们将建立政府绩效治理制度，把部门的执行力和执行效果、对既定政策是否有具体且有效的行动响应、政策是否达到目标，作为评估绩效的重要指标，首先开始实行领导官员的绩效评审制度，促进和增强公务人员的责任感、服务意识和职业伦理修养，目的在于从制度上提升政府的施政效能”②。

澳门领导官员的评核制度在法律上是有明确规定的。2009年的《领导及主管人员通则的基本规定》第十四条规定，“领导人员每年须接受工作表现评审”，为此，“政府各司长应就与其有等级从属关系或受其监督的部门及实体的领导人员的工作表现，向行政长官提交报告”。然而，问题在于，由于缺乏统一评核局级官员的指标和标准，每年各司长对其从属部门领导人

① 《“服务承诺认可制度”正式实施》，澳门新闻局，http://www.gcs.gov.mo/showCNNews.php?DataUcn=27116&PageLang=C。

② 《2013年财政年度施政报告》，澳门，2012年11月13日。

员的工作表现向行政长官的提交报告，就很有可能出现不同司级官员评核标准不一的情况。

为此，第305/2013号行政长官批示明确提到，“考虑到领导人员的工作表现评审适宜按照统一的标准和程序，有系统及科学地进行，不因负责评审与其有等级从属关系或受其监督的部门及实体的领导人员的工作表现的政府司长的不同而有所分别”。因此，“领导人员工作表现评审报告”式样的颁发，就改变五司“各师各法”评定下级官员的工作表现的做法，致力采取较为科学的标准和程序，对各领导官员的绩效做出统一、客观、公正的评审。从这个意义上讲，领导官员绩效评审制度是对《领导及主管人员通则的基本规定》的进一步落实和规范。

第305/2013号行政长官批示规定了各司司长评审主要官员的三个基本衡量指标，为领导官员的绩效评审制度的实施奠定了基本的评审指标和架构。三个基本指标是“执行上级所订定的指示及实现既定目标的能力”（执行能力）、“领导及管理所属部门的能力”（领导管理能力）以及“执行公务时的道德及责任感”（道德和责任感）。其中，“执行上级所订定的指示及实现既定目标的能力”包含“与监督实体的合作”“落实与其部门/实体/机构有关的施政方针的工作的程度”“执行上级所订定的指示程度”“部门/实体/机构的预算的执行程度”四个二级指标；“领导及管理所属部门的能力”包含“绩效导向”“资源管理”“策划及组织”“领导能力”“决策能力”五个二级指标；“执行公务时的道德及责任感”包含“公共服务导向”“工作上的使命感”“响应要求的能动性”“责任感”四个二级指标，并对二级指标有详细的解释和说明。

2014年，行政法务司对领导官员绩效评审制度的标准进行了落实和跟进，主要的工作是通过组织培训，加深有关人员对绩效评审内容及能力要求的掌握。依据评审制度的规定，在每年的第四季度，司长办公室会为部门领导评分，包括执政能力、领导管理能力、道德及责任感等，并给予评语及建议。和公共行政工作人员工作表现评核制度不同，领导官员绩效评审制度没有对官员打分，没有区分为5分、4分、3分、2分和1分五个分数。与此同时，领导官员绩效评审制度设立了四个级别的评估，评语依据不同的评审指标而有所不同，比如“与监督实体的合作”指标的四个评语是“非常好”“良好”“尚可”“有待改善”；“落实与其部门/实体/机构有关的施政方针的工作的程度”以及“执行上级所订定的指示程度”四个评语是“远超期望”“超出期望”“符合期望”“有待改善”；“部门/实体/机构的预算的执行程度”的四个评语是“非常理想”“良好”“一般”“有待改善”；“绩效导向”“资源管理”“策划及组织”“公共服务导向”“工作上的使命感”“响应要求的能动性”“责任感”的四个评语是“表现十分良好”“表现良好”“表现及格”“有待改善”；“领导能力”“决策能力”的四个评语是“优异”“良好”“及格”“有待改善”。澳门领导官员绩效评审制度的指标和评语具体可见表1。

表1　澳门领导官员绩效评审制度的指标和评语

一级指标	二级指标	评语
执行上级所订定的指示及实现既定目标的能力	1. 与监督实体的合作 （评审领导人员与监督实体的合作，尤其是能否坦诚讨论与其部门/实体/机构所负责的施政领域有关的问题，以及如何参与及协助制定所属领域的政策。）	非常好 良好 尚可 有待改善
	2. 落实与其部门/实体/机构有关的施政方针的工作的程度 （评审领导人员落实行政长官及所属范畴的施政方针的工作的程度，尤其是考虑到执行有关工作的特殊环境，是否遵守施政方针所载的主要工作的时间表，以及所采取的措施的效果。）	远超期望 超出期望 符合期望 有待改善
	3. 执行上级所订定的指示程度 （评审实现未载于施政方针，但由行政长官或监督实体针对澳门的现实情况而订定的政府政策的目标的程度，以及所采取的措施的效果。）	远超期望 超出期望 符合期望 有待改善
	4. 部门/实体/机构的预算的执行程度 （评审部门在相关财政年度的预算的执行程度，当中须考虑执行时的情况，并与所取得的结果作对比。）	非常理想 良好 一般 有待改善

续表

一级指标	二级指标	评语
领导及管理所属部门的能力	1. 绩效导向 （评审领导人员如何专注于履行部门的职责及落实有关目标，以及其确保达至期望的结果的能力。）	表现十分良好 表现良好 表现及格 有待改善
	2. 资源管理 （评审领导人员如何按拟达至的目标及结果，有效安排、统筹及配置现有的人力、财政、物力及科技资源。）	表现十分良好 表现良好 表现及格 有待改善
	3. 策划及组织 （评审领导人员分析内外环境变化、计划、组织及控制部门的活动及其组成部分的能力，以及确定目标、订定期限及优先工作，以实现部门的目标及持续优化所提供的服务的能力。）	表现十分良好 表现良好 表现及格 有待改善
	4. 领导能力 （评审领导人员如何导向、影响及动员工作团队，以实现部门的目标及持续优化所提供的服务。）	优异 良好 及格 有待改善
	5. 决策能力 （评审领导人员如何识别问题及分析情况，以便评估各种不同的解决方法及优先次序后，按拟达至的目标作出有理据的决定。）	优异 良好 及格 有待改善
执行公务时的道德及责任感	1. 公共服务导向 （评审领导人员如何在尊重开展公共服务时须遵守的道德及职业操守的价值之下，指导其部门/实体/机构的活动，以推广有质素的服务，尤其是如何使部门的运作在遵循合法性原则及公开、廉洁和公正无私的价值之下，能满足使用者的需要。）	表现十分良好 表现良好 表现及格 有待改善
	2. 工作上的使命感 （评审领导人员如何内化使命感，宣扬与此相关的价值观，确保政策方针得以遵守和落实，以及如何代表及提升其领导的部门/实体/机构的形象，并与市民及其他部门和机构充分合作、配合和沟通。）	表现十分良好 表现良好 表现及格 有待改善
	3. 响应要求的能动性 （评审领导人员在履行职务时的投入及勤奋程度，尤其是能否快速响应监督实体、市民及其他在职务上与其有联系的实体向其提出的要求。）	表现十分良好 表现良好 表现及格 有待改善
	4. 责任感 （评审领导人员在开展其范畴的政策及执行职务时对工作的尽责及可靠程度，以及如何承担其行为及决定所引致的后果并接受问责。）	表现十分良好 表现良好 表现及格 有待改善

三 政府绩效治理制度的全面谋划

2014 年，澳门特区政府对于政府绩效治理制度进行了全面而深刻的谋划。政府在 2014 年的施政报告明确提到，“公共行政绩效是政府施政能力的直接体现。过去一年，政策研究室及其他相关部门对政府绩效管理制度展开了系统深入的研究，并形成了初步方案。据此，特区政府已开始实行领导官员绩效评审制度，明年将进一步深化实施、完善机制，并研究引入中立评审机构的可行性。政府高度重视‘官员问责’，并将其与公共行政绩效管理，特别是已经实施的领导官员绩效评审制度结合起来，通过绩效管理、领导官员评审和官员问责三个不同层面的评价制度，实现政府接受监督、自我监督和自我完善。在适当时候，政府将考虑设立绩效管理的专门委员会，以统筹和领导有关工作”。

崔世安行政长官在 2014 年参选第四届行政长官的参选政纲《同心致远 共享繁荣》的善治篇也提到，“在政府管理方面，务求精兵简政，精简咨询机构公务人员，实现官员问责制与领导官员绩效评审制，深化行政改革，关注高层组织架构设置的合理性，改善跨部门合作机制”。当中不难发现，特区政府关于政府绩效治理的制度规划中最为重要的议题是引入中立评审机构、绩效和问责的结合、政府职能调整、精兵简政四个方面。

1. 引入中立评审机构

引入中立评审机构，是未来澳门特区政府绩效管理制度的一个可能方向。中立评审机构的引入，其实就是第三方评估机构的引入。从西方国家实行政府绩效管理的经验看，第三方主要是指由与评价对象无隶属关系或利益关系的第三方组织，主要是社会中介组织或民间组织实施的评价活动。“第三方（the third party）是指，处于第一方（被评对象）和第二方顾客（服务对象）之外的一方。由于第三方与第一方、第二方都既不具有任何行政隶属关系，也不具有任何利益关系，所以一般也会被称为独立第三方。在西方国家，多数情况下是由非政府组织，即一些专业的评估机构或研究机构充当第三方。这些非政府组织可以保证作为第三方的独立性、专业性、权威性的要求”①。

行政长官崔世安在2014年4月22日的立法会答问大会上表示将考虑在绩效评审制度引入中立评审的机制，“初步设计拟由第三方公共机构对公共服务质素进行居民满意度调查。认为第三方评审机制可免‘自己评自己’的质疑，较客观及具可行性”②。可见，特区政府充分意识到中立评审机构“客观、可行”的优点，中立评审机构和市民满意度的结合将是未来澳门特区政府绩效治理制度的一个主要内容。

2. 绩效和问责的结合

绩效和问责的结合是绩效评估中结果应用的问题。众所周知，政府绩效治理制度的关键环节就是绩效评估制度，绩效评估制度中“评估结果如何应用”是特别引人关注的。如果评核后的结果不加以应用或者应用不多，那么绩效评估就会走向形式化。在澳门，市民特别关注的是领导官员评审制度的结果如何和问责制度结合起来。长期以来，公众质疑官员“有权无责”，澳门的官员问责制一直得不到有效的落实。实施领导官员评审制度后，领导官员就有了“绩效评审报告”这一较为切实的问责依据。正如澳门前公职局长朱伟干所公开表示的那样，“现已形成行政部门及其领导的绩效评审机制，每季一小评，每年一大评，并公布绩效评审报告，可作为问责的基础”③。与此同时，澳门特区政府对于官员绩效与问责的结合的最终目的也是比较明确的，即不会把对官员的惩罚作为制度的最终目的，而是在于推动官员更好地落实施政方针从而提升政府执行力。“惩处并非最终目的，问责意义在于推动官员勤于执政，以人为本，落实施政方针，不应单以评审结果就要求官员下台。”④

---

① 徐双敏：《政府绩效管理中的“第三方评估”模式及其完善》，《中国行政管理》2011年第1期。

② 《职能重叠拖慢行政效率公共行政有改革必要》，《澳门日报》2014年4月23日，第A03版。

③ 《官员绩效报告年底出台朱伟干强调问责为推动官员勤执政》，《澳门日报》2014年11月5日，第B07版。

④ 《官员绩效报告年底出台朱伟干强调问责为推动官员勤执政》，《澳门日报》2014年11月5日，第B07版。

3. 政府职能调整

理顺政府部门间的职能关系是开展政府绩效制度的必要条件。假如政府部门间职能关系不清晰、职能重叠，那么提升政府绩效的理想和目标就如同空中楼阁，难以实现。一直以来，澳门特区政府部门间职能存在重叠的现象一直得不到很好的解决，尤其是民政总署和相关职能部门比如体育发展局、文化局和环保局之间的职能重叠。在建立政府绩效治理制度的契机下，特区政府明确将民政总署与文化局、体育发展局的职能调整及人员转移作为2014 年行政法务领域重要的施政任务，并决定启动民政总署的重组。特别是在崔世安《同心致远、共享繁荣》的参选政纲中，更是把优化公共组织架构及行政运作机制作为未来五年行政改革的重要宗旨和使命，"适时进行必要的职能调整，提升部门的执行能力，力求最大程度地减少职能重叠、权责不清的问题"①。可见，在澳门特区政府绩效治理制度的建设和完善中，部门间关系的重组和整合是制度建设中一个重要的组成部分。

4. 精兵简政

精兵简政的核心内涵在于控制公务人员的规模和数量，体现"人员精减"的施政理念。回归以来，澳门公职人员的人数不断增加，澳门公务人员数量由回归初期的不到 2 万增加至 3 万，增幅达到三分之二，大概 16 个澳门居民中就有 1 个公务人员。为此，行政长官崔世安 2014 年的参选政纲特别重视人员精减和公务人员数量控制在未来五年施政中的地位，并把精兵简政作为未来五年行政改革的核心理念。事实上，行政长官崔世安在多个场合都表示过，社会意见希望政府"两不加"，即年度预算及公务员总数量不应再增加，而政府提出"精兵简政"很大程度上是缘于这"两不加"的诉求的。

精兵简政的另一个含义还在于行政程序的简化和减少。正如行政长官崔世安 2014 年的参选政纲所指出的那样，"致力深化行政改革，精兵简政，减

① 崔世安：《同心致远、共享繁荣》，2014。

少不必要的行政环节，整合同构型较高的工作程序”[①]。事实上，简化行政程序，是特区政府自成立以来便一直强调的行政改革的重点。2014 年对简化行政程序的强调，某种程度上讲是旧调重弹，但也从另外一个侧面说明了行政程序过于繁杂依然是澳门公共行政的一个主要难题，是行政效率低下的基本原因。

四　完善深化政府绩效治理制度的几点思考

尽管近年来澳门启动了领导官员绩效评审制度，并对政府绩效治理制度在澳门的实施有了较为全面的规划，但就整体而言，澳门政府绩效治理制度仍然处于初步的发展阶段，需要在未来政府管理的实践中不断发展完善。在目前来看，特区政府需要特别关注“确保第三方评估机构的公信力”“塑造绩效导向的行政文化”“落实精兵简政”“推进绩效问责”几个制度建设的关键环节。

1. 确保第三方评估机构的公信力

第三方评估政府绩效在澳门的引入对澳门的政府绩效管理制度有着重要的意义。政府绩效评价活动按组织者可以分为内部评价和外部评价两种形式，两者需要有机结合起来。内部评价是指政府或政府部门负责组织开展的对其绩效进行评价的活动，外部评价是指政府以外的机构组织的政府绩效评价活动。内部评价和外部评价有各自的优势和缺陷，需要互相结合，优势互补。第三方评估属于外部评价的范畴，在政府绩效管理的实践中，第三方评估是社会外部对政府绩效的评价，可以有力地弥补体制内评价的局限和不足。

首先，澳门在引入中立评审机构的过程中，应该把重点放在理顺政府与第三方关系的问题上，确保第三方评估机构的公信力、权威性和专业性。“就绩效管理来说，评估只是其中的一个重要环节，评估本身不是目的，通过评估反映问题、改进工作才是最终的目的。或者说，绩效评估的有效性就

① 崔世安：《同心致远、共享繁荣》，2014。

是通过这样一轮一轮的评估、改进实现的。正因为这样的原因，如果评估只是偶尔为之，或者是一次性的，评估的真正作用就很难发挥了。我们看到，不少国外政府的绩效评估工作都是制度化的，而这个制度又是由政府的法律法规保障的"①。

其次，为了确保第三方评估的独立性和客观公正性，需要特别重视第三方评估机构的自律机制建设。"第三方政府绩效评价组织的突出特点在于其自身的中立性和公正客观性。因此，组织的自律要围绕这一根本点，否则整个自律体系都形同虚设，可能会出现第三方政府绩效评价组织内部治理失灵的情况。"②

最后，如果缺乏了政府相关信息公开透明这一基础，第三方的评估就成为无源之水、无本之木，难以为继。因此，提升施政透明度是开展政府绩效管理、引入第三方评估政府绩效的关键所在。特区政府在引入中立评审机构进行政府绩效评估的过程中，就需要相应地增加政府施政的透明度，进一步夯实和强化阳光政府的建设。

2. 塑造绩效导向的行政文化

回归以来，澳门公共行政改革虽然经过多方面的努力探索，但行政效率和行政效益提高不大，其中的原因是多方面的，有政府行政改革缺乏系统性和重心性的原因，也有法律滞后、人才缺乏等方面的原因。其中，公务人员消极保守的文化是行政改革难以进行的一个主要障碍。"在阻碍澳门公共行政改革向前发展的因素中，消极保守的公务员文化是核心阻力。有调查研究表明，有79.3%的被访者认为改革的阻力来自公务员本身的固有意识形态。"③ 由此，政府治理绩效制度如果要取得真正成功，必须从根本上改革"不做不错、少做少错"的行政文化，建立"勇承担，敢负责"的行政文化，

---

① 徐双敏、翟玥：《国外地方政府委托评估模式比较研究》，《学习与实践》2012年第8期。

② 包国宪、张志栋：《我国第三方政府绩效评价组织的自律实现问题探析》，《中国行政管理》2008年第1期。

③ 娄胜华：《实践导向与问题切入：澳门公共行政研究检视》，载《澳门人文社会科学研究文选·行政卷》，社会科学文献出版社，2010，第80～93页。

并促进政府管理模式从“控制导向”“程序导向”向“结果导向”“绩效导向”转型，重塑公共组织的文化。在这方面，行政长官崔世安在2014年的参选政纲中已经提到了政府要建立“绩效导向”和“权责相当”的行政文化。这里要强调的是，建立“结果导向”的绩效文化并非一定要抛弃原来的官僚控制文化。“结果导向的绩效文化”强调的是重视结果和输出，但没有全盘否定“成本控制”和“过程控制”的思路。这是因为，决定政府绩效的维度是多方面的，减少行政成本和简化行政过程都是提升政府绩效的途径和手段。

3. 落实精兵简政

政府在提出“精兵简政”理念不久，又计划新招聘公职人员2000多人，这使社会对政府精兵简政的理念产生怀疑。对此，政府需要向社会说明精兵简政的意义及策略。其实，在精兵简政的理念下，人员和机构的精简是必要的，但也不是绝对的。就像有社会意见指出的那样，由于政府管理的事项日益多样化和复杂化，一些相应的人手增加也是必要的。精简机构和人员的理念，并不意味着一定就要裁减机构和人员，而是更多地强调政府机构和人员的设置是有合理的依据，应该有成本节约意识。因此，精兵简政理念更多地强调政府通过减少成本、简化程序以及厘清职能等措施来实现政府的精简，通过电子化服务、流程改善、简化行政程序等手段来达成提升政府绩效的目的。归根到底，精兵简政要建立的是一个能干的精练的公务人员团队，一个职能清楚、程序简化的政府，至于其总体规模的大小，事实上与精兵简政没有必然的关系。就如阿什比定律“必要的多样性”所揭示的一样，“管理系统的复杂性需要与管理对象系统的复杂性相适应”①。因此，政府规模不可能永远不扩大或处于一种消减的态势，而是需要与社会事务管理的复杂性相适应，这是在落实“精兵简政”理念时所必须清晰的，精简的合理参照物应该是社会事务管理的复杂性而不是以往政府的规模。

4. 推进绩效问责

官员问责是未来特区政府施政的一个重要使命。正如行政长官崔世安在

① 李亚、李习彬：《行政体制改革与阿什比定律——关于我国政府管理模式变迁的控制论解释》，《北京行政学院学报》2006年第5期。

第四届特区政府的就职演说所指出的那样，“在总结反思中将贯彻‘以人为本、科学决策’的施政理念，把精兵简政、深化行政改革落到实处，决不放松健全官员问责机制，推进法制和廉政建设”①。绩效治理制度的推进必定要和官员问责有很好的联系。其中，尤其需要关注与绩效有关的问责事项，实现“绩效问责”，实现绩效与问责紧密结合的绩效问责。所谓“绩效问责”，是“行政问责的一种形式，它通过对政府绩效水平的考察，对未达到绩效目标的政府组织及其公务人员追究相应的责任，是行政问责制的深化和发展”②。绩效问责的基本理念在于“基于绩效的问责”，强调结果为本，更注重政府行为的服务质量和公众满意度。绩效问责所彰显的是，成绩不好、能力不足的官员要承担一定的责任，不作为本身也是一种错误，庸官和贪官一样也要下台。值得注意的是，绩效问责与当前澳门“不做不错”“不作为”的现实文化有着较大的差异，由此绩效问责需要循序渐进地推行，不宜过于激进。

五　结论

政府治理水平的提升是澳门未来发展的基础和保障。很多国家和地区的发展经验表明，经济社会发展到了一定阶段后就一定要对政府进行实质性的改革，否则政府行政效率和绩效低下就将成为经济社会发展的绊脚石。正是在这个意义下，澳门特区政府推出了政府绩效治理制度，努力提升特区政府的施政绩效，并已经开始实施领导官员绩效评审制度以及季度政策执行报告制度，并从中立评审机构的引入、绩效管理与官员问责的结合、职能理顺、精兵简政等方面进行较为全面的谋划。在未来的发展中，特区政府需要深入进一步落实政府绩效制度的各项措施，扎实推进政府绩效治理制度在澳门的建立和不断完善。

---

① 《行政长官：推进一国两制深化行政改革》，《市民日报》2014 年 12 月 21 日，第 P04 版。

② 徐元善、楚德江：《绩效问责：行政问责的新发展》，《中国行政管理》2007 年第 11 期。

经济贸易篇

Economics and Trade

B.6

中国与葡语国家经贸平台建设的现状、问题及对策

叶桂平*

摘　要： 自从澳门作为"中葡平台"这一概念诞生以来，得到国家与各葡语国家的大力支持，对中国与葡语国家的经贸合作及文化交流起了很大的促进作用，而且这种效应正在不断释放。本文重点围绕2014～2015年度中葡平台的发展现状进行分析，梳理所取得的成果，归纳出澳门特区政府推动中葡平台发展的若干战略部署。此外，本文也就推进中葡平台建设过程中的一些问题进行简要分析，并提出若干建议。

关键词： 澳门　中葡平台　发展现状

* 叶桂平，中国社会科学院研究生院经济学博士，武汉大学政治与公共管理学院博士后，外交学院特约研究员，主要研究中国与葡语国家关系问题。

一　前言

自回归以来，澳门特区在对外合作与交流方面取得较大的发展。至今，给予澳门居民免签或落地签证待遇的国家和地区由 3 个增至 112 个；澳门参加的政府间国际组织由 23 个增至 39 个，其中以“中国澳门”名义单独参加的 22 个；特区政府以中国代表团成员身份参加国际会议 200 余次；对外签署的航班或民航协定由 30 项增至 41 项；适用于澳门的国际公约及修正案超过 500 项。2005 年，澳门历史城区成功入选世界文化遗产名录①。其中，澳门在加强中国与葡语国家之间的经贸交流，促进中国内地、澳门和葡语国家共同发展方面具有重要作用，澳门作为中国与葡语国家的商贸合作服务平台（以下简称“中葡平台”）的影响也在日益扩大。

基于历史的渊源，澳门与葡萄牙、巴西、安哥拉、莫桑比克、几内亚比绍、佛得角、圣多美和普林西比、东帝汶八个以葡萄牙语作为官方语言，约有 2.6 亿人口的葡语国家有着广泛的经贸联系。凭借采用与欧洲大陆相近的法律和行政架构、中葡双语为官方语言、澳门较多企业熟悉葡语国家并有着经贸交往、具有双语人才、会展服务以及银行和金融机构便利等优势，澳门长期发挥着联系中国与葡语国家的商贸合作服务平台的独特功能。自 2003 年 10 月，“中国—葡语国家经贸合作论坛”（以下简称“中葡论坛”）在澳门成立以来，已连续举办了四届部长级会议，制订了四个《经贸合作行动纲领》。

2013 年，国务院副总理汪洋在中葡论坛第四届部长级会议期间表示，中央政府期望、支持澳门发挥“三中心、一平台”的作用：建设“葡语国家中小企业商贸服务中心、商品集散中心和中葡经贸合作会展中心”，2016 年要在澳门建立中国与葡语国家双语人才、企业合作与交流互动信息共享平

① 《张业遂：支持澳扩大对外交流合作　外交公署庆成立十五周年》，《澳门日报》2014 年 10 月 30 日，第 A02 版。

台。这一定位不仅为澳门中小企业带来发展机遇，而且为促进经济适度多元发展带来机遇。

二　澳门作为中葡平台作用日益凸显

（一）经贸合作步入历史上最活跃、最富有成果时期

在当前国际体系演变过程中，中国与葡语国家彼此间没有根本性的战略分歧和纠葛，在国际事务中有着诸多相同的要求和共同语言。中国与葡萄牙2005年建立全面战略伙伴关系，目前两国关系成熟稳定；中国和巴西建立外交关系已40年，巴西是第一个同中国建立全面战略伙伴关系（2012年）的拉美国家，两国关系堪称南南合作的典范；2010年，中国与安哥拉建立战略伙伴关系；2014年，中国与东帝汶建立全面合作伙伴关系。中国与其他葡语国家也是外交上“可靠的朋友”①。随着中国与葡语国家关系日益密切，中国与这些国家之间的经贸合作也愈加紧密。

在贸易方面，2002年中国与葡语国家的贸易额仅为56亿美元，2003年中葡论坛在澳门创办以来，中葡贸易额首次突破百亿美元大关，达110亿美元。“2013年中葡贸易额为1319.1亿美元，比2003年论坛成立之初增长了12倍，十年间贸易年均增长达31.8%，大大高于同期世界贸易增速。中国成为葡语国家第一大贸易国和第一大出口国。”②

在投资合作方面，随着中葡经贸合作规模不断扩大，中国与葡语国家之间的相互投资不断取得增长。中葡论坛成立以来，截至2013年底，中国累计对葡语国家非金融类投资额已从几千万美元增长至24.65亿美元，葡语国家实际对华投资金额为7.47亿美元③。

---

① 黄少华：《澳门执掌中国与葡语系国家合作“金钥匙”》，中国新闻网，http://www.chinanews.com/ga/2014/12-21/6896650.shtml。

② 《中葡贸易额十年增三成》，《澳门商报》2014年12月18日。

③ 《澳门回归15周年　商务部：促对澳门服贸自由化》，《文汇报》2014年12月17日。

（二）在澳门学习葡语的人数比回归前还要多

语言是彼此沟通的媒介，兼擅中葡双语的人才对于中葡平台的建设十分重要。在澳门 60 万人口中，约有 3 万余人是常住澳门的葡语国家后裔，他们熟悉中葡双语，是澳门的专业人才，有广泛的人脉，是澳门发展中葡平台的重要力量。

回归之后，葡萄牙语非但没有在澳门消失，而且学习的人数比回归前还要多，澳门年轻人也更有志于投入发展葡语国家商业活动。澳门有很多提供葡文教学的院校和机构，如澳门大学、圣若瑟大学、澳门城市大学、澳门理工学院、东方葡萄牙学会等。据 2013～2014 学年统计，在中小学、大专院校、葡语培训机构等学习葡语的人数达 6595 人，单是澳门大学每年有超过 1000 名学生报读葡语班。由于葡萄牙语在澳门的普及，葡萄牙语大学联会将第二十四届会议安排在澳门举办，来自十个国家和地区的近 200 名代表报名参与①。

另外，特区政府也透过提供奖学金，积极鼓励葡语国家青年到澳门来学习，为他们创造学习中文的机会。

（三）继葡萄牙和安哥拉之后，莫桑比克在澳门开设总领事馆

2014 年 10 月，莫桑比克共和国驻澳门总领事馆正式设立，来自莫桑比克、中国内地及澳门特区政府的官员主持了揭幕式。莫桑比克驻中国特命全权大使安东尼奥表示，在澳门设立总领事馆除了面向在澳门的莫桑比克社群及友人外，还期望加强中、莫的紧密合作，维系和保持与高层次级别的中央机构交流，推动贸易及投资活动，促进彼此文化交流；并充分利用澳门各项优势，促进双方开展新合作领域，共创商机。莫桑比克希望吸引更多澳门的资金和华人企业家到该国投资。除了碳氢化合物（天然气、石油和煤）等

---

① 《葡萄牙语大学联会第二十四届年会九月澳大举行》，澳门大学，http：//news. umac. mo/nrs/faces/pub/viewItem. jspx? id =29621&locale = zh_ TW。

利润可观的行业领域外，还希望有更多企业关注投资该国发展所必要的基础设施，以此为莫桑比克经济的可持续增长提供条件。同时，莫桑比克还希望能够通过澳门宣传该国的农产品，以及通过澳门打开与中国金融和银行业领域的合作①。六年前，中葡合资企业 Geocapital 在澳门银行业开了先河，莫桑比克希望能有更多的来自中国内地及澳门的金融机构，支持和鼓励有志到该国投资的华人企业②。

莫桑比克驻澳门总领事馆的设立，反映莫桑比克和中国之间关系日益密切，以及莫桑比克对澳门平台角色的认同及期望。

（四）中葡合作发展基金已经启动

中葡合作发展基金是中方在中葡论坛第三届部长级会议上宣布的中葡合作六项举措之一，由国家开发银行和澳门工商业发展基金共同发起，并于2013 年6 月设立，总规模达10 亿美元。中葡合作发展基金设立及运作原则主要包括以下内容。①促进中葡企业投资。基金投资的目的是支持中国（含澳门）企业与葡语国家企业开展投资合作，引导成员国企业间的直接投资，提升投资企业总体实力，促进成员国经济发展。②遵循市场运作规则。基金投资将遵循市场化规则，在成员国范围内自主选择投资项目，独立决策并承担相应投资风险，追求稳定投资回报，并在基金存续期内退出。③体现互利共赢宗旨。基金通过直接投资，推动成员国企业合作目标的实现，履行环境保护与社会责任，促进成员国社会发展③。

自该基金运作以来，很多企业积极提交项目申请，目前批准的项目有两项，包括莫桑比克的综合农业园项目，在安哥拉生产太阳能电线杆与 PE 管的项目④。与此同时，还有十多个储备项目正在审批当中，涉及基础设施、

① 《莫国借澳加强对中外交》，《澳门日报》2014 年 10 月 25 日。

② 陈德锋：《莫桑比克冀澳银行业进驻》，《澳门日报》2014 年 10 月 29 日。

③ 《中葡基金批两项十待批》，《澳门日报》2014 年 4 月 3 日。

④ 《中葡合作发展基金批两项》，《澳门日报》2014 年 10 月 21 日。

酒店管理、农业（腰果种植加工）等[①]。

据中葡论坛常设秘书处秘书长常和喜表示，在莫桑比克举行的一个洽谈会上，有一个投资上亿美元的莫桑比克住房开发项目成功签约。项目由澳门企业领头，施工单位是内地企业。这种联合走进葡语国家开展项目的模式，对澳门企业有示范作用，对澳门和内地企业，更有突破性意义。据他介绍，澳门本地企业家对葡语国家的摩托车加工制造业和咖啡种植业较感兴趣。实际上，不仅是泛珠三角地区省份，大部分内地省份都希望利用澳门独特平台优势，到葡语国家开展合作项目，并借着澳门可获得与葡语国家合作的讯息，莫桑比克腰果加工项目成功签约便是一例[②]。同时，内地三峡集团与葡萄牙电力公司准备合作成立的，以承接非洲和拉美地区水电工程为主营项目的公司也将落户澳门，这体现了澳门在中国与葡萄牙等葡语国家合作中具有的特殊地位，类似这样的合作也为在澳门的葡萄牙人提供了持续的动力[③]。

（五）中葡论坛（澳门）培训中心开展多项研修及培训活动

自2011年在澳门设立中葡论坛（澳门）培训中心起至今，已经举办超过22期研修班，培训了葡语国家的政府官员和从业人员576人，涉及旅游、会展、医疗卫生、中小企业建设、公共行政、环保等十多个领域[④]。2014年，“葡语国家经济全球化部级官员研讨班”“葡语国家海关研修班”“葡语国家经济特区建设及发展研修班”“葡语国家医疗与公共卫生研修班”“葡语国家税收及税务政策研修班”等培训活动亦先后在澳门成功举办。

此外，为加强中国内地、澳门与葡语国家间广播电视领域的合作，尤其是利用澳门作为葡语国家间交流广播电视节目和讯息的平台，加强彼此间的

---

① 《澳企联同内企赴莫桑比克发展住房项目中葡基金批出两项申请》，《华侨报》2014年10月21日。

② 《中葡合作发展基金批两项》，《澳门日报》2014年10月21日。

③ 《澳门体现葡中互信合作》，《澳门日报》2014年12月19日。

④ 《常和喜：论坛助推中葡合作拓域》，《澳门商报》2014年12月18日。

合作，中葡论坛常设秘书处协助澳门广播电视股份有限公司与佛得角、几内亚比绍、莫桑比克及东帝汶电视台签署合作协议①。2014 年 9 月，中葡论坛常设秘书处、澳门广播电视股份有限公司、葡语国家电视台及新闻社共同安排有关国家记者莅临澳门，在澳广视就新闻制作范畴的信息技术进行培训实习。莫桑比克新闻社、圣多美电视台、几内亚比绍新闻社、佛得角电视台和安哥拉国家电视台，共十名技术员先后来澳门参加为期两周的实习②。

（六）举办各种促进企业“走出去”和“引进来”的经贸活动

葡语国家的企业除了在澳门，还积极参与在中国内地举办的各种经贸投资活动。中国的企业也通过中葡平台“走出去”，积极利用澳门举办的工商、环保、基础设施投资、贸易投资等方面的论坛和展会，向各方的客商推介投资营商环境，促成商业配对和项目对接。借力澳门与葡语国家联系广泛的优势，加快搭建与葡语国家在更高层次开展经济贸易合作的平台，从而进一步提高内地对外开放的层次和水平。

据有关数据表明，过去五年澳门及葡语国家多次举办经贸交流及考察活动，共安排约3861 场洽谈，签署合作协议项目共83 个，涉及金额超过16.7 亿澳门元，签约国家包括葡萄牙、安哥拉、巴西、佛得角、几内亚比绍、莫桑比克、东帝汶。其中涉及澳门企业的签约项目 57 个，总金额超过 6280 万澳门元③。至今已经形成了“中国与葡语国家企业经贸合作洽谈会”等一批有影响力的品牌展会，另外每年在“中国国际投资贸易洽谈会”“澳门国际贸易投资展览会”“澳门国际环保合作发展论坛及展览”“活力澳门推广周”等大型经贸活动设置“葡语国家馆”也都成了促进中葡企业交流的重要平台。

---

① 《澳广视与葡语国电视台签协议　澳门安哥拉电视节目互播》，《澳门日报》2014 年 4 月 4 日。

② 《葡语国家记者在澳广视培训实习，促进讯息交流合作》，《澳门政府新闻》2014 年 12 月 3 日。

③ 《中葡平台拓中小企出路》，《澳门日报》2014 年 7 月 18 日。

“中国与葡语国家企业经贸合作洽谈会”自2005年起已举办九届，2014年在莫桑比克首都马普托举行。一连九届的“洽谈会”，来自中国内地、澳门及葡语国家企业超过3400人次参会，进行超过2600场商务洽谈配对，促成签署的项目共38个，涉及金额超过4亿澳门元[①]。“洽谈会”为与会各国和各地区的企业创造商贸洽谈及配对的机会，是中国与葡语国家企业磋商合作的有效平台。

2014年“澳门国际贸易投资展览会”进一步丰富葡语国家地区展区的展示内容，设立“葡语国家企业展区”，展区面积1500平方米，并新增设葡语国家食品饮品展示馆，此外，展会期间还举办了“葡语国家商机对接食品、饮品交流会”等活动，着力打造“葡语国家食品集散中心”，强化澳门商贸服务平台功能，促进澳门与内地、葡语国家的互补共赢[②]。此外，“葡语国家商机对接食品、饮品交流会”“第四届江苏—澳门·葡语国家工商峰会”“福建—澳门—葡语国家经贸交流会”等与葡语国家有关的活动亦成功举办[③]。

澳门每年在内地主要城市巡回举办“活力澳门推广周”，每次活动都设有“葡语国家馆”，每个葡语国家均有自己的展位，并配备翻译人员协助葡语国家代表与内地企业洽谈。同时，为让内地企业家与葡语国家代表了解、沟通，葡语国家主要宣传本国的投资环境，中葡论坛常设秘书处还向内地省市企业介绍澳门的葡语国家平台[④]。

除了短期的展览、洽谈外，政府也推动澳门的商界联合葡语国家的企业在内地设立长期的展销中心，目前已经成立的展销中心有位于江门的“澳门及葡语系国家商品展销中心”、位于上海的“澳门葡语国家地区酒类及食品展示中心”。其中，“澳门葡语国家地区酒类及食品展示中心”成立于

① 《充当桥梁助两地企业拓商机交流　澳推动中葡经贸合作有成》，《澳门日报》2014年11月11日。

② 《拓展贸易投资共赢商机　第十九届澳门国际贸易投资展览会》，《澳门政府新闻》2014年10月21日。

③ 《第十九届MIF圆满闭幕》，《澳门政府新闻》2014年10月27日。

④ 《葡语国代表八次参与活力澳门周富成果　姗桃丝：内企葡语国搭好平台》，《澳门日报》2014年4月12日。

2014 年 5 月，其成立目的是要发挥中心在酒类和食品方面的信息优势、渠道优势、制度优势，通过上海自贸区的通关、仓储、配送等系列服务，把葡语国家具有竞争优势的酒类及食品辐射中国全国及海外市场。与此同时，澳门葡语国家地区酒类及食品联合商会还与上海国际酒类现代商贸服务功能区发展管理中心共同签署战略合作框架协议，希望共同推动葡语国家酒类及食品文化交流和贸易往来，上海追溯酒品信息中心将为葡语国家地区的葡萄酒提供源头追溯与质量保障，展示中心为美食美酒提供文化展示与品牌推广的舞台，使上海消费者更近距离领略高质量的葡萄牙美食美酒和古老的葡萄牙美酒文化①。

此外，在带领企业家“走出去”方面，澳门经贸部门还于 2014 年组织澳门企业家代表团赴巴西考察及参观巴西特许经营展览会，组织澳门企业家代表团及广东省企业家代表团联袂赴葡萄牙里斯本参加“第十九届葡萄牙国际食品饮料行业展览会”。至今，葡萄牙、东帝汶的咖啡厂都在澳门设有公司。澳门特区政府亦已陆续与葡萄牙、莫桑比克、佛得角等葡语国家签订关于对所得避免双重征税及防止偷漏税的协议，有效地促进了经贸活动②。

（七）文化及艺术交流活动内容丰富

回应葡语国家在过去四届部长级会议表达的意愿，澳门特区政府不断致力深化澳门作为中国和葡语国家文化领域的服务平台。2014 年，“第六届中国—葡语国家文化周及葡语国家美食推介会”、“澳门、中国及葡语国家艺团大巡游”、“中国—葡语国家手工艺市集”、“澳门土生葡人艺术家作品展”、葡语国家话剧等先后在澳门举行，活动异彩纷呈、中西文化元素弥漫澳门，为澳门市民及游客呈献系列中葡文化大餐。此外，澳门不同的教育团体和机构每年均举办葡萄牙特色文化活动，例如 6 月 10 日“葡萄牙日、贾

① 《促进中葡经济文化交流　澳葡语国酒类中心落户上海》，《澳门日报》2014 年 5 月 15 日。
② 郑红深：《中葡平台成国际交流新引擎》，《人民日报》（海外版）2014 年 12 月 18 日。

梅士日暨葡侨日”，在白鸽巢公园有纪念葡萄牙诗人贾梅士的活动，市民可透过贾梅士的诗了解葡萄牙文化；每年的11月，公立学校均会举办庆祝栗子节的嘉年华活动，活动设有葡萄牙语言和文化表演，让学生认识葡萄牙节日文化①。

在澳门居住的葡语国家居民是文化交流的特殊力量，他们成立了很多有特色的社团，如安哥拉风土及友人协会、澳门巴西之家、澳门葡人之家协会、澳门土生葡人协会、澳门佛得角友协、果亚达曼和第乌文化协进会等，经常展示他们的风土人情和文化。现在，很多葡语国家在澳门设立了领事代表处，澳门与巴西圣保罗、佛得角普拉亚、葡萄牙里斯本和波尔图都缔结为姐妹城市。

在研究出版方面，澳门城市大学2014年1月发布《八个葡语国家商务信息组合（概述）》研究报告，分别对八个葡语国家的营商环境进行了比较分析，为读者提供更全面可靠的决策辅助信息②。《澳门平台》中葡双语周刊于2014年3月创办，内容涵盖促进中葡交流、在中葡关系中扮演中介角色的一些澳门官员及私人机构的信息，还有澳门政府各主管部门的常规活动，以强化澳门作为国际贸易与服务平台的功能。该刊有助于澳门更好地推行双语制度，提升小城形象，一方面有助于在澳或内地修读葡语人士获取最新、最翔实的葡语国家讯息；另一方面让在葡语国家修读中文的人士，了解内地及澳门的各项最新讯息③。

另外，为展示、销售中葡特色文创产品，以及为中葡经贸服务平台起到添砖加瓦作用，粤闽文化创意协会、澳门濠江青年文化创意促进会及澳门火车头文化创意有限公司重金打造“中葡文创手信3D立体画馆”也于2014年12月在澳门开幕④。

---

① 《葡语学习途径多元》，《澳门日报》2014年12月8日。

② 《城大发布葡语国商务信息研究报告》，《市民日报》2014年1月25日。

③ 《非翻译产品是多文化融合载体〈澳门平台〉献力中葡交流》，《澳门日报》2014年3月23日。

④ 《中葡文创手信主体画馆新张》，《华侨报》2014年12月20日。

（八）工程和科技领域的合作更为多元

推动中葡论坛与会国在工程和科技领域的多元化合作也是第四届部长级《经贸合作行动纲领》的重要内容之一。目前，中国与巴西双方正积极落实航天合作十年计划，继续加强近30年来科技创新合作，中巴地球资源卫星已成为中国航天走向国际的知名品牌。

2014年，相关的工程和科技合作交流活动在澳门亦有开展。例如，“2014国际葡语通信协会（AICEP）领导人会议”于2014年11月在澳门举行，此次会议的议题是“未来网络——机遇与挑战”，参与者包括九个葡语国家及地区（安哥拉、巴西、佛得角、几内亚比绍、中国澳门、莫桑比克、葡萄牙、圣多美和普林西比及东帝汶）的AICEP通信业（邮政、电信及电视）营运商及监管机构的主席、行政总裁、总监、高级经理及其他管理人员①。

2014年11月，澳门科技委员会及工程师学会为促进内地、澳门和葡语国家的科技和工程合作发挥了桥梁和中介的作用，借助第十二次“泛珠三角”区域科技合作联席会议及“第二届葡语国家工程师大会”同期在澳门举行的良机，在澳门经贸促进机构的支持下，成功举办了两场“泛珠三角”9+2区域与葡语国家相关机构科技项目合作洽谈会，成功安排了约80项配对洽谈，洽谈内容涉及工程、建材、化工、环保、中医药及学术交流等范畴。据了解，有些葡语国家的洽谈代表是第一次与中国企业直接接触。他们认为内地的科技和工程水平很好，所提供的产品和服务也比较适合他们的需要，相信与内地的企业合作具有前景。这次活动能让内地企业同时与多个葡语国家的企业进行面对面的交流，很好地增进他们对葡语国家市场的认识，对日后开展商业合作有很大的益处，澳门日后可以尝试多举办一些类似的活动②。

“第二届葡语国家工程师大会”于2014年12月在澳门举行，葡萄牙、

---

① 《葡语国通信业领导聚澳探讨网络》，《市民日报》2014年11月28日。

② 《澳门科技中介平台具前景，“泛珠三角”9+2区域与葡语系国家相关机构科技项目合作洽谈会成功安排约80项配对洽谈》，澳门新闻局，2014年11月28日。

安哥拉、佛得角、莫桑比克的工程师学会会长，东帝汶及几内亚比绍公共工程部部长均有出席，随团还有工程业界领导层、技术人员、同业人员、专业人士等约300位来自各葡语国的海外嘉宾参与。与此同时，作为全球知名及最具影响力的投资基金，Vital Capital 基金宣布将成立一个名为 Vital - Macau 的基金，主要针对非洲的葡语国家及珠江三角洲的投资机遇，并将于澳门开设一间投资管理办公室。Vital Capital 承诺在澳门与 Vital - Macau 合作提升与葡语国家私募股权投资的数量，这对于澳门的经济适度多元来说是一个很重要的里程碑，有助于澳门与中国内地及非洲兴建一道更巩固的桥梁，并发展一个本地的世界级专业投资团队①。

三　政府对中葡平台的落实工作方向

建设中国与葡语国家商贸合作服务平台，是澳门特区施政的另一重要使命。对于汪洋副总理提出国家支持澳门建设“葡语国家中小企业商贸服务中心、葡语国家食品集散中心和中葡经贸合作会展中心”的战略方针，特区政府正在筹划一系列的工作安排②。

第一，在工作规划方面，上述三个中心的工作并非各自独立的，而是一个整体，需根据各自特点细分，提供符合企业需要的服务和信息，构建网上功能平台、实体服务设施，形成“在线、线下、双线并行，两者服务互为结合”的工作体系。目前，“葡语国家食品集散中心”的初步选址已确定为澳门板樟堂一号，“中葡经贸合作会展中心”已订定多项工作内容，包括在现有会展活动中进一步突出中葡合作元素，引介活动和客商，相互参展参会，相互支持或组织会议展览，开展专题培训活动等。

第二，在2013年专门成立澳门理工学院“葡语教学暨研究中心”的基础上，部署设立中国与葡语国家双语人才、企业合作与交流互动信息共享平

① 《葡语国工程师大会落幕　中葡交流成效显著》，《华侨报》2014年12月2日。

② 张祖荣：《关于陈美仪议员书面质询之回复》，澳门特区立法会，http://www.al.gov.mo/interpelacao/05/2014/14-0925c_14-0636.pdf。

台，以全力加快中葡语言、企业管理人才的培训，增强内地企业对葡语国家的潜在合作伙伴最新状况的及时了解。计划中的信息服务包括按市场、专业领域检索人才资料库，便利双方企业查找业务发展所需的人力资源。另外，也有面向企业合作与交流互动的项目、专业服务、法规、市场概况等服务和信息资料。

第三，组织更多内地和澳门的企业家共赴葡语国家考察和投资，拓展企业合作的商机。

第四，以澳门特区的旅游推广等中介优势，大力配合、支持内地与葡语国家之间的旅游合作。

第五，进一步办好澳门特区内的国际性品牌展会，如“澳门国际贸易投资展览会”“澳门国际环保合作发展论坛及展览”和其他国家级重点展会，全力支持内地企业，借着澳门会展平台拓展国际市场，大力鼓励支持葡语国家的商务代表、企业家直接到访内地，专门组织一批葡语国家的代表参与。

第六，将研究如何配合国家政策，协助内地企业在市场运作的原则下，到葡语国家设立境外经贸合作区①。

四　打造中葡平台过程中的若干问题及建议

（一）完善中葡平台服务中小企业的功能

在中葡平台建设的过程中，除了政府层面之外，还需动员民间企业的力量，尤其是数量庞大的中小企业的共同参与，形成政府和民间合作推动的机制。中葡平台有助于中小企业“走出去”的这一优势值得进一步宣传。一直以来，内地国企规模较大，“走出去”很容易；而内地中小企业

① 崔世安：《在第十届泛珠三角区域合作与发展论坛上的讲话》，澳门行政长官办公室，2014。

受到资源限制，对通过澳门平台拓展新空间的需求更大。因此，加强中葡平台的推广宣传仍有必要。

（二）加大力度培养中葡双语人才

随着澳门平台定位的确立，人才队伍建设作为配套措施必不可少。特别是双语人才的培养，以及具备双边商贸法律、金融、物流、会展、管理知识技能的人才培养，都与葡语国家之间建立顺畅和紧密经贸关系紧密相关。近年来，澳门学生学习葡语的积极性虽有所提高，人数也有一定增长，但真正能熟谙中葡双语的人才仍显不足，长远不利于构建中葡平台。因此，鼓励更多澳门居民学习葡萄牙语，充分发挥澳门的葡语培训基地作用，方是成功架起中葡平台的关键。

（三）建议创设“中国—葡语国家博览会”

建议有关部门借鉴“中国—东盟博览会”的成功做法，在发展中葡论坛的基础上，创设“中国—葡语国家博览会”，透过建设实体平台扩大双方贸易规模，推动中国与葡语国家合作向更大范围、更宽领域、更高层次迈进。博览会既可塑造中葡论坛国际品牌效应，又可打造澳门会展旗舰，带动会展产业的国际化、规模化发展，有助于推动澳门建设“世界旅游休闲中心”及经济多元化发展。

（四）建议为企业提供信用保障制度

随着中国和葡语国家双方经贸合作增多，为企业提供保障风险的制度成为业者的殷切需求。许多业者表示，有保障自然会增加出口数量，这样才能帮助本地企业家往葡语国家发展。邻近地区香港已专门成立出口信用保险局为企业提供保障制度，唯澳门仍然未有。由于该制度能有效保障企业营商，因此，建议澳门特区相关政府部门参考内地及香港成立出口信用保险局的做法，尽早研究设立相关制度，保障企业出口至其他国家，增加企业信心。

（五）建议考虑研发中葡双语销售网络平台

建议澳门相关部门在发挥中葡平台作用时，可以参考内地发展最热的网络和大数据，考虑研究发展网络平台，将内地与葡语国家的商贸网络连在一起。特区政府应支持建立中葡双语销售网络平台，让两地居民能够更加便捷地购买产品。以往中葡两地只接受大批量订单，日后如能透过网上销售平台进行交易，定将有助于提升中葡两地的贸易水平。

（六）横琴新区发展需要中葡平台

广东自贸区获批后，横琴新区将成为一个自贸区和财税优惠政策叠加的区域，加上实施 24 小时通关，沟通障碍逐步减少，其对澳门打造“世界旅游休闲中心”、中葡平台，促进产业适度多元发展，将发挥重要作用。同样，加快培育产业多元化环境，搭建好中葡平台功能，澳门对横琴新区的创业和创新发展也十分重要。事实上，作为与葡语国家的商贸服务平台，澳门有条件成为中国与葡语国家人民币结算平台及其他金融服务拓展平台，这一优势有助于横琴新区的未来发展。

（七）配合国家“建设21世纪海上丝绸之路”的战略部署

在国家“建设 21 世纪海上丝绸之路”的过程中，澳门具有平台优势，通过澳门可以加强海上丝绸之路沿线国家与葡语国家交流联系。对此，建议国家和澳门特区政府有关部门积极利用中葡平台的服务功能，并进行广泛宣传，努力创造沿线国家通过澳门与葡语国家加以联系交流，争取互利多赢的机会，为落实国家的“一带一路”战略构想做出应有贡献。

B.7

澳门旅客分流措施研究

黄竹君*

摘　要：旅游业的迅速发展使澳门从一个无名小城蜕变成国际知名的、繁荣的旅游目的地。随着旅客量日益增加，城市的资源显得紧张，基建和设施的承载能力亦备受考验。社会各界开始怀疑，澳门是否已达到其最大的旅游承载量，而进一步的旅游发展是否可持续。本文阐述旅客量增加所带来的挑战，讨论调整和影响旅游需求和服务供给的国际经验以及旅客分流的策略，并就如何在澳门应用其中一些策略提出建议。

关键词：澳门　旅游承载能力　可持续发展　旅客分流　旅客管理

一　背景

（一）从小城到名城

受惠于2002年博彩业开放①、2003年内地自由行政策及2005年澳门历史城区被列入联合国教科文组织世界文化遗产名录，澳门这个曾经籍籍无名

* 黄竹君，管理学博士，澳门旅游学院院长，研究方向为旅游发展、旅游人力资源教育和培训。

① 博彩业开放后的首间新赌场于2004年5月开始营运。截至2014年底，澳门共有幸运博彩娱乐场35间。

的小城从此经历了翻天覆地的变化，旅游业和随之而起的高速经济发展令世界屏息。近年来，澳门更跃身成为国际知名的旅游目的地，频频出现在各类城市或目的地的排名榜上。

《政经风险评估》和《透明国际》于2006年首次把澳门纳入亚洲贪污趋势和国际清廉指数评估，澳门在亚洲分别排名第四和第六[①]。2009年度《城市竞争力蓝皮书》把粤港澳地区的综合竞争力排在全国第一。澳门在粤港澳的23个城市中，综合竞争力排名第四，在经济效率、产业层次、生活质量、人才、资本、结构、基础设施、综合区位、制度及政府管理竞争力方面位居前十名[②]。在2013年度的《城市竞争力蓝皮书》中，澳门依然排在前十名[③]。

瑞士人力资源信息及顾问机构ECA International于2012年公布的全球宜居城市排名调查报告中，澳门在亚洲排名第七[④]。新加坡国立大学李光耀公共政策学院亚洲竞争力研究所针对100个大中华城市，以经济收入、社会参与、医疗便利等五项指数为评分标准，进行城市宜居指数研究。2014年12月公布的结果显示，十大宜居城市中澳门位列榜首[⑤]。

美国传统基金会发布的2014年度《全球经济自由度指数》报告，连续六年将澳门评为“较自由”的经济体，在全球178个经济体中排名第二十九位。在亚太地区42个经济体中，排名第七，仅次于中国香港、新加坡、澳洲、新西兰、中国台湾及日本[⑥]。

---

① 《公署发展史》，澳门特区廉政公署，http：//www. ccac. org. mo/。

② 《澳门最新动态》，澳门贸易投资促进局，http：//www. ipim. gov. mo/group_ detail. php? tid = 9749&type_ id = 1083。

③ 《城市竞争力蓝皮书2013》发布会，2013年5月19日，国务院新闻办公室，www. scio. gov. cn。

④ ECA, “Hong Kong: Asia’s Third Most Liveable City But Among the World’s Worst for Air Quality,” 2012, http：//www. eca - international. com/news/press _ releases/7650/Hong _ Kong _ Asia _ s _ third_most_liveable_city_ _but_among_the_world_s_worst_for_air_quality_? HighlightText = macau, 最后访问日期：2015年1月19日。

⑤ 《大中华城市澳门最宜居》，《澳门日报》2015年12月31日，A01版。

⑥ 《澳门经济自由度在亚太地区排名第七》，澳门金融管理局，http：//www. amcm. gov. mo/cms_ upload/general/press_ release/pressrelease_ cnAttachment201401 14183937. pdf。

美国布鲁金斯学会与摩根大通以就业率增长速度和人均生产总值作为基准，公布2014年全球城市经济表现前300名，澳门名列前茅[①]。

（二）从小康到大富

旅游和博彩业发展为澳门带来了强劲的经济动力。根据世界银行的报告，澳门2013年人均生产总值超越了瑞士，达到91376美元，比2012年增加18.4%。澳门回归祖国后，经济增长了557%。早在2006年其博彩收益已超越拉斯维加斯，而2013年其450亿美元的博彩收益是拉斯维加斯金光大道的七倍[②]。

在澳门的旅游产品中，博彩最为闻名，然而其400多年中葡文化交汇沉淀出来的迷人南欧风情和遗留下来的珍贵历史城区、特色澳葡菜和各地美食、购物娱乐、节庆活动等亦吸引不少游客。根据2013年澳门统计暨普查局的资料，第三产业的增加值总额按年上升22.5%，占本地生产总值的比重由2012年的93.7%增至2013年的94.3%。按比重划分，博彩业占46.1%、批发及零售业占7.6%，而酒店及饮食业则占7.5%，合占61.2%[③]。事实上，根据联合国世界旅游组织的资料，2013年澳门516亿美元的旅客总消费比2012年增加了13.7%，在世界排名第五[④]。

澳门旅游业发展迅猛，旅客量、酒店房间数量、博彩收益等持续上升，比起博彩业开放和内地自由行政策实施前的情况，增幅惊人（见表1）。在2013年，澳门旅客总数约为2932万人次，其中64%来自中国内地，其次是香港（23%）和台湾（3%），剩余10%来自世界各地。内地旅客中又以邻

---

① 《全球300城经济表现澳夺冠》，《澳门日报》2015年1月23日，A10版。

② "Macau Surpasses Switzerland in GDP per Person - World Bank," http://rt.com/business/169924-macau-overtakes-switzerland-wealth/.

③ 澳门统计暨普查局：《2013年澳门产业结构》，http://www.dsec.gov.mo/Statistic/NationalAccounts/Gross-Domestic-Product-(By-Production-Approach)--A/2013%e5%b9%b4%e6%be%b3%e9%96%80%e7%94%a2%e6%a5%ad%e7%b5%90%e6%a7%8b.aspx。

④ "Macau's 2013 tourism takings world's fifth-largest," http://www.macaubusiness.com/news/macau%E2%80%99s-2013-tourism-takings-world%E2%80%99s-fifth-largest.html.

近广东省为主，超过内地总客量的40%。而最大的外国客源地则是韩国[①]。过夜旅客占旅客总数的48.6%，其中74.5%在酒店留宿。旅游业对澳门经济的重要性由此可见，如何使这一行业健康和持续发展成为政府和社会关注的焦点。

表1 澳门经济起飞前后的经济数据

年份	2002	2013	变化(%)
旅客量(千人)	11530.8	29324.8	+154.3
人口(人)	441637	607500	+37.6
旅客/人口	26	48	+84.6
客房总量(酒店和宾馆)(个)	9081	27764	+205.7
博彩毛收入(百万澳门元)	47134(2005年*)	361866	+667.7
本地生产总值(以1996年不变价格估算)(百万澳门元)	59761	413471	+591.9
人均生产总值(澳门元)	136331	697502	+411.6

注：*经向澳门统计暨普查局查询，博彩毛收入数据的公布最早追索至2005年。

资料来源：澳门统计暨普查局：《2002统计年鉴》《2013统计年鉴》。

二 旅游发展带来的挑战

虽然经济发展带来了国际声誉和财富增长，但是随着旅客量的持续增加，只有不到30平方千米的小城和以此为家的60多万居民开始感受到生活压力和旅游旺季带来的不便，包括以下几方面：

（1）从2002年起，房地产价格飙升15倍以上，租金连年上升；

（2）收入追不上通胀，生活质素没有得到改善；

（3）交通挤塞、乘车难；

（4）在旅游高峰期间，旅客和居民互相竞争使用城市资源，居民需付

① 《2002统计年鉴》《2013统计年鉴》，澳门统计暨普查局，http://www.dsec.gov.mo/Statistic.aspx?NodeGuid=d45bf8ce-2b35-45d9-ab3a-ed645e8af4bb。

出金钱和时间的代价。

与此同时，游客的旅游体验质素亦受到以下的不利因素影响：

（1）人力资源短缺，服务质素下降；

（2）服务价格上升；

（3）通关、交通、服务时间延长。

近年来，居民怨声不绝于耳，有意见更谓是时候检视和优化自由行政策。相关部门就此积极进行承载量研究，推出旅客分流措施。旅游学院自2003年起受社会文化司司长委托，每年进行澳门旅客接待能力研究，评估社区的感知承载量（即居民和旅客对生活和游澳体验的主观感觉）和实际承载量（各主要旅游景点和旅游服务提供者的客观接待能力）。研究发现，当澳门旅游业迎接高峰期客流量时，市内公共交通、通关、若干热门旅游景点等承载量出现瓶颈。在这时期，旅客和居民都普遍感到城市空间挤迫、出行消遣不便、服务欠佳和轮候时间过长。研究指出，澳门承载力问题的症结在于客源地集中、赴澳时段集中和游客集中游览热门景点。因此在某些时段、某些地区会出现非常拥挤的情况，甚至需要实施人流管制手段。例如，2013年春节黄金周期间，澳门出入境大堂曾经出现旅客挤不进去的情况，警方亦需于新马路（游客多由此通往澳门地标大三巴牌坊一带）采取人流管制措施。然而，从传媒报道和观察所得，与通往大三巴主要通道一街之隔的小巷则较为顺畅。事实上，前往热门景点亦有多条路线可供选择，这说明分流旅客措施存在改善的空间。

旅游局方面的回应包括制订短、中、长期的方案：短期内推出了“论区行赏”步行路线，引导游客到次热门的景点和区域；中期包括实施“旅游产品发展计划”，发掘具潜力的新兴旅游景点和项目或优化现时的旅游设施；而长期则是编制《澳门旅游业发展总体规划》。

三　旅游目的地承载量和旅客分流的国际学术研究和经验

文献记载了不少关于承载量（carrying capacity）的讨论，此概念早于

70年前在西方关于旅游以外的研究中出现，由学者Sumner[①]提出关注休闲访客量的增加对自然环境带来的挑战。当时仅考虑自然生态环境的承载量，即实体承载量。后来加入了其他学者的理论，尤其以Wagar[②]的定义较为广泛流传。其定义注重资源的可持续性和参与者的体验质素。经过多年的演变和与其他学者理论的结合，承载力概念现包含感知承载力的考量——即当地居民、商户和游客对旅客量变化所带来的影响的主观感觉。所以，如Graefe，Cahill和Bacon[③]总结：承载量研究包括多方面的考虑——生态、社会和硬件设施；承载量研究必须结合管理目标的确立；并不存在单一的“魔术数字”或承载量的绝对值。普遍认为最佳承载量是一个范围，其取决于社会、生态和管理因素及比重。因此，有学者提倡与其执着于估算单一数值，倒不如研究如何运用旅客管理（visitor management）策略，利用收益管理（revenue management）概念、资讯科技和市场推广手法等吸引、引导或分流游客，达至居民和旅客感满意的可持续旅游发展。

在旅客管理和分流方面，文献记载了多个已在不同国家实行的方法和案例。各种方法可归纳为两大类：限制供应和影响需求。

1. 限制供应

（1）严格管制入境签证和设定最低消费。最为人熟悉的例子可说是不丹王国，他们奉行“高价值、低影响”（high value low impact）的旅游发展策略，游客必须通过认可旅行社预约行程，并购买设有最低消费和含旅游税的住宿、餐饮和观光套票。

（2）交通管制。布鲁塞尔的城市布鲁日（Brugges）面积小但游客量日益增加，对当地居民造成压力。当局在居民的支持下于1992年立例禁止承

---

① E. L. Sumner, “The Biology of Wilderness Protection,” *Sierra Club Bulletin*, 27 (1942), pp. 14–22.

② J. A. Wagar, *The Carrying Capacity of Wild Lands for Recreation* (Washington, D. C.: Society of American Foresters, 1964).

③ A. R. Graefe, K. Cahill, and J. Bacon, “Putting Visitor Capacity in Perspective: A Response to the Capacity Work Group,” *Journal of Park and Recreation Administration*, 29 (2011), No. 1, pp. 21–37.

载非过夜游客的旅游巴士驶进历史城区。他们需在外环乘坐接驳穿梭巴士进入，然后徒步游览城区。过夜游客则可乘坐酒店穿梭巴士直达酒店。奥地利城市萨尔茨堡（Salzburg）亦有类似的交通管制措施①。

（3）限制旅游区域的开发。在土地资源充裕的条件下，有些目的地把旅游开发集中在特定区域。如澳洲的黄金海岸，只有少于2%的土地用于旅游发展并且集中开发，其余地方不受影响。

（4）景点预约系统。通过预约系统鼓励和引导游客配合景区或景点的人流情况错开参观时间，避免高峰期出现过多人潮，又可改善淡季的客流量。这一措施在很多地方已被采用。例如，游客可于60天前透过梵蒂冈官方网页预约参观博物馆，节省2~3小时的现场轮候时间。又如，位于美国加利福尼亚州 Yosemite National Park 内的 Half Dome 是一座具标志性的山，吸引不少爬山者到访。在其顶端400呎的垂直山坡上，公园架设了供爬山者攀爬的绳道，防止意外发生。因游客量增多，公园以科学方法评估了最佳承载量，然后实施景点预约制度。首先，管理团队定下国家公园的三项营运质素指标：①让公众能享用公园；②保护公园的野生生态环境；③保障游客安全。管理团队每20分钟拍照记录在绳道上的爬山者人数和情况、爬山者在绳道上停留的时间和偏离绳道的爬山者数量，掌握实际数据后利用回归模型评估最佳游客接待范围。然后决定于周末高峰时段推出预约访客卡制度，限制游客数量，把部分游客引流到平日非繁忙时段。公园随后亦灵活使用调控手段，按实际情况推出七天访客卡等预约制度。

（5）征收景点入场费。此为被广泛应用的需求调节机制。按不同时段、不同人口特征（如长者、小童、学生和团体等）收取不同的入场费用，达至分流人群或收益管理的目标，亦可针对不同客群做特定的推广宣传或安排特设的教育项目。

① J. Van der Borg, G. Gotti, "The Impact of Tourism and Visitors Flow Management in Aix - en - Provence, Amsterdam, Bruges, Florence, Oxford, Salzurg and Venice," *UNESCO Technical Report No.* 20: *Tourism and Cities of Art* [UNESCO Regional Office for Science and Technology for Europe (ROSTE) Information Centre of Studies on the Tourist Economy, University of Venice].

（6）景区人数管制。外地一些国家公园或受保护景区实施每一时段到访人数的限制。景区通常是通过记录访客活动所需时间、在每段路所碰到的其他访客数量和每一时段某一区域的访客总量来评估最佳接待能力。保护景区的同时，亦可满足访客享受宁静的大自然环境的愿望。

2. 影响需求

（1）旅游便利卡。由于意大利威尼斯游客量长期高企，对当地居民造成影响，商铺租金攀升至只有做游客生意的首饰、纪念品等商户才能够生存。旅游发展对经济造成排挤效应①，不利于产业结构的平衡发展。有见及此，当地部门研究与商户合作发行旅游便利卡，于特定时段到访威尼斯的游客可获免费发卡，以取得景点入场、饮食、购物等便利和折扣优惠②。

（2）兴建新的旅游景点或项目。邻近的香港持续发掘和兴建新的旅游景点，近年来新增的旅游点包括香港迪士尼（2005 年）、昂坪缆车（2006 年）、启德邮轮码头（2014 年）等。最近更有意在罗湖关口附近兴建大型购物中心，以满足到港购买日用品的即日往返的内地游客需求。丰富旅游产品之同时，亦可引导旅客远离已经挤迫的市区。

（3）通过教育改变游客行为。外地的国家公园因人流量增加，自然生态和环境遭到破坏，管理部门便设计了一系列的教育工作坊，教导访客自然生态的不可复制性、如何做负责任的游客和尊重并合力保护环境。

四　澳门的旅客分流措施初探

如上文所述，澳门承载量问题的症结在于三个“集中”：客源市场集中、访澳时间集中和热门景点集中。第一点和第二点是息息相关的。由于超

① R. Prud' Homme, *Le Tourisme et le Developpement de Venise* (Venice, 1986).

② J. Van der Borg, G. Gotti, “The Impact of Tourism and Visitors Flow Management in Aix - en - Provence, Amsterdam, Bruges, Florence, Oxford, Salzurg and Venice,” *UNESCO Technical Report No. 20*: *Tourism and Cities of Art* [UNESCO Regional Office for Science and Technology for Europe (ROSTE) Information Centre of Studies on the Tourist Economy, University of Venice].

过六成的游客来自内地，他们的访澳时间受制于国家的统一休假安排，造成春节、劳动节、国庆节三个大、小黄金周的旅游高峰期。亦由于在内地游客中，超过四成来自邻近的广东省，且相当一部分是即日往返和以购买日用品为主的访客，在周末密集人流常见于新马路的药房和化妆品店一带。第三点或受酒店房间数量和价格影响，在旅游高峰时期，酒店房间量少价高，间接造成游客平均留澳时间一直徘徊在 1～1.5 日的低位。由于留澳时间有限，所以大都选择到访标志性的景点。这便造成热门的旅游景点继续热门，冷门的景点却门可罗雀。针对这三个“集中”，当局已制定以下几项策略和措施。

（一）现行旅客分流策略和措施

1. 开拓多元市场，错开访澳时间

首先，要开拓多元化的旅客群，错开不同市场客群的访澳时间。除中国内地、香港和台湾三大客源市场外，旅游局透过其 16 间驻外代表机构宣传澳门，并通过网络、社交平台、名人宣传片等接触更广大的国际客源。2014 年，韩国市场取得较大成绩，突破 50 万访客的关口，成为澳门最大的海外客源市场。澳门国际机场计划于 2015 年扩展乘客运载量，从现时的 600 万人次增加至未来的 750 万人次，此举有望增加外地旅客量。

其次，要推动会展业的发展，吸引不被节庆假期制约访澳时间的商务旅客。从 2009 年起，旅游局和贸易投资促进局先后推出计划支持会展业的发展。近年来，贸易投资促进局推出了“国际性会议及专业展览支持计划”“会展活动激励计划”“奖励旅游激励计划”等，除了提供行政和宣传上的支援外，还提供财政上的支持。2014 年第一季度举办之会展活动有 276 项（包括 263 项会议及 13 项展览），与会及入场总数约为 30.4 万人次，按年大幅增加 20% 及 50%①。

最后，澳门的文化遗产和民间节庆及盛事亦有相当大的吸引力，近年

① 《澳门会展发展》，澳门贸易投资促进局，http：//www.mice.gov.mo/tc/intro.aspx。

来，旅游局与社区合作，发掘和宣传民间节庆活动，再结合被列入世界文化遗产名录的历史城区，大力开拓文化旅游客源。文化局亦不遗余力，推出文化、文创旅游路线和手机应用软件引导游客沿线参观。在盛事和娱乐节目方面，当局持续举办花车巡游、烟花会演等大型活动，而博彩企业亦引入一些较高质素的表演和娱乐项目，丰富澳门的旅游年历表。邻近地区横琴大兴土木，建设成商贸、休闲的新经济特区，其中已营运的横琴长隆国际海洋度假区提供众多休闲娱乐项目和设施，可与澳门现时较为单一的博彩元素起到互补作用，共同开拓多元化的游客市场。

2. 设计步行路线，推动社区分流

从2014年起，作为“社区旅游发展计划”的一部分，旅游局推出了“论区行赏”步行路线，先后推介八条集文化、美食、购物、娱乐等元素为一体的步行路线，其目的是把游客引导到非热点景区和把消费分流到中小企业，盘活社区经济。此计划后来亦向居民推广，以盖章换取礼物方式鼓励居民深入认识小城。民间组织亦有响应，在一些旧城区不定时推出活动，如美食街或购物优惠周等。再加上旅游局、民政总署、文化局等部门合作优化城市旅游环境和旅游指示标识系统，创造步行游览的有利条件。

3. 延长通关时间，实行人流管制

经国务院批准，于2014年12月18日起，澳门与珠海之间的三个口岸实行了新的通关安排。关闸—拱北口岸开闭关时间分别提前和延后各1个小时，即早上6时至凌晨1时；路氹城莲花—横琴口岸由原来的早8时晚8时变为实施24小时通关；珠澳跨境工业区口岸于0时至7时临时向社会开放，有望纾缓节假日的通关压力。最近，治安警察局交通厅拟将每天前往大三巴区的观光旅客按时段分流，以减少同一时段在同一区域的车流量；交通厅更表示若情况恶化，会采取强制分流或禁止旅游巴士进入①。除在节假日高峰期实施分流旅游巴士措施外，亦拟实施单向潮水式人潮管制②。值得一提的

① 《警方重手治大三巴交通》，《力报》2015年1月19日，第4版。

② 《新春人潮三级管制，大三巴只准上不准落》，《力报》2015年1月19日，第4版。

是文化局在其管辖下的文化遗产景点设定最佳旅客接待量，如郑家大屋同一时段全屋参观人数不得超过200人、卢家大屋和天主教艺术博物馆及墓室为30人，而较小的大三巴哪吒展馆和圣母雪地殿则为10人[①]。

4. 加强基础建设，疏通市内游客

在基础建设方面，澳门正在兴建集体运输系统（轻轨），环绕澳门外围、途经主要出入境口岸和串联几个大型度假村，这将有助于疏通游客。唯工程难度高，路线取向仍未能得到社会共识，竣工日期未明朗。

（二）其他可供参考的旅客分流策略和措施

1. 以安全为目标，定结构承载上限

吸取2014年12月31日深夜上海外滩发生的节庆游人踩踏事件的教训和参照国家旅游局随即指示内地各景点景区做好承载力预估和通报机制，澳门应顺势展开这方面的工作。在文化局已推出措施的基础上，对其他景点和缓冲区进行评估和在必要时实施人流管制措施。先以硬体的容纳量出发，以不超越最基本的结构安全范围为首要目标，继而考虑访客的感知承载量，再做调整，以达至能提供既安全且舒适的参观或游览经验。这以安全为大前提的人数限制机制，可结合预约系统有效错开参观时间，甚至分流游客到其他景点，再加上广泛的宣传和教育，有望增加游客对新机制的接受程度。

2. 巧用市场推广，影响旅客需求

“demarketing”一词是推广宣传的一种手法，意即持续或暂时性减少宣传或转换宣传焦点，旨在减少所有或某群组的消费者对产品或服务的需求。虽然是这样，“demarketing”不应被视为推广宣传的反面，而应视为总体宣传策略的一部分。它的目的跟“counter - marketing”不一样，后者是要完全消灭需求（如政府对烟酒的反宣传），前者则是在不影响企业形象的前提下，通过加价、减少宣传和重新设计或包装产品，以减少消费者对产品的需

① 数据来源于作者2015年1月22日向澳门文化局查询的有关资料。

求或引导消费者转投另一些产品，最终目的是提升质量[①]。放诸澳门，可考虑减少向内地邻近城市宣传澳门，转而针对较远程城市，吸引人均消费较高的长途旅客。宣传的焦点亦宜转移到次热门景点或旅游项目，并且由宣传景点扩大到宣传景区，扩展可供人流分布的面积。提供前往景点、景区的不同特色路线指引亦有助于分流游客。

3. 提供即时资讯，游客自我分流

资讯的掌握对游客精明地计划行程是非常重要的，甚至可影响他们的选择。相关部门宜加大力度开发手机应用软件让游客实时知悉各旅游景点和游客常用的道路（如新马路）的人流情况、景点预约剩余数额和不同路线（公交或步行）的选择，让游客掌握自我分流的主动权。关闸出入境口岸已使用实时资讯系统让市民和游客知悉过关人流情况，对分散人流起到一定的作用。

4. 善用土地空间，开拓休闲天地

国家“十二五”规划（2011～2015年）内对澳门发展已定下策略目标，支持澳门建设“世界旅游休闲中心”，并加快建设中国与葡语国家商贸合作服务平台。为配合国策，政府和民间积极研究和参与讨论。其中，有关“世界”和“休闲”的定义更是引来各方关注。就“休闲”元素来说，是指博彩以外、适合家庭游客的让身心放松的活动。因此，有意见认为需要增加澳门的“休闲”和“家庭”旅游产品[②]。例如建设海滨长廊，把沿海的景点和旅游设施（如酒店、购物中心、露天咖啡茶座等）串联，供游客漫步，享受休闲氛围，同时创造新的游客聚集空间，达到分流效果。据报道，信德集团如向政府购得所需用地，计划建设一条由壹号湖畔购物中心通往澳门观光塔的海滨长廊[③]。本地学

---

① C. L. Kern, *Demarketing as a Tool for Managing Visitor Demand in National Parks – An Australian Case Study* (Master's thesis, the University of Canberra, 2006), http://www.canberra.edu.au/researchrepository/items/eaf19c35-61ce-3f80-1e16-fce424112f75/1/.

② 周锦辉：《全民打造世界旅游休闲中心》，http://www.chowkamfai.com/chi/mediareports-19.html。

③ "Shun Tak Postpones Harbor Mile Work for 2 Years," *Macau Business*, Jan 2, 2015, http://www.macaubusiness.com/news/shun-tak-postpones-harbour-mile-work-for-two-years.html.

者亦曾经提出数条海滨长廊的路线构思，值得有关部门参考。澳门面积较小，一些景点之间距离不远，可在适当区域建设步行系统鼓励游客漫步游澳门。

在家庭元素方面，曾经有财团提出建设主题公园，但始终未有具体方案和时间表。参考泰国、韩国、新加坡等地的经验，小型建设如3D体验馆或蝴蝶公园也颇受一家大小的欢迎。博彩经营牌照在未来几年（2020～2022年）会陆续到期，当局应适时检视博彩企业对非博彩项目投入的规定，丰富澳门未来的旅游产品。针对即日往返、以购物为主的内地访客，可考虑在出入境口岸附近兴建大型免税品购物中心，让这部分游客不需进入挤迫的城区便可满足需求。

未来澳门将增加3.5平方千米的填海土地，但大部分已被初步规划成首要满足居住和社区需要的公共房屋、公共设施和商业用地，供给旅游发展的空间仍是有限。相关部门可研究利用现在和未来的地下空间的可行性，仿照邻近地区的地下商城，把部分游客引离挤迫的地面。这些地下空间以政府为主导，以低廉租金租给本地中小企业经营。未来可供发展的土地还包括港珠澳大桥接驳口的地段，可考虑建设多功能旅游娱乐购物场地，开拓新的旅游热点。

5. 运用旅客管理，调控访客分布

旅游承载量和旅客管理息息相关，在探讨承载量范围的同时，加强旅客管理亦相当重要。旅客管理通过调控人数或将之分布在不同时段、提升景点的承载能力和影响游客行为来达到目的①。当然，旅客之间存在行为和喜好的差异性，但亦有相当的共通性（如希望得到便捷的服务、不爱拥挤、喜欢体验当地特色文化等）。比较全面的旅客管理是指在管理景点人流量的同时，亦关注提升旅游体验（experience management）。现时澳门没有专门部门负责这方面的工作。旅游局的主要职能是宣传作为旅游目的地的澳门，亦同时规管行业运作。不妨考虑设立小组专门负责旅客管理，利用软性和硬性手段，如行政措施、科技、与社区业界合作等，调控游客进入澳门后的旅游

① ETB, *Tourism and the Environment: Maintaining the Balance*, London: Department of Employment/Ministry of Environment/English Tourist Board, 1991.

体验，影响他们的游览日程和路线。旅游局再以市场宣传策略配合，达到宏观（客源市场分布）和微观（景点分流、游澳体验提升）的旅客管理目标。

五　影响澳门旅游承载量的外部因素

上文探讨了影响游客在澳门市内分流的一些内部因素，以下分析影响游客选择来澳与否或宏观的目的地分流的一些外在因素。

第一，市场供求的自然调节机制。住宿占游澳成本的比重不轻，尤其受季节性影响。每当旅游旺季到来，酒店客房价格便会飙升。这使一些游客却步，或选择其他旅游目的地。另外，随着澳门经济的发展，百物腾贵，加重了游澳成本，长远或会导致一部分游客分流到其他目的地。

第二，内地游客的旅游成熟度会出现改变。改革开放之后，内地经济发展迅速，渐渐成为庞大的旅客输出国。澳门受惠于邻近内地的地理优势，并且没有语言障碍，旅游成本较低，所以吸引到颇多初次外游的内地客人。这些游客对旅游服务质素的要求，对团费、酒店和其他项目价格合理与否或性价比的认知会随着外游次数增加和目的地的拓展而出现变化。事实上，Visa及亚太旅游协会的2010年展望报告表示，澳门不再是中国内地、香港及台湾旅客的首选旅游地点。内地游客首选的五个目的地分别为澳洲、日本、中国香港、新加坡和中国台湾①。未来，内地游客对旅游服务的整体质素要求会有所提升，有经济能力的更会选择较远程的目的地，澳门现时的内地旅客潮或会在一段时间后趋向平稳。

第三，内地居民受制于黄金周统一假期的安排，出游时间集中。传媒时有报道内地各省市在高峰期间旅游景点挤得水泄不通、险象环生的画面。最近，内地研究以带薪假取代黄金周。如实行，对澳门分流旅客会起到积极作用。

---

① 《中国大陆受访者为中港台地区当中最常旅游的旅客》，Visa 及亚太旅游协会，http：//www.visa-asia.com/ap/hk/zh_HK/mediacenter/pressrelease/hk_07072010PATASurvey.shtml。

六 结语

旅游业的跳跃式发展给澳门经济带来兴旺，但在繁华背后，却隐含着值得深思的问题。旅客量的增加对资源和空间的分配形成挑战，若处理不当，很容易激发居民和游客之间的矛盾。现时，澳门承载量问题的症结在于过度集中——无论是客源市场、访澳时间，还是景点和线路的选择。首先，要参照国家旅游局的指示，设定景点结构承载量的最佳范围和人流通报机制，在必要时执行人流管制，确保访客的安全。然后采用有效的宣传和旅客管理策略、资讯科技、步行系统、开拓新的旅游景区或项目、利用海滨和地下空间等，在宏观和微观层面上，从市场源头、时段和区域分流游客，长远目的是使游客多元化、平衡旅游高峰和低谷的客流量、分散游客于不同区域和提升整体游澳体验的质素。

归根究底，经济发展的最终目的是为提升广大市民的生活质素，建设健康和宜居的生活空间。生活质素除了物质性的，还有精神上的；而生活空间除了指家里的，还包括社区的。旅游业对澳门的重要性无可置疑，游客对小城今天的发展亦贡献良多，所以如何取得平衡，把澳门建设成宜居、宜游的地方，不单是政府，亦应是业界和社会共同努力的方向。

B.8

澳门“主权财富基金”研究

邱晓华　张 明　王永中　潘圆圆*

摘　要：建立由政府主导的“主权财富基金”日益成为一些国家和地区发展战略的重要组成部分。本文研究澳门设立“主权财富基金”的可行性与必要性，从资金来源与使用、公司治理、投资战略与管理、风险管理、绩效考核、人力资源、国际交流与合作七方面为澳门“主权财富基金”的建立提出切实可行的实施方案意见，同时提出几个需要重点解决的问题。

关键词：澳门　主权财富基金　投资

为应对经济社会发展风险，保持宏观经济的平衡，支援社会福利的改善，建立由政府主导的“主权财富基金”日益成为一些国家发展战略的重要组成部分。实践证明，建立“主权财富基金”确实是一件很有意义的大事情。澳门作为一个地域相对狭小、常住人口规模较小、经济相对单一、财政资源相对充裕的特殊地区，有必要借鉴国际经验，立足当前，着眼未来，

* 邱晓华，经济学博士，澳门城市大学基金会秘书长、经济研究所所长，教授，研究方向为宏观经济与统计；张明，经济学博士，中国社会科学院世界经济与政治研究所国际投资研究室主任、国际金融研究中心副主任，副研究员，研究方向为国际金融、中国宏观经济；王永中，经济学博士，中国社会科学院世界经济与政治研究所国际投资研究室副主任，研究员，研究方向为货币经济学、国际投资学等；潘圆圆，经济学博士，中国社会科学院世界经济与政治研究所国际投资研究室助理研究员，研究方向为国际投资、国际贸易。

探索构建富有澳门特点的“主权财富基金”，为造福澳门人民，平衡远期财政，促进经济适度多元化，实现经济社会可持续发展提供有力支撑。

一 澳门设立“主权财富基金”的可行性与必要性

自从回归以来，澳门经济有了很大发展，特别是博彩业取得了骄人的发展成就。在澳门与内地签订 CEPA 协定、开放内地居民赴澳自由行政策的作用下，博彩业不仅为澳门创造了大量旅游收入，而且为特区政府提供丰厚的税收来源，积累了可观的外汇储备和财政储备资产。

（一）澳门储备资产的充足性评估

澳门要设立“主权财富基金”，一个必须具备的前提条件是，拥有充裕的外汇储备和财政储备资产。鉴于在稳定澳门经济方面，外汇储备和财政储备的功能是类似的，前者具有稳定货币、国际收支和宏观经济的功能，后者的职能是稳定财政和宏观经济。

如图 1 所示，在 1999 ~2011 年，澳门的外汇储备规模实现了强劲增长，由 1999 年的 229 亿澳门元，升至 2011 年的 2724 亿澳门元，增长了 10.9 倍，年均增长率达 22.9%。2012 年，因需要将一部分外汇储备划转至新设立的财政储备账户，澳门的外汇储备大幅调低至 1325 亿澳门元，2013 年进一步下降至 1290 亿澳门元。澳门的财政储备规模在 2012 年、2013 年分别达 1002 亿澳门元、1689 亿澳门元。2013 年，澳门的外汇储备和财政储备的总规模高达 2979 亿澳门元。

如表 1 所示，2000 年以来，澳门的储备资产的实际规模一直大于适度规模，而且二者之间的差距越来越大，导致过剩储备资产规模大幅上升。随着澳门经济规模和对外经济交往的扩大，澳门储备资产的适度规模由 2000 年的 123 亿澳门元上升至 2013 年的 680 亿澳门元，而澳门储备资产的过剩规模由 144 亿澳门元急剧上升至 2299 亿澳门元。在存在如此规模的过剩储备资产的情形下，澳门长期实行保守的储备投资策略，过分关注其维护货

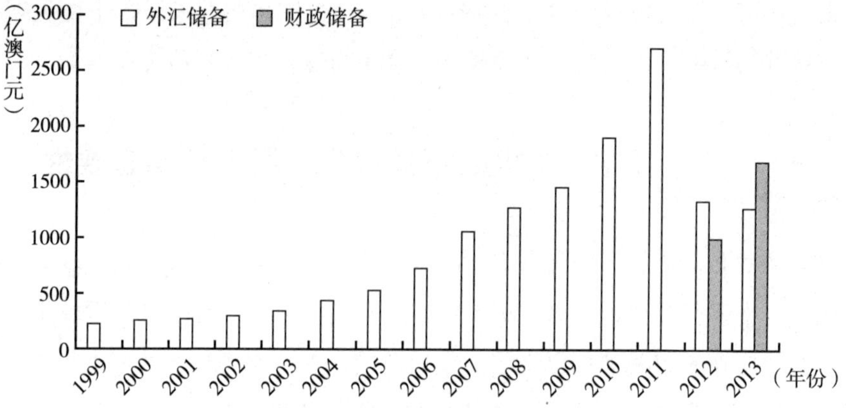

图1　澳门的外汇储备与财政储备

资料来源：澳门金融管理局。

币、国际收支和宏观经济稳定的功能，而忽视其作为特区财富在促进澳门经济适度多元化、缓冲澳门经济发展不确定性和平滑澳门居民未来消费的应有作用，这实际上是对澳门宝贵的储备资产的一种浪费。所以，澳门应设立单独的“主权财富基金”，将部分储备资产从澳门金融管理局的审慎保守的投资框架下剥离出来，在特区内外实行积极的投资策略，以提高储备资产的投资收益率，推动澳门经济的适度多元化，造福澳门百姓。

表1　澳门储备资产（外汇储备和财政储备）的适度规模与过剩规模

单位：亿澳门元

年份	三个月进口量	基础货币	M2×5%	适度储备规模	过剩储备规模
2000	45	36	42	123	144
2001	48	38	46	132	150
2002	51	41	49	141	164
2003	55	48	56	159	188
2004	70	55	60	185	250
2005	78	60	68	206	328
2006	91	70	84	245	486
2007	108	83	93	284	779
2008	108	94	95	297	975

续表

年份	三个月进口量	基础货币	M2 ×5%	适度储备规模	过剩储备规模
2009	92	173	106	371	1095
2010	110	200	122	432	1470
2011	156	237	149	542	2182
2012	177	314	187	678	1650
2013	203	256	221	680	2299

资料来源：香港环亚数据库（CEIC）。

（二）澳门设立“主权财富基金”的必要性

设立“主权财富基金”，对于澳门经济持续健康发展与社会和谐稳定具有非常重要的意义。具体主要表现在三个方面。

第一，平滑特区代际收入，缓冲博彩业波动对澳门经济和财政的冲击。

澳门将博彩业积累的一部分储备资产用于设立“主权财富基金”，对其进行多元化投资，延长其投资期限，提高其投资收益回报，可为特区提供稳定的收入来源，有助于缓冲未来博彩业波动对澳门经济的冲击，避免未来的澳门经济出现大起大落，为未来澳门人提供一个稳定的收入水平，实现在代际间更公平地分配博彩业所创造的财富。

第二，支持特区发展战略，加快澳门经济适度多元化进程。

澳门“主权财富基金”应关注外部的投资机会，在全球范围内配置资源，提升澳门经济的多元化程度。鉴于澳门地域狭小、土地资源相对匮乏等问题，设立“主权财富基金”，适当加强与内地的经济交流与合作，把内地打造成为澳门的绿色农产品、清洁能源等商品的后方生产基地，这将有利于拓展澳门的发展空间，增强澳门经济社会可持续发展能力，也有助于改善澳门与内地的关系，密切澳门居民与内地居民的联系。此外，作为特别行政区，澳门政府还可以适当投资中央政府和地方政府的一些重大民生工程，如社会保障、城市基础设施、环境保护、国防建设等，既可以获得基本的经济回报，也可以发挥澳门对国家发展的促进作用，展示特区新形象。

第三，应对老龄化需要，构建完善的长者权益保障体系。

据统计资料显示，2036年澳门的长者人数将超过15.7万，占总人口的20.7%①。这意味着澳门社会面临日趋严重的人口老龄化问题。人口的老龄化将会给澳门社会带来医疗、政府财政开支、社会及家庭照顾等一系列问题。澳门目前尚未有专门的养老基金，因此澳门“主权财富基金”如果能同时承担起养老基金的功能，对于澳门政府来说便能够承受更多的风险，且可解决人口老龄化危机和缓冲澳门社会经济结构单一等的风险，为子孙后代转移部分财富，实现澳门社会可持续性发展。

二　如何构建澳门“主权财富基金”

（一）资金来源与使用

澳门“主权财富基金”的初始资本金可以考虑按照100亿美元来设立，由澳门特区政府动用财政储备金注入。从澳门“主权财富基金”成立之日起，澳门特区政府可于每年年底，将来自博彩业的年度税收收入的10%，作为新增资本金注入该基金。这种注资机制将有利于基金资本金规模不断上升，力争远期达到200亿美元的目标资本金规模。

澳门“主权财富基金”的投资收益将用作澳门经济社会的长期发展，尤其是当来自博彩业的收入下降后，用于补充澳门特区政府的财政开支。

在博彩业收入尚属丰厚的前提下，澳门“主权财富基金”的投资收益继续留在基金内部滚动投资。而当博彩业收入下降造成澳门特区出现财政赤字之时，每年澳门特区政府可以依法从主权财富基金获得4%的投资收益，用以补充财政开支。4%可以作为澳门“主权财富基金”的预计长期年均投资收益率。

① 《陈明金质长者权益保障立法工作进展》，《现代澳门日报》2014年7月29日，第3版。

（二）基金内部治理

第一，明确组织结构。澳门“主权财富基金”的组织架构可如图 2 所示设置。基金的最高决策机构为董事会，同时按照通行规则，设立监事会。日常决策与管理机构为执行委员会。执行委员会下辖投资部门与运营管理部门，同时执行委员会下面还有投资委员会、风险管理委员会、审计委员会与薪酬委员会四个专业委员会。

董事会负责指导和监督公司的运营活动，评估整体业绩，根据基金章程对重大事项做出决策。董事会的具体职权包括：审核与批准基金的发展战略、经营方针与投资计划；确定基金需要向股东报告的重大事项；任免基金高层管理人员；决定建立公司内部管理机构等。董事会主席由澳门特区政府行政长官担任，澳门经济财政司、金融管理局等部门长官出任董事，此外还可邀请一些知名企业家和金融行业知名人士出任董事。

监事会负责对基金公司董事会和执行委员会执行有关法律法规、投资策略、人事管理和风险管理等情况进行必要的监督。监事会主席人选可由特区政府推荐，监事会成员包括外部与内部两方面的专业人员。

执行委员会根据董事会授权，负责基金日常经营管理活动。执行委员会具体职权包括：执行董事会决议；对日常经营管理中的重大问题进行研究与决策，包括基本制度的建立；机构设置与调整、绩效考核与薪酬激励等。执行委员会定期向董事会汇报工作，执行委员会的成员由董事会任命，一般应为具备丰富国际投资经验的专业人士。

投资委员会与风险管理委员会的具体职责将在本节第三、四部分详细阐述。

审计委员会全部由独立董事组成，其职责是审查内控体系、财务报告流程、审计流程及法律条例合规性的监控流程等，以协助董事会履行其监督职责。审计委员会同时也审核外部审计的结果以及外部审计师的独立性。审计委员会应得到基金内审部的支持。

薪酬委员会负责向董事会提供关于高层管理人员业绩衡量与薪酬计划的指导方针与政策。

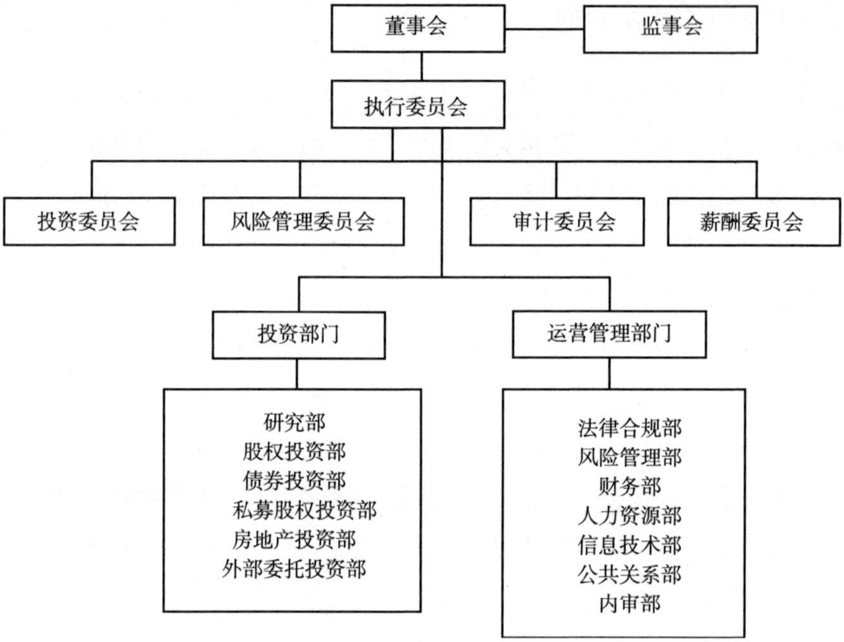

图 2　澳门“主权财富基金”的组织架构

第二，厘清基金与澳门特区政府的关系。澳门“主权财富基金”是由澳门特区政府 100% 控股的基金公司，但澳门特区政府不应干预该基金的日常经营管理，仅通过董事会来行使股东权利。

（三）投资战略与管理

1. 投资理念

作为长期财务投资者，澳门“主权财富基金”应基于商业原则着重在境外开展多元化投资业务，在风险可控范围内实现股东权益最大化。

澳门“主权财富基金”不寻求对被投资企业的控制，属于财务投资者而非战略投资者。

澳门“主权财富基金”作为负责任的国际投资者，应严格遵守东道国法律法规，积极履行企业社会责任。

2. 投资委员会

投资委员会负责全面指导澳门“主权财富基金”的投资决策与管理。投资委员会根据董事会与执行委员会确定的方针，制订基金的投资战略，并审批各投资部门报送的投资建议。投资委员会每周召开一次会议，独立做出投资决策。

投资委员会成员包括基金董事长、副董事长、首席执行官、首席投资官、首席策略官、首席风险官与各投资部门总监。

投资委员会的决定由相关投资部门的团队负责实施。

3. 资产组合

在澳门“主权财富基金”设立初期，可以考虑40%的资产投资于股票，40%的资产投资于固定收益证券，其余20%的资产投资于房地产、私募股权基金、中国内地主要绿色农产品生产基地、清洁能源、淡水基地等另类资产。

澳门“主权财富基金”可保持较大比例的指数投资以获取市场基准收益。在股票与债券投资中，初期可以考虑50%的部分进行指数投资（被动投资），50%的部分进行积极投资。

澳门“主权财富基金”在成立初期，将会更多依赖外部基金经理来管理资产，但同时也应逐步培养自营投资能力。在基金设立初期，可以考虑60%的资产组合由外部基金经理代为管理，但为培养自营投资能力，每个外部基金经理管理的资产组合，都配有一名内部基金经理负责跟踪监测。其余40%的资产组合由内部基金经理管理。

澳门“主权财富基金”应严格遵循国际通行会计准则，对公开市场产品采用以市定价（Mark to Market）的方式进行估值，对非公开市场产品采用独立第三方机构估值。

（四）风险管理

1. 风险管理委员会

风险管理委员会根据董事会与执行委员会制定的政策，进行风险管理相关事项的决策。其具体职责包括：第一，审议公司风险管理战略、制度与政策；第二，审定公司总体风险额度以及如何分配；第三，审定全面风险管理报告与风险评估报告；第四，审定重大风险、重大事件以及重要业务流程的评估标准、管理制度以及内控机制；第五，定期评估资产配置的风险状况。

风险管理委员会成员包括基金董事长、首席执行官、首席策略官、首席风险官，以及风险管理部、法律合规部、研究部、公共关系部、财务部、内审部等部门的总监。

2. 全面风险管理体系

澳门“主权财富基金”应当建立全面风险管理体系，完善风险管理流程，加强对各类风险的识别、评估、监测与管理能力，通过承担与管理风险来获取更高收益。在关注市场风险与信用风险的基础上，重视操作风险管理与内控管理的整合，以此来完善全面风险管理体系。

澳门“主权财富基金”可以考虑建立基金内部风险管理的“三道防线”。第一道防线是投资部门自身对投资产品的风险控制；第二道防线是风险管理部门根据基金资产配置方案制订风险预算，并与财务部、法律合规部与公共关系部开展分工合作，进行全面的风险监测与管理；第三道防线是监事会与内审部负责监督、检查、评价基金投资程序的合规性、风险管理与内控体系的有效性，并督促有关部门对存在问题进行及时整改。

（五）绩效考核

澳门“主权财富基金”应坚持长期投资理念，获取非流动性溢价。可以考虑将整个基金的投资考核周期设定为十年，把以美元计价的滚动年化回报率作为评估基金投资绩效的最重要指标。对外部基金经理的考核周期设定为三年一个完整周期，同时每年一考评。

澳门“主权财富基金”以国际通行的同业市场指数来对具体投资领域的基金经理进行考核。

针对考核期内市场波动带来的估值损失，基金董事会应与基金经理进行深入沟通，由前者来应对来自公众与股东的压力，在正常情况下不应干预基金经理的投资操作。

澳门“主权财富基金”应当建立覆盖所有环节的全周期绩效考核体系，对各部门员工绩效进行有效跟踪、指导、考核、回馈与激励。对员工的工作业绩、能力表现与工作风格进行多维度评价。

（六）人力资源

澳门“主权财富基金”在人力资源管理方面应当贯彻以下两个原则。一是全球化。给基金经理提供具有全球竞争力的薪酬福利，以确保能够招募到一流的投资管理人才。二是制度化。建立与基金长期发展策略相匹配的、导向清晰的、市场化的、可核查的激励约束机制。

澳门“主权财富基金”应当围绕基金发展战略，重视员工成长，不断完善各类培训体系，以不断提高员工的专业能力与素质，强化公司经营管理能力。

（七）国际交流与合作

澳门“主权财富基金”从成立之日起，就应当自觉遵守与全面执行IMF宣导的《圣地亚哥原则》，合理、及时地进行各方面资讯披露，以获得投资东道国与合作伙伴的认可。

在房地产投资、私募股权投资等另类投资领域，澳门“主权财富基金”可以考虑尝试与其他主权财富基金进行合作，通过跟投的方式积累经验。

三　设立澳门“主权财富基金”需要重点解决的几个问题

（一）澳门社会各界需要在设立主权财富基金问题上取得社会共识

长期以来，澳门一直仿效香港，实行自由港政策，政府在经济中的作用基本限于经典的“守夜人”角色，政府主动干预、引导经济发展的意愿较低。在储备资产管理方面，澳门金管局一直实行相对保守的投资策略，主要投资银行存款和香港地区及发达国家的政府债券，没有进行主动投资的经验。澳门目前虽设立了财政储备，尽管财政储备的投资弹性要大于外汇储备，但由于超额储备规模不大（2013 年底，澳门基本财政储备规模为 1119 亿澳门元，超额储备规模为 521 亿澳门元），澳门金管局在财政储备的投资上也较为保守。实际上，澳门财政储备投资唯一的亮点是投资了 100 多亿澳门元的人民币债券产品。从这个意义上说，要在澳门设立“主权财富基金”，可能面临较大的阻力，需要特区政府向澳门社会各界做大量的宣传和说明，展示设立“主权财富基金”的必要性与可行性，以取得社会共识。需要指出的是，香港的盈富基金（来源于外汇储备资金）的投资经验值得澳门借鉴。澳门特区政府可以借用盈富基金的成功案例和新加坡等其他国家的成功案例来说服澳门社会各界人士。

（二）澳门社会需要在“主权财富基金”的投资领域、投资策略和投资风险容忍度问题上达成共识

从澳门博彩业的发展前景和中央政府对澳门的支持来看，澳门的经常项目顺差和博彩业丰厚的税收收入将会维持较长的一段时间，从而，澳门的经常盈余和财政盈余的“双顺差”状况仍可能持续较长的一段时间。因此，澳门在可预期的未来无须大规模动用其储备资产来平衡财政，澳门“主权财富基金”应坚持长期的投资理念，不应过于关注短期投资收益率的波动。从澳门“主权财富基金”的功能定位来看，其应选择三个主要投资领域：一是投资澳门内部，主要涉及博彩业的延伸产业，如表演业、文化休闲旅游业、会展业等，引导澳门的产业升级发展；二是投资横琴岛，产业包括中医药产业、生物医药、游艇娱乐业、文化产业等，以促进澳门经济结构适度多元化；三是投资澳门外部，在投资区域方面，应重点布局中国内地、香港和欧美发达国家，在投资对象方面，应重点选择高信用等级的主权债券、地方政府债券和公司债券，股票，房地产和基础设施，绿色食品，清洁能源，淡水资源等领域。在投资策略选择上，澳门“主权财

富基金”应按照循序渐进的原则，在设立初期投资经验不足时，应重点投资风险较小的主权债券和地方政府债券，待取得一定的投资经验后，再将投资重点转移至股票、基础设施和房地产等领域。澳门特区政府应将“主权财富基金”的投资领域、投资策略和面临的投资风险，告知澳门社会各界，以取得全社会的理解和认知，减轻澳门“主权财富基金”在投资管理过程中所面临的社会公众压力。

（三）需要通过立法形式建立澳门“主权财富基金”

在社会各界宣传说明设立澳门“主权财富基金”的必要性与可行性、投资领域、投资策略和投资风险，并在取得社会各阶层人士的共识之后，澳门特区政府应起草设立澳门“主权财富基金”的法律草案，提交澳门立法会审议通过，从而为澳门“主权财富基金”的设立提供法律依据。法案应对澳门“主权财富基金”的资金来源与使用、行政隶属关系、内部治理、投资战略与管理（投资理念、投资委员会）、资产组合、风险管理（风险管理委员会、全面风险管理体系）、绩效考核和人力资源等方面的内容做出明确规定。按照国际通行做法，主权财富基金通常隶属于财政部门。因此，可由澳门经济财政司负责筹建澳门“主权财富基金”，澳门财政局、金管局等相关财经部门的首长应为“主权财富基金”的董事会成员。

（四）需要在全球范围内招聘金融与投资管理人才

筹建澳门“主权财富基金”的一项重要工作，是在全球范围内特别是在香港招聘管理澳门“主权财富基金”的经理人员。由于澳门的产业以博彩业为主导，金融业不够发达，金融和投资管理人才匮乏，加之澳门缺乏开展对外证券投资的经验，因此，澳门本土难以提供充足的高品质的金融经营人才。所以，在全球范围内延揽经验丰富的金融从业人才，对澳门“主权财富基金”的运作尽快步入正常轨道至关重要。为吸引国际高端金融与投资管理人才入驻澳门，澳门特区政府应向其提供适当的政策优惠和服务，如收入税减免、住宿条件、医疗保障、子女入学等。

四 国际经验与启示

国际著名的“主权财富基金”案例很多，其中新加坡极具代表性，它的政府投资公司（GIC）和淡马锡公司（Temasek）做得比较成功，特别是GIC的治理结构和投资经验可以为新建“主权财富基金”的国家和地区提供较大的参考和借鉴意义。

（一）政府层面

政府设立“主权财富基金”，应协调好外汇基金管理的关系，并进一步理顺外储管理体制，确定未来“主权财富基金”的独立法律地位和具体监管主体。可筹建由政府牵头，财政部门、金管局和商务部门等参与的外汇储备投资战略决策委员会。该委员会负责从政府发展战略的高度来制定外汇储备投资的战略目标，并定期听取汇报和进行检查。同时应明确针对未来“主权财富基金”的资金注入规则和提款规则。

（二）监管部门层面

其一，建立完善的治理结构；其二，制定合理的投资绩效评价体系；其三，管理部门应仅决定宏观资产配置战略与整体风险容忍水平，具体投资项目的选择和风险控制则应该交给未来“主权财富基金”自行负责，以提高其市场化运作程度。

（三）具体操作层面

第一，“主权财富基金”应不断提高自身的透明度。第二，“主权财富基金”在进行海外投资时仍应尽量淡化“国有”色彩，例如避免获得对相关企业的控制权、（有必要的话）避开发达国家的敏感产业和敏感技术，或选择与东道国富有经验的机构投资者进行合作投资等。第三，未来“主权财富基金”应充分了解并遵守东道国的现有投资规则。

B.9

2014年澳门旅客消费特点及趋势分析

庞川 宋宇*

摘 要: 2014年是澳门回归祖国怀抱的第15个年头，澳门凭借其独特的文化底蕴、中央的大力支持及澳门人的不懈努力，逐步向"世界旅游休闲中心"的目标迈进。2014年澳门旅游再上一个台阶，总体需求稳步增长。1~10月，访澳旅客总人数稳步上涨，其中韩国及中国内地市场增长最快，中国内地旅客占旅客总量的近七成。旅客访澳目的主要是度假（59%）；其次为过境（21%）；专门以博彩为目的的旅客比例较低，仅占7%。前三个季度，访澳旅客消费总额增长显著，旅客人均消费小幅增长，但考虑到澳门物价的变化，其实际的人均消费反而有所下降。博彩消费自年中开始下滑。不同客源市场的旅客消费结构有所差异：中国内地旅客购物消费比例很高，是珠宝手表、化妆品及香水、手袋及鞋类等商品消费的主力军；其他客源地旅客以购买手信食品为主。展望2015年，随着澳门口岸通关时间延长、基础设施进一步提升、多个大型工程的逐步竣工，澳门旅游将迈上新的高度。

关键词: 澳门 旅客 消费

* 庞川，博士，澳门科技大学协理副校长、研究生院院长、商学院副院长，教授。宋宇，博士，澳门科技大学商学院副教授，主要研究方向为房地产经济学、管理学。

一 前言

旅游已经成为当今世界一种令人瞩目的全球化现象，近年来旅游业每年均保持迅猛的发展。联合国世界旅游组织（UNWTO）统计报告显示，2014年前半年，国际旅游人次增长4.6%，亚太地区巩固了近年来的发展趋势，南亚和东北亚地区均有强劲增长。这得益于经济的持续增长、基础建设的大力投资以及签证便利化等措施。

澳门的旅游博彩业经过十多年的快速发展，已取得了辉煌的成绩。2013年访澳旅客总量接近3000万，旅客总消费接近600亿澳门元。旅游博彩业带动澳门经济不断飞速发展，2014年1～10月澳门博彩税收占公共收入总额的89%。2005年联合国教科文组织世界遗产委员会一致通过将“澳门历史城区”列入《世界遗产名录》，澳门政府以此为契机大力发展旅游业。2008年国家发展和改革委员会《珠江三角洲地区改革发展规划纲要（2008～2020年）》首次确定澳门“世界旅游休闲中心”的定位。澳门行政长官崔世安也多次表示，要积极把澳门构建为“世界旅游休闲中心”。澳门政府很重视澳门旅游博彩业的发展。大力发展澳门的旅游博彩业，有助于澳门经济的稳定发展以及“世界旅游休闲中心”这一目标的实现。

旅游业是一种波动性很大的产业，容易受到经济、政策等外部环境影响。因此分析旅客及旅客消费的特点，可以把握旅客的消费动向与趋势，从而做好应对措施，促进澳门经济稳步持续的发展。本文总结并分析了2014年澳门旅客情况及其消费特点，对2015年澳门旅游发展进行了预测，并对促进旅客消费提出了一些建议。

二 2014年访澳旅客基本特点

旅游人数是旅游需求的直接体现，旅游区对一个地区吸引力的增强会使旅客数量相应增加，而旅客数量增加会带动旅客总体消费额的增长。源源不断的旅客是澳门旅游博彩业与经济发展的不竭动力。了解澳门旅客的组成与变动情况可以更好地分析旅客消费情况。

（一）访澳旅客数量加速增长

源源不断的旅客是澳门旅游博彩业发展的动力，访澳旅客的数量对于澳门旅游博彩业十分重要。澳门统计暨普查局资料显示，2014 年 1 ~ 10 月访澳旅客数量达到 2618 万人次，相比去年同期增长 7.7%。并且各月相比去年同期均有所增长，增幅最大的为 10 月，旅客增长了一成多。2014 年 8 月，单月访澳旅客人次首次突破 300 万，达到 308.6 万人次。

随着全球经济的不断好转，访澳旅客的数量也呈现出良好的增长态势：2012 年全年访澳人数仅微升 0.3%，并且 2 月及 6 月以后的月份均呈现负增长；2013 年访澳旅客人数情况有所好转，除 1 月份之外的其他月份均比 2012 年同期有不同程度的增长；而 2014 年旅客增长幅度（7.7%）大于 2013 年（4.7%）（见表 1）。

表 1　2013 年 1 月至 2014 年 10 月访澳旅客人次及变动率

单位：人次，%

月份	2013 年		2014 年	
	访澳旅客	变动率	访澳旅客	变动率
1	2312321	-6.1	2503609	8.3
2	2376840	11.5	2560560	7.7
3	2387281	1.6	2625997	10.0
4	2398340	0.7	2636614	9.9
5	2342523	9.1	2525026	7.8
6	2324935	10.4	2432041	4.6
7	2565170	4.9	2753394	7.3
8	2871088	7.1	3086271	7.5
9	2332325	7.9	2405497	3.1
10	2394195	2.0	2654180	10.9
11	2432975	2.5	—	—
12	2586829	3.6	—	—
1 ~ 10 月累计	24305018	4.7	26183189	7.7

资料来源：《入境旅客月刊》，澳门统计暨普查局，2013 年 1 月至 2014 年 10 月。

1. 韩国旅客数量增幅最大

不同客源地访澳旅客数量变动情况差别较大。表2列出了2014年1~10月澳门前十位客源市场的旅客人次、结构及变动率的具体数据。韩国旅客数量增幅最大，相比去年同期增长19.58%，达到47万人次。韩国市场从2010年开始已连续增长五年，并且从2011年开始就超过日本市场，成为澳门的第四大客源地。中国内地访澳旅客总数达到1764万人次，同比增长14.05%，占总体比例上升到67.36%（2012年所占比例为59.7%）。其中广东旅客共计746万人次，同比增长8.86%，高于2013年的增长率（2.5%），占中国内地访澳旅客总量的44.29%，比例变化不大。中国内地自由行旅客数量为789万人次，同比增长18.37%，占中国内地访澳旅客人数的44.71%。无论从现有比例还是增长情况来看，中国内地依然是澳门最重要的客源市场。其他旅客数量增长的市场有新加坡、日本与美国市场，访澳旅客人数增幅分别为12.05%、7.09%与2.84%。其他排名前十的客源市场访澳旅客人数均有不同程度的下降：中国香港和中国台湾旅客分别减少5.29%、2.77%；马来西亚旅客人数下降幅度最大，为10.62%。2014年这些市场的旅客增长动力显得不足。

表2　2014年1~10月不同客源市场访澳旅客情况

客源地	排名	人次(N)	结构(%)	变动率(%)
总数	—	26183189	100.00	7.73
中国内地	1	17637605	67.36	14.05
广东	—	7456244	44.29(中国内地100%)	8.86
自由行	—	7885473	44.71(中国内地100%)	18.37
中国香港	2	5372714	20.52	-5.29
中国台湾	3	805978	3.08	-2.77
韩国	4	465583	1.78	19.58
日本	5	249920	0.95	7.09
菲律宾	6	209120	0.80	-4.89
马来西亚	7	188977	0.72	-10.62
印度尼西亚	8	156361	0.60	-7.85
新加坡	9	153727	0.59	12.05
美国	10	148945	0.57	2.84

资料来源：《入境旅客月刊》，澳门统计暨普查局，2013年1月至2014年10月。

2. 访澳旅客人数按月变化特点明显

旅游业具有明显的季节性，旅游活动会因为气候、国家法定节假日及重大的活动等原因而分布不均衡，出现明显的淡旺季差异。澳门的访澳旅客人数变动也有着明显的季节性变化。图1显示了2014年与2009～2013年平均水平的访澳旅客每月变动情况。从图中可以看出，每年暑假的7～8月都是旅客访澳的高峰期，10月与12月访澳人数也较多，可能与中国内地的十一"黄金周"假期及圣诞节假期有关。这些月份形成了访澳旅客季节性变化的高点。而每年的6月与9月是访澳旅客人数相对较少的月份，形成访澳旅客季节变化的低点。访澳旅客数量在其他月份会有不同情况的波动。在访澳人数的高峰时段，澳门现有的旅游资源与基础设施（如通关口岸、道路交通等）会承受巨大压力。因此在这些时间段内要格外做好旅客数量的预测及应对措施。

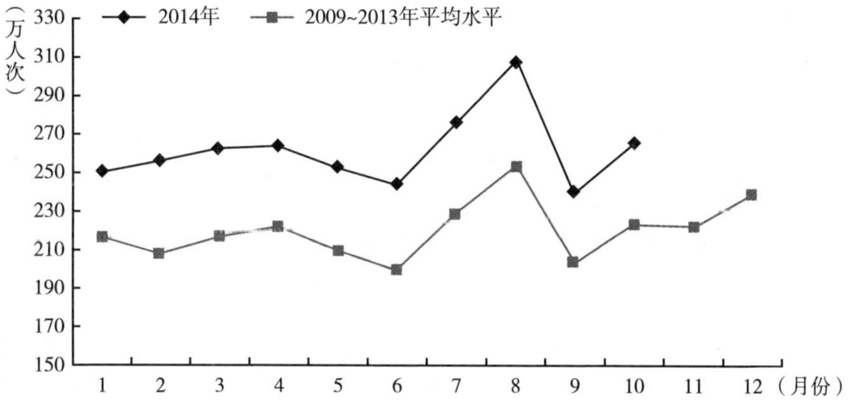

图1　2014年与2009～2013年平均水平的访澳旅客每月入境人次数

资料来源：《入境旅客月刊》，澳门统计暨普查局，2009年1月至2014年10月。

（二）澳门主要客源市场结构稳定

澳门吸引着世界各地的旅客来此游览，虽然各个客源地旅客人数变化情况不同，但其主要客源市场的结构比较稳定。澳门的主要旅客市场为中国内地、香港和台湾地区，以及东南亚国家。从近五年的澳门的十大客源市场排名（见表3）来看，前三位（中国内地、香港及台湾）的排名没有变动。韩国市场迅速上升并在2011年开始保持在第四的位置；马来西亚市场与新加坡市场排名整体呈下降趋势。其他客源市场排名略有变化。从澳门的主要客源市场访澳旅客人数变动情况来看，可以把十大客源地分为三类。

表3　2010～2014年澳门客源市场结构

排名＼年份	2010	2011	2012	2013	2014(1～10月)
1	中国内地	中国内地	中国内地	中国内地	中国内地
2	中国香港	中国香港	中国香港	中国香港	中国香港
3	中国台湾	中国台湾	中国台湾	中国台湾	中国台湾
4	日本	韩国	韩国	韩国	韩国
5	马来西亚	日本	日本	马来西亚	日本
6	韩国	马来西亚	马来西亚	日本	菲律宾
7	新加坡	新加坡	菲律宾	菲律宾	马来西亚
8	菲律宾	菲律宾	泰国	泰国	印度尼西亚
9	泰国	印度尼西亚	印度尼西亚	印度尼西亚	新加坡
10	印度尼西亚	泰国	新加坡	新加坡	美国

资料来源：《入境旅客月刊》，澳门统计暨普查局，2010年1月至2014年10月。

1. 访澳旅客人数稳步上升的市场：中国内地、韩国

中国内地是澳门最大的客源地，并且保持良好的增长态势。特别是2003年自由行政策开放后，中国内地旅客增长迅速，所占比例也不断升高。预计澳门口岸通关时间的延长，会对中国内地的旅客访澳起到进一步的促进作用。韩国市场近年来表现出色，2014年访澳旅客人数增长近两成。虽然韩国市场所占比例并不太大（2014年1～10月统计数据比例为1.78%）但由于其访澳旅客增长迅速，也是澳门需要特别重视的旅客市场。

2. 访澳旅客人数不断下降的市场：中国香港、中国台湾、菲律宾、马来西亚、印度尼西亚

中国香港和中国台湾作为澳门的第二大与第三大客源地，对澳门的旅游博彩业贡献较大。然而近年来香港与台湾的访澳旅客数量不断下降。香港的

访澳旅客从2011年的758万下降到2013年的677万，同期台湾市场从122万下降到100万。2014年两个市场旅客人数依旧有所下降。马来西亚、新加坡与印度尼西亚市场的旅客人数不断下降可能源于本国或周边国家（马来西亚、新加坡）的赌博合法化。显然周边国家和地区的赌博合法化趋势对澳门的博彩产业有一定威胁。

3. 访澳旅客人数波动较大的市场：日本、新加坡、美国、泰国

这些市场的旅客数量每年涨跌不定，波动较大。表现为国内外经济环境较好时旅客会有一定数量的增长，反之则会有不同程度的下降。

（三）不同客源地旅客各种访澳目的比例不同

2014年澳门统计暨普查局在旅客消费调查的旅客来澳主要目的中加入了过境一项（原选项为度假、探访亲友、商务公干、博彩及其他），这使旅客访澳目的的区分更加明确。

从澳门统计暨普查局前三个季度的数据来看（见图2），总体上有约59%的旅客来澳门的主要目的是度假（这一比例在2013年为61%），这比较切合澳门建设“世界旅游休闲中心”的目标。其中中国内地旅客中自由行旅客访澳目的为度假的比例最高，达到87%。可见开放自由行促使更多内地旅客来澳门度假，促进澳门旅游业的蓬勃发展。日本、欧洲、大洋洲、东南亚旅客来澳度假的比例也较高，分别为83%、77%、77%与74%。中国香港与中国台湾旅客访澳目的为度假的比例较低，分别为39%和40%。

专门以博彩为目的的旅客比例较低，总体上为7%（这一比例在2013年为8%）。在不同客源地中，以中国香港旅客专门来澳博彩的比例最高，达到24%。其他客源地旅客持此目的的比例均未超过4%。

访澳旅客中有约21%的旅客是过境旅客，他们来到澳门的目的主要是转而前往其他国家或地区。这些旅客在澳门停留时间不长，消费能力相对较弱。如果有其他更合适的方式到达目的地，这类游客有可能放弃从澳门过境。中国台湾旅客有51%的访澳目的为过境，中国内地旅客的这一比例为26%。而在自由行旅客中仅有3%为过境旅客，中国内地自由行的开放可以

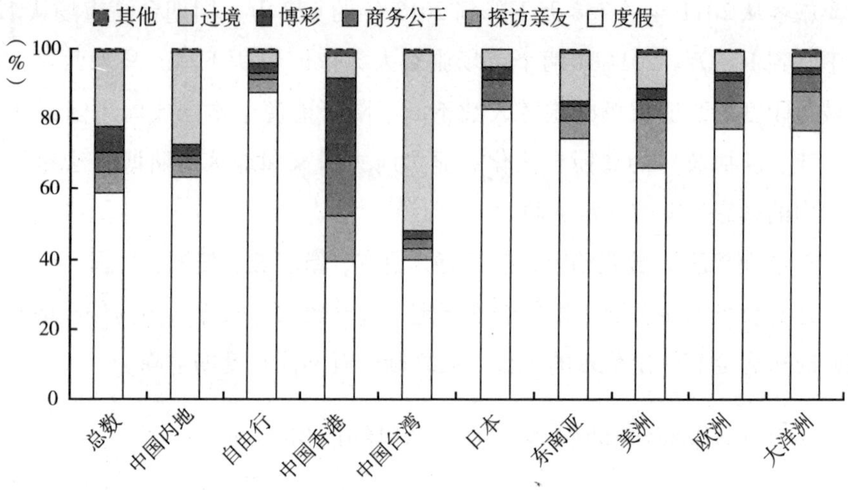

图 2　2014 年前三季度不同客源地访澳旅客来澳主要目的

资料来源：《旅客消费调查季刊》，澳门统计暨普查局，2014 年前三季度。

使专门来澳门的旅客有更方便、更快捷的方式到访澳门。

在其他旅客访澳目的中，探访亲友的总体比例为 6%，其中以美洲旅客和中国香港旅客比例最高，分别为 15% 和 13%；商务公干的总体比例为 5%，其中以中国香港旅客的比例最高，为 16%。总体来看，旅客访澳旅客来澳目的较为稳定，各比例与 2013 年相比变动较小。

（四）不同客源地旅客留宿比例差别较大

由于各客源地旅客访澳的主要目的不尽相同，留宿旅客的比例差别也较大。从近五年的数据来看，留宿比例最低的是 2009 年的中国台湾旅客，留宿比例仅为 25.2%；而比例最高的为 2010 年的印度尼西亚旅客，留宿比例高达 75.6%。对 2009 ~2014 年的留宿比例进行总结（见图 3），可把澳门的主要客源地分为以下三类。

（1）东南亚国家旅客留宿比例较高，历年旅客留宿比例均超过 50%。其中留宿比例最高的为印度尼西亚旅客，比例维持在 70% 左右，2014 年留宿比例为 68.7%。但从 2009 ~2014 年的数据来看，印度尼西亚旅客留宿比

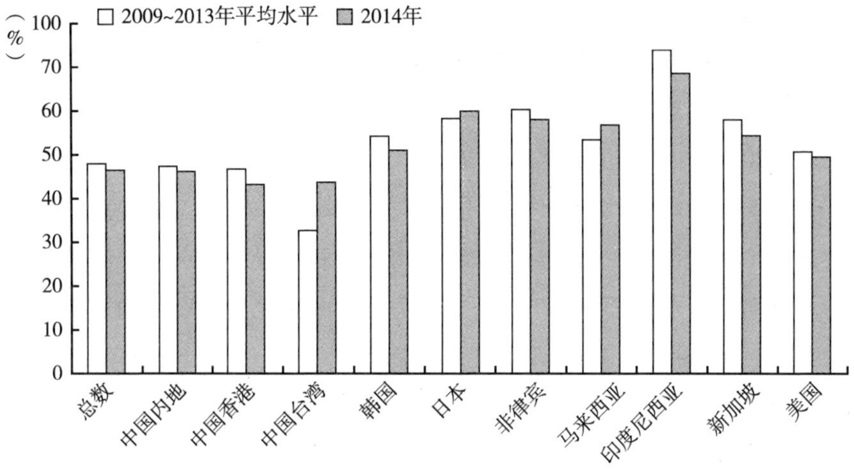

图3 2014年与2009~2013年平均水平的不同客源地访澳旅客留宿比例

资料来源：《入境旅客月刊》，澳门统计暨普查局，2009年至2014年10月。

例有下滑的趋势，但仍维持在较高的水平。其他东南亚客源地旅客每年有些许波动。

（2）中国内地、中国香港及中国台湾旅客留宿比例相对较低，不足50%。2014年前三个季度中国香港旅客留宿比例为43.5%。可能由于中国内地与中国台湾旅客访澳具有先天的便利条件，如便利的交通与签证，因此留宿比例相对来说较低。历年的留宿比例比较稳定，变化不大。

（3）日本与中国台湾旅客留宿比例不断升高。中国台湾旅客2014年留宿比例与2009~2013年平均水平相比变化较大，2009年留宿比例仅为25.2%，到2014年留宿比例达到43.2%，其间留宿比例不断增长。这一变化可能是由于过境旅客比例降低。日本旅客留宿比例由2009年的55.6%增长到2013年的61.3%，2014年前三季度总体有少许下滑（比例为60.1%）。虽然留宿比例不断增长，但增长的幅度并不大。

（五）旅客逗留时间仍然较短

澳门陆地面积狭小，加之海陆空三路交通便捷，访澳旅客的平均逗留时间较短。表 4 列出了澳门五个客源地 2011 年至 2014 年第三季度访澳旅客的逗留时间情况。旅客的总体平均逗留时间为 1.0 天，留宿旅客为 1.9 天。

五个客源地旅客逗留时间并未有明显变化，但韩国留宿旅客逗留时间明显缩短，2011 年平均逗留时间为 2 天，其中 2011 年第二季度逗留时间最长，为 2.4 天，而到 2014 年平均逗留时间缩短为 1.6 天，其中第一季度韩国旅客逗留时间仅 1.4 天。近年来韩国市场旅客数量增长迅速，但其在澳门的逗留时间反而缩短了。在不过夜旅客方面，各客源地旅客平均逗留 0.2 天（中国台湾旅客除外，其逗留时间为 0.1 天）。因此访澳旅客逗留时间仍然较短，澳门需要丰富自身旅游资源才能更好地留住旅客。

表 4　2011 年至 2014 年第三季度访澳旅客逗留时间

单位：天

年份	旅客总体						留宿旅客						不过夜旅客	
	总数	中国内地	中国香港	中国台湾	日本	韩国	总数	中国内地	中国香港	中国台湾	日本	韩国	中国台湾	其他
2011	1.0	1.1	0.8	0.7	1.0	1.1	2.0	2.1	1.5	2.0	1.5	2.0	0.1	0.2
2012	1.0	1.1	0.7	0.8	1.0	0.9	1.9	2.0	1.4	2.0	1.5	1.6	0.1	0.2
2013	1.0	1.1	0.8	0.9	1.0	0.9	1.9	2.1	1.4	2.0	1.5	1.6	0.1	0.2
2014 年第一季度	1.0	1.0	0.7	0.9	0.9	0.8	1.9	2.0	1.4	2.0	1.4	1.4	0.1	0.2
2014 年第二季度	1.0	1.1	0.7	0.8	1.0	0.9	1.9	2.1	1.4	1.9	1.5	1.6	0.1	0.2
2014 年第三季度	1.0	1.0	0.7	0.9	1.0	0.9	1.9	2.0	1.4	2.0	1.5	1.6	0.1	0.2

资料来源：《旅行团及酒店入住率季刊》，澳门统计暨普查局，2011 年至 2014 年第三季度。

三　2014年访澳旅客消费水平特点

（一）旅客消费规模持续增长

2014 年前三季度，访澳旅客总消费额（不包含博彩消费）达到 476.9 亿澳门元，较 2013 年同期的 432.2 亿澳门元上升 10.3%。2014 年的前两季度旅客消费总额的增长率依旧维持在较高水平，季度同期增长率超过 10%；

但相比2013年同期均有所下降。而第三季度增长率明显低于历史同期的增长率，仅为4.6%。预计2014年旅客消费规模仍会持续增长，但增长率整体低于2013年（见图4）。

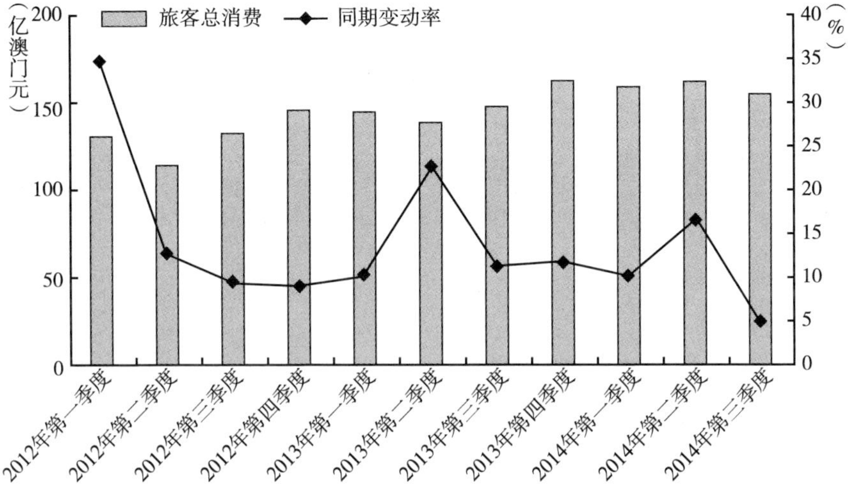

图4　2012年至2014年第三季度旅客总消费额（不包含博彩消费）

资料来源：《澳门经济季刊》，澳门统计暨普查局，2012年至2014年第三季度。

（二）旅客博彩支出自6月开始下降

旅客来澳消费的一个重要方面是博彩。博彩业是澳门的支柱产业，在澳门经济中起着举足轻重的作用。由于旅客消费调查中的消费并不包含旅客的博彩投入，因此旅客的博彩消费需要用另一个指标即澳门博彩业毛收入来衡量。2014年1~11月，澳门博彩业毛收入总额为3292亿澳门元，相比去年同期仅增长0.3%。澳门2006年博彩收入首次超过拉斯维加斯跃居世界第一，经过2008年全球金融危机后，其博彩业收入一直保持迅猛增长。2009~2013年博彩毛收入平均月增长率超过30%。但是从2014年6月开始澳门的博彩毛收入相比去年同期开始出现负增长，并且有扩大趋势。10月降幅达到23.1%，为2005年有记录以来的最大跌幅（见表5）。

表 5　2013 年 1 月至 2014 年 11 月澳门博彩毛收入及变动率

单位：百万澳门元，%

月份	2013 年		2014 年	
	博彩毛收入	变动率	博彩毛收入	变动率
1	26966	7.3	28828	6.9
2	27177	11.5	38096	40.2
3	31457	25.4	35567	13.1
4	28396	13.2	31404	10.6
5	29680	13.5	32458	9.4
6	28343	21.0	27374	-3.4
7	29578	19.9	28520	-3.6
8	30834	17.6	28981	-6.0
9	29035	21.2	25642	-11.7
10	36566	31.5	28110	-23.1
11	30283	21.3	24269	-19.9
12	33553	18.4	—	—
1~11 月累计	328315	0.3	329249	0.3

资料来源：《统计月刊》，澳门统计暨普查局，2013 年 1 月至 2014 年 11 月。

至于下跌原因，业内人士认为，博彩收入下滑与内地反腐力度加强、银联卡赌场消费受限、收紧澳门口岸过境时间等因素不无关联。而最根本原因是，一直以来支撑着整个澳门博彩业的贵宾厅业务出现问题①。2014 年 4 月，澳门贵宾厅厅主卷百亿澳门元出逃事件，对澳门博彩业造成不小的负面影响。预计在未来的一段时间内，澳门博彩毛收入仍然会有一定程度的下降，但相比 10 月的跌幅会有一定好转。

（三）旅客人均消费水平微增

2014 年前三季度，访澳旅客人均消费 2027 澳门元，相比 2013 年同期小幅增加 2.8%。其中留宿旅客人均消费 3628 澳门元，增幅为 7.5%；不过

① 闵喆：《澳门博彩业收入大跌，贵宾厅模式遭遇危机》，《人民日报（海外版）》2014 年 11 月 6 日，第 03 版。

夜旅客人均消费627澳门元，微降0.9%。中国内地旅客仍是消费的主力军，中国内地是唯一人均消费高于平均水平的客源地。内地旅客人均消费2463澳门元，但相比去年同期微降0.8%，其中留宿旅客与不过夜旅客人均消费额分别为4444澳门元与751澳门元，相比去年同期变动2.8%与-3.8%。中国内地不过夜旅客消费增长动力不足。中国香港旅客由于交通便利等因素，人均消费水平最低，总体为895澳门元，并且相比去年同期下降0.5%。其中留宿旅客与不过夜旅客人均分别消费1572澳门元与368澳门元，变动率分别为6.8%与-0.7%。其他客源地旅客人均消费增长均高于中国内地与香港旅客，如大洋洲的旅客人均消费增长达到19.9%，其留宿旅客人均消费增长更高为21.5%。澳门旅客消费呈现出最主要客源地（中国内地和香港）人均消费增长不大而其他客源地增幅显著的特点（见图5、表6）。

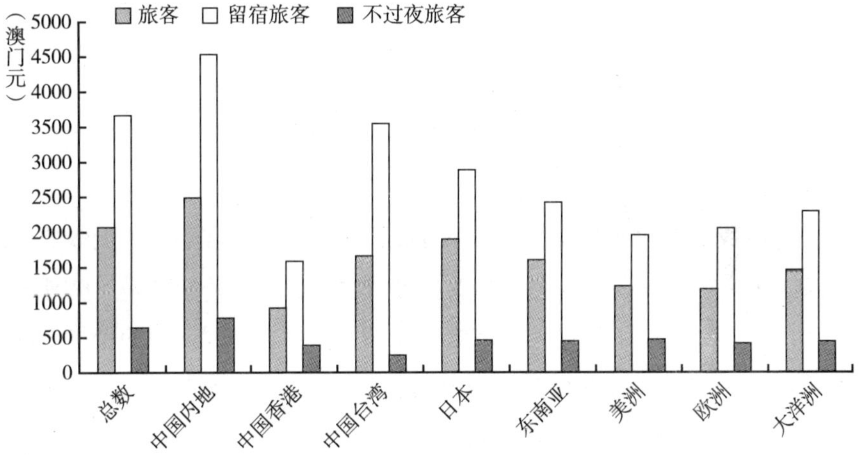

图5　2014年前三季度澳门主要客源地旅客人均消费*

注：*根据澳门统计暨普查局2014年前三季度旅客人均消费季度数值与访澳旅客人数季度数值计算之结果。

资料来源：《旅客消费调查季刊》，澳门统计暨普查局，2014年前三季度。

留宿旅客在澳门的停留时间超过一天，他们在住宿、餐饮、交通等方面面临更高的支出，因此澳门留宿旅客的人均消费普遍远高于不过夜旅客。从不同客源地旅客的人均消费数据来看，留宿旅客的人均消费普遍是不过夜旅客

表6　2014年前三季度澳门主要客源地旅客人均消费额及变动率

客源地	旅客		留宿旅客		不过夜旅客		留宿/不过夜
	人均消费额（澳门元）	变动率（%）	人均消费额（澳门元）	变动率（%）	人均消费额（澳门元）	变动率（%）	—
总数	2027	2.8	3628	7.5	627	-0.9	5.8
中国内地	2463	-0.8	4444	2.8	751	-3.8	5.9
中国香港	895	-0.5	1572	6.8	368	-0.7	4.3
中国台湾	1649	10.1	3509	7.6	226	8.6	15.5
日本	1886	19.7	2845	20.7	443	15.1	6.4
东南亚	1583	6.5	2389	9.2	420	0.2	5.7
美洲	1203	11.6	1933	14.8	452	11.2	4.3
欧洲	1188	9.4	2023	14.3	408	6.5	5.0
大洋洲	1432	19.9	2247	21.5	429	4.7	5.2

资料来源：《旅客消费调查季刊》，澳门统计暨普查局，2014年前三季度。

人均消费的4倍以上，而中国台湾旅客这一数据更是达到了15.5倍。因此丰富澳门旅游资源，延长旅客在澳停留时间，可以促进旅客在澳消费。

（四）旅客实际人均消费下降

人均消费水平的上升来源于两个方面，一方面是旅客购买了更多的产品或服务，另一方面是澳门物价水平的提高。澳门旅游物价指数是反映外地旅客在澳门所购买一篮子具代表性之旅游商品及服务在不同期间的价格波动情况，可用来计算旅客消费的实际变化。澳门的旅游物价指数上升较快，从2005年的66.6上升到2013年的132.8，增长了一倍。

表7列出了2005年至2014年第三季度的人均消费情况。2005~2011年访澳旅客的人均消费总体上是增长的，2014年第二季度涨幅达到15.2%。然而其实际消费水平（考虑物价变动后的人均消费）却在不断下降。2012年开始有所好转，实际人均消费增长率达到8.6%，2013年的这一数值为2.0%。2014年仅第二季度的实际人均消费增长为正，第一季度与第三季度相比去年同期均有所下降，第三季度下降幅度达到6%。综合来看，2014年前三季度访澳旅客总体的人均消费达到2027澳门元，同比增长2.8%；但

考虑到旅游物价水平的变动后，旅客实际人均消费为1475澳门元，而2013年同期的实际人均消费为1523澳门元，因此考虑到澳门旅游物价水平的上涨，2014年前三季度澳门实际人均消费反而下降了3.1%。

表7　2005年至2014年第三季度旅客人均消费与实际人均消费

旅游物价指数（10/2009～09/2010=100）

年份	旅游物价指数	人均消费	变动率	考虑物价变动后的人均消费	变动率
	（点）	（澳门元）	（%）	（澳门元）	（%）
2005	66.6	1523		2287	
2006	72.3	1610	5.7	2226	-2.6
2007	79.2	1637	1.7	2067	-7.1
2008	88.0	1729	5.6	1965	-5.0
2009	91.4	1616	-6.5	1769	-10.0
2010	101.5	1518	-6.1	1495	-15.5
2011	117.2	1619	6.7	1381	-7.6
2012	124.3	1864	15.1	1499	8.6
2013	132.8	2030	8.9	1529	2.0
2014年第一季度	144.0	2074	8.2	1440	-5.6
2014年第二季度	133.5	2141	15.2	1604	2.2
2014年第三季度	135.1	1878	4.6	1390	-6.0
2014年前三季度	—	2027	2.8	1475	-3.1

资料来源：《旅客消费调查季刊》，澳门统计暨普查局，2014年前三季度；《旅游物价指数季刊》，澳门统计暨普查局，2005年至2014年第三季度。

四　2014年访澳旅客消费结构特点

1. 不同客源市场的旅客消费结构有较大差别

来源不同市场的游客消费结构差别较大。图6显示了2014年前三个季度澳门不同客源地旅客的消费结构。

购物方面，中国内地旅客购物消费比例最高，占其消费总额的57%。其中自由行旅客的购物消费比例更高，达到64%。而其他客源地的旅客购

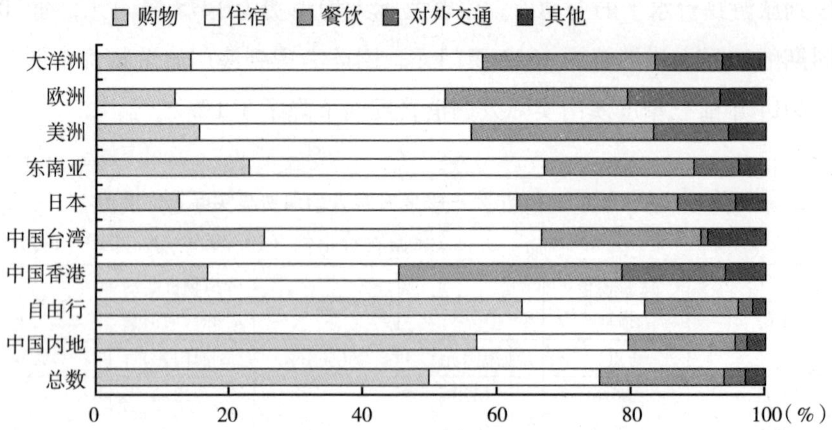

图 6　2014 年前三季度主要客源地旅客消费结构

注：* 根据澳门统计暨普查局 2014 年前三季度旅客消费结构季度比例与访澳旅客人数季度数值计算之结果。

资料来源：《旅客消费调查季刊》，澳门统计暨普查局，2014 年前三季度。

物消费均未超过 25%，其中欧洲旅客的购物消费比例最低，为 12%。澳门购物对中国内地旅客特别是自由行旅客很有吸引力。

住宿方面，中国内地旅客花费最少，占其消费的 23%；中国香港旅客由于访澳交通便利，住宿所占比例较低，为 29%；其他客源地旅客均花费 40% 以上的资金在住宿上，尤其是日本旅客在住宿方面消费比例达 51%。可见在澳门，住宿在旅客消费中要占很大比例。

餐饮方面，中国内地旅客花费 16%；中国香港旅客餐饮消费比例最高，占 33%；其他客源地旅客餐饮消费基本占总消费的四分之一左右。对外交通方面，统计数字不包括机票费用。中国内地旅客由于其陆地通行便利，对外交通费用仅占 2%；中国台湾不过夜旅客比例较高，仅在澳门做短暂停留，因此其对外交通费用所占比例也较低，为 1%；其他客源地旅客对外交通费用约占 10%。

根据对旅客的重要程度，旅游消费一般可分为基本旅游消费和非基本旅游消费。基本旅游消费是指进行一次旅游活动所必需的而又基本稳定的消费，如旅游住宿、饮食、交通游览等方面的消费；非基本旅游消费是指并非每次旅游活动都需要的并具有较大弹性的消费，如旅游购物、医疗、通信消费等①。从澳门不同客源地旅客消费结构来看，中国内地旅客基本消费仅占47%而非基本消费要占53%；其他客源地旅客基本消费占80%左右。

表8是2014年前三季度不同客源地旅客消费金额。通过不同客源地旅客消费金额可以看出，中国内地旅客在购物上消费的金额远远超于其他客源地旅客，而其在住宿、餐饮上的钱与其他客源地相差并不大。中国香港旅客无论在购物、住宿还是餐饮方面消费金额都较低。由于对外交通统计中不包含机票费用，因此人均对外交通花费并不高，在100澳门元左右。日本旅客在住宿及餐饮方面花费金额最多，分别为953澳门元和447澳门元。

表8 2014年前三季度不同客源地旅客消费金额

单位：澳门元

客源地	购物	住宿	餐饮	对外交通	其他
总数	1006	520	371	68	61
中国内地	1590	632	445	47	75
自由行	1567	452	345	49	49
中国香港	149	257	298	137	54
中国台湾	417	683	389	16	143
日本	236	953	447	170	81
东南亚	365	696	348	111	63
美洲	184	490	328	132	68
欧洲	142	475	324	167	79
大洋洲	205	626	363	148	90

资料来源：《旅客消费调查季刊》，澳门统计暨普查局，2014年前三季度。

2. 不同客源地旅客购物偏好有较大差别

购物是旅客消费的重要组成部分。在澳门，购物甚至是一些旅客访澳的主要目的。旅客购物消费是澳门重要的收入来源之一。旅客通过购买喜好的商品，满足了购物的需求，并且增加了丰富的旅游体验。旅游购物消费是旅

① 《中国大百科全书》（第二版）（第14卷），中国大百科全书出版社，2009，第561页。

游者外出旅游时最富有弹性的消费，因此了解旅客的购物偏好，可以通过节假日等购物活动，提高旅游吸引力和竞争力，形成长期的宣传效应。

图7显示了2014年前三季度不同客源地国家访澳旅客购物消费结构。总体来看，旅客在珠宝手表上花费最多，占总消费的24%，与2013年相比，占比上升5个百分点；其次是手信食品与手袋及鞋类，分别占21%与18%。然而从不同客源地旅客的购物结构来看，由于中国内地游客占很大比例，因此总体购物消费结构与中国内地旅客的消费结构较为相近。中国内地旅客及自由行旅客在消费结构上并无太大差异。与之相比其他客源地旅客的消费结构有较大区别：非中国内地旅客均在手信食品上花费最高，如中国香港旅客这一比例最高，达到80%；而比例最低的中国台湾旅客在这一方面的花费也占52%。非中国内地旅客另一个消费比例较高的类别是成衣类，在非中国内地旅客消费比例中约占20%。其中比例最高的是日本旅客，消费比例为26%；最低的是中国香港游客，消费比例仅为9%。另外珠宝手表类和化妆品及香水类对中国内地旅客较有吸引力，但对于其他客源地旅客的吸引力较弱。非中国内地旅客在这两个方面的消费比例均低于4%。

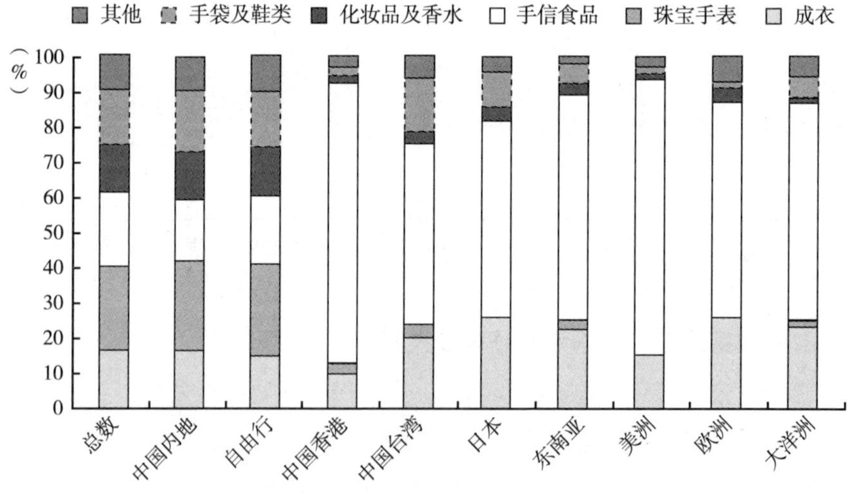

图7　2014年前三季度主要客源地旅客购物消费结构

资料来源：《旅客消费调查季刊》，澳门统计暨普查局，2014年前三季度。

表9是2014年前三季度澳门不同客源地旅客购物消费金额。从中也可以看出，中国内地的购买力是最强的，并且中国内地旅客对澳门的各类商品的需求都较高。加之中国内地旅客的数量又占近七成，因此中国内地旅客是澳门购物市场绝对的主力。其他非中国内地旅客仅在手信食品上消费较高，但也低于中国内地旅客。而购买珠宝手表与化妆品及香水的金额很低，尤其是日本、欧洲及美洲旅客在珠宝手表上花销统计的绝对数值为0。表明这些商品对非中国内地旅客没有什么吸引力。

表9　2014年前三季度澳门不同客源地旅客购物消费金额

单位：澳门元

客源地	成衣	珠宝手表	手信食品	化妆品及香水	手袋及鞋类	其他
总数	163.6	238.9	208.3	123.9	177.8	93.5
中国内地	252.6	399.6	276.1	211.6	291.6	158.6
自由行	228.7	411.2	303.7	207.7	254.1	161.6
中国香港	13.3	4.9	119.3	2.0	5.0	4.5
中国台湾	83.4	14.0	216.6	12.5	66.8	23.8
日本	60.5	—	131.5	8.8	25.1	10.1
东南亚	82.2	7.3	238.7	8.6	22.0	7.1
美洲	27.7	—	144.6	3.1	3.6	5.0
欧洲	35.7	—	88.2	4.8	3.3	10.0
大洋洲	46.2	2.8	128.1	2.9	13.7	11.3

注：“—”表示绝对数值为0。

资料来源：《旅客消费调查季刊》，澳门统计暨普查局，2014年前三季度。

3. 留宿旅客与不过夜旅客人均消费有所差异

留宿旅客与不过夜旅客相比，其在澳门停留的时间较长，留宿会产生住宿费用，以及更多的餐饮、购物费用，因此消费金额要远高于不过夜旅客。

表10是2013年不同客源地留宿与不过夜旅客消费金额及其比较①。留宿旅客平均要花费1043澳门元在住宿上，其中日本留宿旅客住宿消费最高，

① 数据资料来自澳门统计暨普查局《旅游统计》年鉴，由于2014年尚未发布，因此选用2013年数据资料。

人均达到1453澳门元；而中国香港留宿旅客住宿消费最低，人均543澳门元。Hotel. com发布的*Hotel Price Index* ™显示，2013年澳门平均酒店价格为1418港元，而同期的香港、北京和上海酒店平均价格分别为1144港元、867港元和843港元。由此看来，在澳门留宿旅客要花费高昂的住宿费用，除了中国内地旅客外，其他客源地旅客要花费总金额的40%～50%在住宿上。

表10　2013年不同客源地留宿与不过夜旅客消费金额

单位：澳门元

客源地	住宿	购物			餐饮		
	留宿	留宿	不过夜	留宿/不过夜	留宿	不过夜	留宿/不过夜
总体	1043	1564	463	3.4	695	106	6.6
中国内地	1158	2317	667	3.5	802	99	8.1
自由行	1164	2765	1120	2.5	776	132	5.9
中国香港	543	256	86	3.0	497	131	3.8
中国台湾	1385	825	114	7.2	792	56	14.2
日本	1453	170	86	2.0	557	129	4.3
东南亚	1010	516	184	2.8	516	110	4.7
美洲	782	221	110	2.0	476	144	3.3
欧洲	911	200	62	3.2	474	137	3.5
大洋洲	898	229	88	2.6	516	139	3.7
其他	1063	236	85	2.8	433	141	3.1

客源地	对外交通			其他		
	留宿	不过夜	留宿/不过夜	留宿	不过夜	留宿/不过夜
总体	70	66	1.0	104	26	3.9
中国内地	45	33	1.4	134	25	5.4
自由行	49	53	0.9	97	13	7.4
中国香港	136	135	1.0	75	23	3.3
中国台湾	33	11	3.1	264	34	7.7
日本	145	141	1.0	97	35	2.7
东南亚	112	118	0.9	90	26	3.4
美洲	136	136	1.0	85	34	2.5
欧洲	128	160	0.8	109	31	3.5
大洋洲	153	147	1.0	115	46	2.5
其他	158	157	1.0	79	20	3.9

资料来源：根据澳门统计暨普查局《旅客统计年鉴》2013年数据资料计算而得。

购物方面，平均水平上留宿旅客消费额为不过夜旅客的3.4倍。长时间的停留有助于旅客购买更多的物品。其中中国台湾旅客中留宿旅客与不过夜旅客相差最大，留宿旅客购物消费是不过夜旅客人均购物消费的7.2倍。人均购物消费排名前三的旅客是，中国内地留宿旅客（2317澳门元）、中国台湾留宿旅客（825澳门元）和中国内地不过夜旅客（667澳门元）。在餐饮方面，留宿旅客平均消费是不过夜旅客的6.6倍。其中也以中国台湾旅客中留宿旅客与不过夜旅客差别最大，为14.2倍。而对外交通方面，各客源地留宿旅客与不过夜旅客消费差异很小，总体持平。差别较大的中国台湾旅客，其人均消费金额均较低，留宿旅客与不过夜旅客分别消费33澳门元和11澳门元。

4. 留宿旅客与不过夜旅客人均购物消费有所差异

澳门不同客源地的留宿旅客与不过夜旅客在购物消费上也有一些差异。总体来看，留宿旅客与不过夜旅客购买偏好差异较大的在成衣，手信食品，鞋、手袋及钱包上：留宿旅客在成衣与鞋、手袋及钱包上消费的比例（22%与20%）高于不过夜旅客（7%和5%）；而在手信食品上消费的比例（17%）要低于不过夜旅客（35%）。二者在珠宝手表上的消费比例相近。但由于访澳旅客中中国内地旅客的比例很高，因此总体的消费结构与中国内地旅客的消费结构近似。从非中国内地旅客中留宿旅客与不过夜旅客的消费结构中可以看出留宿旅客的成衣消费比例基本均高于不过夜旅客，手信食品购买消费比例低于不过夜旅客，而在其他消费方面的消费差别并不大，尤其是在非中国内地旅客消费中用来购买珠宝手表的比例都很低（见表11）。

从不同客源地留宿与不过夜旅客购物消费金额（见表12）来看，中国内地留宿旅客在成衣，珠宝手表，化妆品及香水，鞋、手袋及钱包方面的消费金额均远远高于不过夜旅客在这些方面的消费。而在手信食品方面，两类旅客的差别并不大，尤其是自由行旅客在手信食品方面购买金额基本与不过夜旅客持平。在非中国内地旅客中，不仅购买的主要产品是手信食品，而且留宿旅客购买金额高于不过夜旅客；其他购物方面，只有中国台湾留宿旅客在成衣和鞋、手袋及钱包上消费较多，东南亚留宿旅客在成衣上消费金额较多，其他方面购买金额均较低。

表 11　2013 年不同客源地留宿与不过夜旅客购物消费结构

单位：%

客源地	成衣		珠宝手表		手信食品		化妆品及香水		鞋、手袋及钱包		其他	
	留宿	不过夜	留宿	不过夜	留宿	不过夜	留宿	不过夜	留宿	不过夜	留宿	不过夜
总数	22	7	19	21	17	35	12	15	20	5	10	17
中国内地	23	7	20	23	13	32	13	16	21	4	10	18
自由行	22	7	24	24	13	31	11	15	21	5	9	18
中国香港	10	6	2	5	78	80	2	2	4	3	4	4
中国台湾	26	5	2	2	48	63	4	8	16	5	4	17
日本	24	4	2	—	68	90	1	1	3	1	2	4
东南亚	25	11	1	0#	62	84	3	1	8	3	1	2
美洲	14	4	—	—	78	93	2	0#	2	1	4	2
欧洲	23	19	—	—	65	73	4	1	3	0#	5	6
大洋洲	25	6	2	—	67	88	1	1	4	1	1	4
其他	30	11	3	—	52	78	6	1	5	7	4	3

注：0#表示数字少于采用单位半数；“—”表示绝对数值为 0。

资料来源：《旅客消费调查季刊》，澳门统计暨普查局，2014 年前三季度。

表 12　2013 年不同客源地留宿与不过夜旅客购物消费金额

单位：澳门元

客源地	成衣		珠宝手表		手信食品		化妆品及香水		鞋、手袋及钱包		其他	
	留宿	不过夜	留宿	不过夜	留宿	不过夜	留宿	不过夜	留宿	不过夜	留宿	不过夜
总数	344	32	297	97	266	162	188	70	313	23	156	79
中国内地	533	47	463	154	301	214	301	107	486	27	232	120
自由行	608	78	663	269	359	347	304	168	581	56	249	202
中国香港	26	5	5	4	200	69	5	2	10	3	10	3
中国台湾	214	6	16	2	396	72	33	9	132	6	33	19
日本	41	3	3	—	115	78	2	1	5	1	3	3
东南亚	129	20	5	0#	320	155	15	2	41	6	5	4
美洲	31	4	—	—	172	103	4	0#	4	1	9	2
欧洲	46	12	—	—	130	46	8	1	6	0#	10	4
大洋洲	57	5	5	—	154	78	2	1	9	1	2	4
其他	71	9	7	—	123	66	14	1	12	6	9	3

注：0#表示数字少于采用单位半数；“—”表示绝对数值为 0。

资料来源：《旅客消费调查季刊》，澳门统计暨普查局，2014 年前三季度。

五 2015年澳门旅游发展预测

（一）2014年澳门相关政策变化影响的预测

1. 调整中国护照过境措施

据澳门政府保安司司长办公室提供的数据，2013 年持护照由内地入境澳门的旅客共 2636042 人次，但其中仅有 547836 人次由国际机场、外港或氹仔码头出境前往第三国。约八成持护照赴澳门的内地人士，仅在澳门逗留①。

为了避免持中国护照旅客假借过境之名实为在澳门逗留，而根本没有前往第三国的情况，澳门治安警察局决定于 2014 年 7 月 1 日调整中国护照过境措施。对于持中国护照从澳门过境的旅客，首次入境时给予的逗留许可由 7 天缩至 5 天；若违反过境规定没有前往目的地，而且于 60 天内第二次入境的，获给予之逗留许可则会由 2 天缩至 1 天；若再违反过境规定，且于 60 天内第三次入境，将会被拒绝入境，并于 60 天以后方允许再入境，而获给予之逗留许可则可按上述的规定重新计算②。此次调整较为温和，预计对持护照访澳旅客数量产生影响不大，但会缩短此类旅客在澳逗留时间，可以在一定程度上缓解澳门的空间压力。

2. 口岸通关时间延长

澳门地域狭小，人口稠密且每年到访旅客将近 3000 万，空间上面临巨大压力。澳门政府也一直不断采取措施来缓解这种压力。从 2014 年 12 月 18 日 0：00 起，珠澳之间的三个口岸实行新的通关安排：拱北口岸（对接澳门关闸）在早晚各延长通关时间一个小时，即每天 6:00 开关，次日1:00 闭关，货检通道开放时间维持现状；横琴口岸（对接澳门莲花口岸）实施

① 蒋生：《持护照赴澳门 7 月拟收紧》，南都网，http：//ndnews. oeeee. com/nis/201405/06/211603. html。

② 苏宁：《澳门治安警察局调整中国护照过境措施》，人民网，http：//hm. people. com. cn/n/2014/0616/c42272 –25156390. html。

24 小时通关，适用对象为出入境旅客及客车，暂不包括货车；珠澳跨境工业区专用口岸在 0:00 ~7:00 临时向社会开放，适用对象为以步行方式出入境的在澳门的内地劳务人员、学生和澳门居民，不包括自驾小车和客车①。

通关时间延长可以缓解澳门学生与职工通关的压力和高峰期澳门路面交通的压力，同时可以使澳门旅客通关更为快捷。

（二）旅客总消费将继续攀升

根据澳门旅客总消费的历史数据，通过建立回归模型，可以对旅客未来的消费情况进行预测。本文运用差分自回归移动平均模型（ARIMA 模型）对澳门旅客总消费进行预测。ARIMA 模型针对非平稳时间序列，通过对其进行差分转化为平稳序列，继而将因变量对它的滞后值、随机误差项的现值和滞后值进行回归而建立模型（见图 8）。模型建立后就可以应用模型来预测 2015 年澳门旅客总消费的数值情况。其一般表达式为：

$$y_t = \alpha_1 y_{t-1} + \alpha_2 y_{t-2} + \cdots + \alpha_p y_{t-p} - \mu_t - \beta_1 \mu_{t-1} - \beta_2 \mu_{t-2} - \cdots - \beta_q \mu_{t-q} \quad (1)$$

由于数据采用季节性数据，因此首先要对数据进行季节性调整。采用 CENSUS X12 对序列进行季节调整，调整后第一季度至第四季度的季节性因子分别为 0.9976、0.9158、1.0013、1.0853。澳门旅客总消费第三季度消费额较低，而第四季度总消费额较高。

用季节调整过的数据进行 ARIMA 模型建模，首先对数据取自然对数，然后进行差分处理，处理后的数据记为 $d(lny_t)$。最后经过多次估计，得出时间序列 $d(lny_t)$ 比较理想的模型（见表 13）。

模型调整 R^2 为 94.04%，拟合度较好，且对模型残差进行 ADF 单位根检验显示统计量小于置信水平为 1% 的值，残差序列为白噪音序列的原假设成立。继而运用该模型对 2014 年至 2015 年的旅客消费总额进行预测，结果见表 14。

① 查文晔：《珠澳口岸将实行新的通关安排》，新华网，http://news.xinhuanet.com/2014-11/20/c_1113336884.htm。

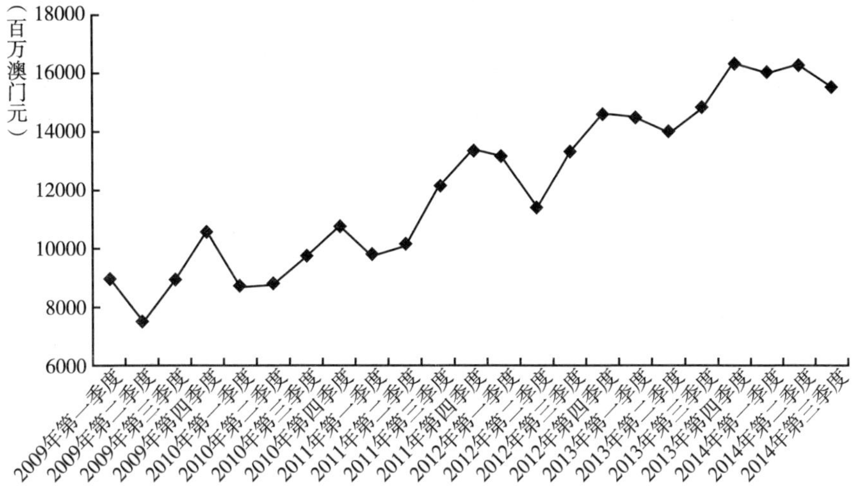

图 8　2009 年至 2014 年第三季度澳门旅客消费总额

资料来源：《入境旅客季刊》，澳门统计暨普查局，2009 年至 2014 第三季度。

表 13　ARIMA 模型估计结果

变量	系数	标准误	T 检验值	显著性
C	0.024	0.002	11.963	0.000
AR(1)	-0.952	0.299	-3.180	0.007
AR(2)	-0.992	0.120	-8.269	0.000
MA(1)	-0.519	1.633	-0.318	0.755
MA(2)	-0.433	1.469	-0.295	0.773
MA(3)	-4.580	1.515	-3.024	0.009

表 14　2014～2015 年澳门旅客消费总额预测结果

单位：百万澳门元，%

	2014 年				2015 年			
	第一季度	第二季度	第三季度	第四季度	第一季度	第二季度	第三季度	第四季度
预测值	16314	16118	16645	17881	18614	18665	19114	20256
真实值	15948	16261	15486	—	—	—	—	—
误差	2.3	-0.9	7.5	—	—	—	—	—

按此预测，2014 年全年消费总额为 66958 百万澳门元，相比 2013 年同期上涨约 10.1%。由表 14 中可以看到 2014 年第三季度预测值高于实际值约 7.5%，说明第三季度澳门旅客实际总消费表现差于历史同期。2015 年全年预计旅客总消费额 76649 百万澳门元，相比 2014 年增长 14.5%。

（三）访澳旅客人数，主要是中国内地旅客将继续增长

访澳旅客人数反映了顾客对于旅游这一“产品”的需求状况。在经济学原理中，影响商品需求的重要因素有商品本身的价格、替代物品的价格以及消费者的收入。旅游需求也会受到旅客收入、旅游价格、旅游替代价格、旅行的成本、汇率等因素的影响。在此，我们选择的访澳旅客影响因素包括旅客收入、旅游价格、旅游替代价格和汇率。旅客收入因素用客源地以 2005 年美元不变价的人均 GDP（扣除通货膨胀的影响）衡量，旅游价格用澳门消费价格指数与客源地消费价格指数的比值衡量。旅游替代价格用替代目的地消费价格指数与客源地消费价格指数的比值衡量。汇率用客源地货币兑换澳门元的期内平均价格代表。

本文建立双对数线性形式模型：

$$\ln N_{it} = \beta_0 + \beta_1 lnY_{it} + \beta_2 lnP_{it} + \beta_3 lnP_{ist} + \beta_4 lnE_{it} + B_5 D_1 + \varepsilon_{it} \qquad (2)$$

各客源地访澳旅客的影响因素的模型结果见表 15。从表中可以看出影响中国内地旅客访澳人数的主要因素是旅客收入、旅游替代价格和汇率。旅客人均收入上升 1%，访澳人数会增长 3.1%；旅游替代价格上升 1%，访澳人数下降 4.3%；澳门元升值 1%，访澳人数下降 4.5%。因此随着中国内地旅客收入的不断增长，考虑到旅游替代价格与汇率的变化均不是太大，其访澳旅客人数会进一步增加。中国香港旅客数量仅受其收入水平的影响。随着收入水平的提升，访澳人数也将增长。中国台湾旅客仅受澳门旅游价格水平的影响。因其旅客中有较多的过境旅客，因此澳门旅游价格上升后，其选择澳门过境的可能性就会降低。韩国是近年来访澳旅客增长迅速的客源地。旅客数量受到旅客收入、旅游价格及旅游替代价格的影响。随着旅客收

入增长1%，访澳人数增长5.9%；旅游替代价格上升1%，访澳人数增长1.1%；而澳门旅游价格的增长反而会使访澳人数增长。

表15　澳门十大客源地访澳旅客影响因素模型

变量	中国内地	中国香港	中国台湾	韩国	日本	马来西亚	菲律宾	新加坡	印度尼西亚	美国
C	-7.06*	3.27*	14.19**	-40.83**	-28.42	-55.07**	21.39**	1.77	10.80**	-78.77*
lnY_{it}	3.11**	1.21**		5.90**	3.85*	7.74**				
lnP_{it}			-2.22**	3.28**	-6.72**	-25.32**		28.67**	-7.77**	-17.77**
lnP_{ist}	-4.27*			1.09*	7.51**		-7.85**			6.85**
lnE_{it}	-4.52**						5.14**	6.02**		43.45*
R^2	0.980	0.826	0.862	0.991	0.982	0.950	0.939	0.966	0.978	0.979
调整R^2	0.973	0.809	0.831	0.985	0.972	0.931	0.925	0.958	0.970	0.967

注：* 表示显著性水平小于0.05，** 表示显著性水平小于0.01。

根据访澳旅客人数可以预计，澳门近年来客源地结构会比较稳定。中国内地、香港及台湾仍然会占据前三的位置。并且随着中国内地旅客收入的增长、澳门通关口岸时间的延长，相信中国内地旅客所占比例会进一步上升，有可能达到或超过70%。中国香港旅客与中国台湾旅客近年来增长动力不足，因此在接下来的一年其趋势也不会有太大的变动，而其在所有旅客中所占比例也会稍微下降。韩国是近年来访澳旅客人数增长较快的客源地，访澳旅客增长动力充足。但由于其目前所占比例距中国台湾旅客所占比例仍有一定差距，因此在未来几年内，韩国仍然会排在第四的位置，但其所占比例会进一步上升。其他国家由于其每年变动趋势不确定，有升有降，但总体变化幅度都不会太大。

（四）人均消费额与消费结构变化不大

从2011～2013年访澳旅客人均消费额（见表16）可以看出总体的人均消费额从2010～2013年成不断上升趋势。每年增长约150澳门元左右。预计2015年澳门旅客人均消费额仍会有所增长，但幅度与往年相比不会有太大变化。

表16　2011～2013年访澳旅客人均消费额

单位：澳门元

客源地＼年份	2010	2011	2012	2013
总体	1518	1619	1864	2030
中国内地	2039	2048	2385	2563
自由行	2721	2438	2721	2819
中国香港	811	916	906	911
中国台湾	677	1052	1356	1517
日本	1394	1360	1497	1637
东南亚	1319	1288	1405	1525
美洲	1064	1094	1086	1098
欧洲	1148	1045	1109	1120
大洋洲	1254	1348	1268	1233
其他	1581	1546	1501	1355

从不同客源地旅客的消费额变化趋势来看，可以分为两类。中国内地、中国台湾、日本和东南亚国家，人均消费额增长较快，这些客源地旅客尤其是中国内地旅客在未来仍然会是澳门消费的主力，并且人均消费额会进一步增高。

中国香港、美洲、欧洲、大洋洲和其他客源地旅客每年的人均消费额都变化不大，这些客源地旅客消费弹性小、变动小。并且消费结构中主要花销在住宿、餐饮等基本开销上，比例占80%左右，而购物消费比例较低。因此这些客源地旅客消费的增长动力不足，预计其未来消费水平变动也不会太大。

总体来看，各客源地消费结构变化不大。对于中国内地旅客而言，其购物消费占51%左右，是澳门商品的主要购买力，也是澳门奢侈品类的主要消费者。随着中国内地反腐力度的增强，奢侈品消费额会有一定的降低。非中国内地旅客的主要消费点在住宿、餐饮等基本消费上，随着澳门物价水平的上涨，其基本消费额也会随之相应上涨。但由于非中国内地旅客购物消费比例较低，购买最多的商品就是手信食品类，而很少购买珠宝手表、化妆品及手袋钱包等产品，因此其购物消费不会有太大变化。

六 主要结论及政策建议

1. 主要结论

2014 年 1 ~10 月，访澳旅客数量达到 2618 万人次，相比去年同期增长 7.7%。增幅最大的为 10 月，增加 10.9%。8 月单月访澳旅客人次首次突破 300 万，达到 308.6 万人次。随着 2014 年 12 月 18 日澳门通关口岸时间的调整，预计澳门访澳旅客人数会有较快的增长。

澳门的访澳旅客人数有着明显的月份变化。每年的 7 月、8 月、10 月与 12 月是访澳旅客的高峰期，旅客增长明显。澳门应开展丰富的活动来迎接众多旅客的到来。而每年的 6 月与 9 月是旅客访澳相对较少的月份。

从澳门十大客源地市场的增长情况来看，韩国旅客数量增幅最大，相比 2013 年同期增长 19.58%。其次是中国内地旅客，增长 14.05%。其他旅客数量增长的市场有新加坡、日本与美国。其他排名前十的客源市场，访澳旅客人数均有不同程度的下降：中国香港及中国台湾旅客分别减少 5.29% 及 2.77%；马来西亚游客减少幅度最大，降幅为 10.62%。虽然各客源地旅客数量有增有减，但是总体的客源市场结构较为稳定：中国内地、中国香港、中国台湾、韩国依然是访澳人数排名前四位的客源地。尤其是中国内地旅客，由于不断的快速增长，已占到访澳总旅客量的 67.4%。其中广东旅客占中国内地旅客的 44.3%，自由行旅客占中国内地旅客的 44.7%。

不同客源地旅客留宿比例不同，东南亚国家留宿比例较高，均超过 50%。其中印度尼西亚旅客留宿比例最高，达到 68.7%；中国内地、香港及台湾旅客留宿比例相对较低，不足 50%。其中中国台湾旅客留宿比例最低，仅为 43.2%；但台湾旅客留宿比例增长较快，2009 年留宿比例仅为 25.2%。

访澳旅客逗留时间仍然较短。旅客总体平均逗留时间为 1.0 天，其中留宿旅客平均逗留 1.9 天，不过夜旅客仅逗留 0.2 天。

旅客访澳目的主要是度假（59%），其次为过境（21%）。专门以博彩为目的的旅客比例较低，仅占7%。不同客源地的旅客访澳目的差别较大。中国内地自由行旅客以度假为目的的比例最高，为87%；中国香港旅客中以博彩为目的的旅客比例最高，占24%；中国台湾旅客中51%的旅客为过境旅客。

2014年前三个季度，访澳旅客总消费额（不包含博彩消费）达到476.9亿澳门元，较2013年同期的432.2亿澳门元上升10.3%。前两季度增长率超过10%，与往年增长幅度相当；而第三季度的增幅仅为4.6%，与2013年同期相比有所下滑。博彩毛收入与博彩税收分别自6月与7月起开始下降。其中10月的博彩毛收入下降比例高达23.1%，而同期的博彩税收也下降了11.6%。因此预计在未来的一段时间内，澳门博彩毛收入与博彩税收仍然会有一定的下降。

2014年前三季度，访澳旅客人均消费2027澳门元，相比2013年同期小幅增加2.8%。其中留宿旅客人均消费3628澳门元，增幅为7.5%；不过夜旅客人均消费627澳门元，微降0.9%。中国内地旅客仍是消费的主力军，中国香港旅客人均消费最低。虽然访澳旅客人均消费有一定的上升，但考虑到澳门物价水平的变动，其实际的人均消费量反而下降3.1%。

来自不同市场的游客消费结构差别较大。中国内地旅客购物消费比例最高，占其消费总额的57%。其中自由行游客的购物消费比例更高，达到64%。而其他客源地的旅客购物消费均未超过25%。除了中国内地及香港外的其他客源地旅客均花费40%以上的资金在住宿上。总体来看，中国内地旅客与其他客源地旅客消费习惯有所不同，中国内地旅客非基本消费比例仅占47%，而其他客源地旅客基本消费占80%左右。

从不同客源地旅客购物消费结构及金额上看。中国内地旅客是澳门商品的主要购买力。而其他客源地旅客很少购买珠宝手表、化妆品及香水、手袋及鞋类等商品，仅在手信食品及成衣花费较多，但均低于中国内地旅客。

澳门的留宿旅客与不过夜旅客的消费结构及金额有所差别。留宿旅客平均花费1043澳门元在住宿上，而在购物和餐饮上消费的金额分别是不过夜旅客的3.4倍和6.6倍。在对外交通上消费的金额与不过夜旅客基本相当。

从不同客源地留宿与不过夜旅客购物消费金额可以看出，中国内地留宿旅客在成衣，珠宝手表，化妆品及香水，鞋、手袋及钱包方面的消费金额均远远高于不过夜旅客在这些方面的消费。在非中国内地旅客中，不仅购买的主要产品是手信食品，而且留宿旅客购买金额高于不过夜旅客；其他购物方面，只有中国台湾留宿旅客在成衣和鞋、手袋及钱包上消费较高，东南亚留宿旅客在成衣上消费金额较多，其他方面购买金额均较低。

2. 政策建议

2014 年是澳门回归的第 15 个年头，15 年来澳门的经济飞速发展、人民生活美满。澳门素有“赌城”之称，博彩业支撑着澳门的发展。然而 2014 年澳门博彩业首次出现下滑趋势，面对周边国家或地区的赌博业发展与自身博彩业出现的一些状况，澳门更应注重自身发展的管理与规划，如提升和营造包括博彩文化创意产业、博彩科技创新、博彩人才教育培训的博彩产业群。

澳门地域狭小，而旅客又众多，其旅游状况已基本处于一种饱和的状态，如果单纯地只考虑增加访澳旅游者的数量或增加旅游设施的数量，只会使澳门的交通和环境压力更大。澳门旅游承载能力受到严峻考验。另外，这也加剧旅游服务机构之间的竞争，可能造成服务水平低、强买强卖等现象。因此，增加澳门的旅游收入要从多个方面考虑，如继续凭借世界文化遗产的称号及博彩色彩的旅游等旅游特色建设，增强对游客的吸引力；加大主要市场及增长前景好的市场的旅游推广，打造旅游品牌；改善交通条件等。特别注重与周边地区（香港、珠海）的合作，建设一体化的“世界旅游休闲中心”，缓解澳门空间压力并带来高质量旅客。

访澳旅客逗留时间一直较短，而 2013 年的旅客满意度调查报告显示访澳旅客对于澳门的整体满意度很高，但是在观光点充足度方面评价较低。所以需要加强澳门旅游的丰富性，打造博彩旅游休闲产业链，发挥博彩业的带动效应，建设包括会展业、娱乐业、主题公园度假及旅游休闲养生在内的休闲产业链，这样才能继续吸引更多旅客及延长旅客逗留时间。

B.10

2014年度澳门经济回顾与展望

柳智毅*

摘　要：　本文重点对2014年澳门宏观经济环境以及主要行业发展情况进行了较深入的分析，并对2015年澳门宏观经济环境进行预测。

美联储于2014年初正式宣布开始将量化宽松（QE）购债规模从每月850亿美元削减到750亿美元，这意味着美实施了五年之久的三轮量化宽松货币政策进入退出阶段，也标志着“后QE时代”正式降临。由于内地宏观经济增速放缓，以及开展的反腐运动，澳门赌场贵宾厅业务大受影响，博彩毛收入连续七个月下滑，以旅游博彩业为龙头的澳门经济2014年第三、四季度本地生产总值（GDP）分别按年实质收缩2.1%及17.2%，是五年来首次出现的季度经济负增长。而2014年全年本地生产总值较2013年实际收缩0.4%。

展望2015年，笔者预计澳门经济在上半年可能延续2014年下半年的走势，不过，赌场收入有望于2015年中趋于稳定，在2015年最后一季度开始恢复增长，2015年全年经济增长预测与2014年持平或会有2%～3%的低单位数增长。

关键词：　澳门经济　行业分析　经济展望

---

* 柳智毅，博士，澳门经济学会理事长，研究方向为澳门经济、澳门人力资源开发与管理。

一 前言

2014年欧元区经济方面，主权债务危机阴霾虽然已经基本散去，但公共债务依然高企，公共财政开支负担仍然较重，对经济增长的负累短期内仍然顽固，加之长期以来欧元区通胀率走低，在面临通缩的情况下，进一步货币宽松政策正在酝酿，前路依然曲折。不过，美国经济在多轮量化宽松货币政策刺激下，经历四年多的衰退后，终于迎来“谷底站稳”的现象，并终于出现了较乐观景况，2014年的复苏势头更超出了市场的预期，美联储于2014年初也正式宣布开始将量化宽松（QE）购债规模从每月850亿美元削减到750亿美元，这意味着美实施了五年之久的三轮量化宽松货币政策进入退出阶段，也标志着“后QE时代”正式降临。2014年10月QE已彻底退出历史舞台，其货币政策将回归常态化，市场上加息预期也逐渐甚嚣尘上，并认为美联储将在2015年中或可能更早就会进入加息周期。全球投资者正密切关注，并开始吹响号角，国际资本市场可能又将引来一场腥风血雨、颠覆性变化。

澳门属于开放型的微型经济体，产业结构发展主动性较差，被动性较强，发展多受制于外部环境的变迁。2015年随着全球货币政策回归常态化后长期利率逐渐上升，届时全球资本开始紧缩，融资成本升高，新兴市场可能面临经济周期性调整，加上我国宏观经济在“新常态”的发展下，经济正从高速增长转向中高速增长，而且内地的反腐败斗争运动将会持续下去，这对澳门产业发展可能带来一定的冲击。

二 2014年整体经济发展回顾

1. 澳门经济进入调整巩固期，第三季度开始出现季度经济负增长

2014年全球先进经济体仍普遍受高失业率、高财政赤字的问题困扰。加上内地展开的反腐运动导致内地旅客在澳门的消费模式转变，赌场尤其是

贵宾厅业务大受影响，自2014年中以来博彩毛收入连续七个月下滑。根据统计暨普查局的资料显示，2013年全年澳门经济实际增长11.9%。2014年前两季度的本地生产总值按年实质增长率分别为12.4%及8.1%，但第三季度本地生产总值按年实质收缩2.1%，是五年来首次出现的季度经济负增长。经济收缩主要原因是服务出口大幅倒退，其中，博彩服务出口持续回落，跌幅扩大至12.3%，而其他旅游服务出口减少0.7%。不过，私人消费及政府最终消费分别上升7.2%及8.1%、私人投资增加41.5%，反映内部需求仍保持增长。2014年前三季度，澳门经济增长升幅进一步收窄为6.0%（见表1、图1）。

表1　2010年至2014年第三季度总体GDP实质增长率

单位：%

季度＼年份	2010	2011	2012	2013	2014
一	19.8	22.4	18.5	10.8	12.4
二	33.0	24.7	7.9	10.2	8.1
三	28.8	22.9	6.2	10.5	-2.1
四	28.2	18.0	8.5	14.3	-17.2

注：以环比物量（2011年）按支出法计算的本地生产总值实质增长率（%）。

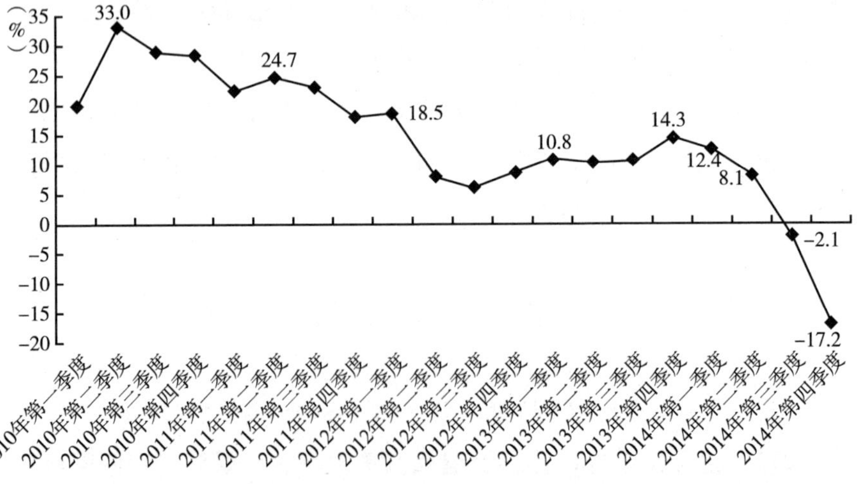

图1　2010年至2014年第三季度总体GDP实质增长率

2. 人力资源仍紧张，外地雇员人数急升

澳门经济虽然于2014年下半年开始持续走低，在整体旅客数量并没有减少的前提下，内部的总需求仍得以保持强劲。统计暨普查局的就业调查结果显示，澳门2014年第三季度的失业率仍维持在1.7%的极低水平，就业不足率为0.3%，失业人口仅为6900人。在本地劳动力有限的情况下，人力资源需要依然紧张。而且未来随着“世界旅游休闲中心”建设的深入、横琴开发和港珠澳大桥的兴建，以及澳门本地轻轨建设、金光大道等大型项目的开展，澳门更需要补充大量的人力资源。

在人力资源紧张的背景下，就业居民的收入中位数得到持续上升。统计暨普查局就业调查结果显示，2014年第三季度整体就业人口的每月工作收入中位数为13000澳门元，比2013年同期上升8.3%。而本地居民的每月工作收入中位数（除外地雇员）为15600澳门元，较去年同期增加4%。在人力资源数量仍严重不足的情况下，为了能配合博彩产业及其他行业的可持续发展所需，澳门唯有依赖输入外劳才能应付经济发展的需要。外雇数量由2010年的73665人增加至2014年11月的167272人，不到四年时间已增加了93607名外地雇员，增加幅度达127%（见表2）。

表2 澳门人力资源相关数据

指标＼年份	2009	2010	2011	2012	2013	2014
劳动人口(人)	323400	323900	336300	350200	367800	403100(9～11月)
就业人口(人)	311900	314800	327600	343200	361000	396200(9～11月)
失业人口(人)	11400	9200	8700	6900	6700	6900(9～11月)
收入中位数(澳门元)	8500	9000	10000	11300	12000	13000(第三季度)
劳动参与率(%)	72.3	72.0	72.5	72.4	72.7	74.0(第三季度)
就业不足率(%)	1.8	1.7	1.1	0.8	0.6	0.3(第三季度)
失业率(%)	3.5	2.8	2.6	2.0	1.8	1.7(第三季度)
外雇数量(人)	82254	73665	94028	110552	137838	167272(11月)

资料来源：《就业调查季刊》《就业调查月刊》，澳门统计暨普查局，2010～2014年。

3. 通货膨胀率进一步攀升至6%的高位

虽然澳门经济于2014年下半年开始下滑，并出现季度经济负增长情况，但由于内部总需求量不减，而且通货膨胀对比GDP一般有一定的滞后性。根据统计暨普查局的资料，2014年大部分时间的通胀率都高居6%以上（见表3），对比2013年的通胀率更为严重；而且年均通胀率已连续四年维持在5%以上（见图2），给澳门居民的生活带来不少压力。2014年全年通胀率为6.05%。

表3　2014年各月份的通货膨胀率变化

单位：%

1月	2月	3月	4月	5月	6月	7月	8月	9月	10月	11月	12月
6.35	5.65	6.36	6.36	6.16	5.99	5.92	6.07	5.82	6.18	6.12	5.59

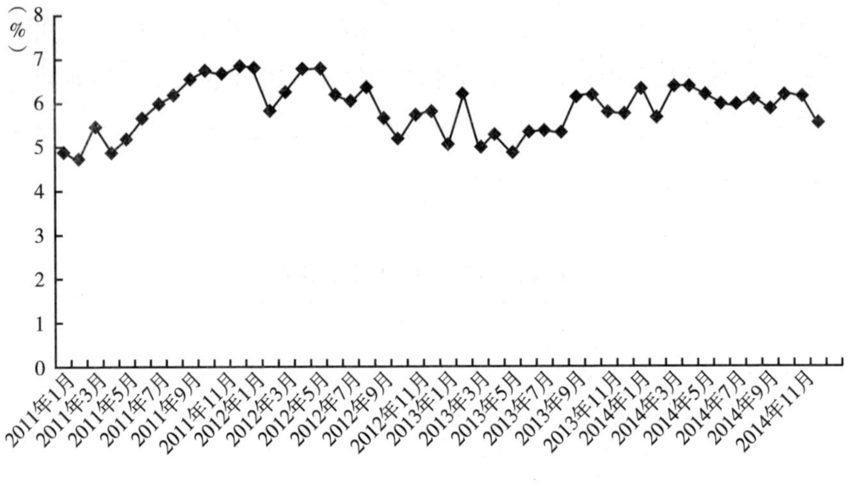

图2　澳门通胀率走势

回顾澳门近年消费物价指数，除通信类以及教育类指数外，其他方面指数均明显上升（见表4）。2014年第三季度综合消费物价指数（101.7）按年上升5.90%，升幅由外出用膳收费上调、蔬菜价格和住屋租金上升带动。

表4　2011年至2014年第三季度澳门消费物价指数

消费物价指数	2011	2012	2013	2014		
				第一季度	第二季度	第三季度
总指数	85.17	90.37	95.35	99.09	100.57	101.70
食物及非酒精饮品类	82.39	89.41	95.34	99.34	100.76	101.66
烟酒类	70.83	92.29	97.43	99.20	101.78	102.02
衣履类	93.66	96.71	98.67	100.07	100.78	98.71
住屋及燃料类	77.60	82.85	91.09	97.74	100.25	103.39
家居设备及用品类	85.16	91.00	96.00	100.00	100.38	100.64
医疗类	85.69	90.67	96.55	99.23	100.42	101.27
交通类	94.34	96.82	98.76	100.02	101.56	101.27
通信类	106.88	102.42	100.07	99.89	99.76	99.61
康乐及文化类	90.31	92.61	96.81	99.22	100.75	102.42
教育类	97.40	97.63	96.26	97.63	97.64	98.51
杂项商品及服务类	90.15	95.38	97.34	99.57	100.38	101.37

资料来源：澳门统计暨普查局，http：//www.dsec.gov.mo。

三　2014澳门主要行业发展情况

1. 博彩业：规模维持稳定，下半年博彩收入跌幅明显

2014年澳门幸运博彩娱乐场数目与2013年持平，赌桌数目微减（见表5、表6）。截至2014年第三季度，“三正三副”六家公司共开有赌场35间，其中澳博20间、银河6间、金沙4间、永利1间、新濠博亚3间和美高梅超濠1间。

赌桌数量也由2013年的5750张减少到2014年第三季度的5697张，小幅减少1%。根据《规范角子机迁离社区》的行政法规，以现有娱乐场为中心点，半径300米或500米以内划定为博彩区，其余全属社区，换言之，角子机只能在博彩区设置。部分博彩公司位于社区的角子机中心已于2013年内关闭，迁离社区，角子机数量从16585部减少至13106部，减少大约一成。自2013年角子机数量开始减少后，截至2014年第三季度继续减少至

12584 部，比 2013 年下降约 4%。

博彩业受到外围因素影响，2014 年下半年博彩收入跌幅明显，尤其是贵宾厅业务，这导致 2014 年全年博彩收入 3515 亿澳门元，较 2013 年减少 2.6%，是澳门自赌权开放逾 13 年以来，全年博彩收入首次出现负增长（见表 7）。部分博彩企业开始推出自愿放无薪假制度，不过笔者认为这次影响不会如 2008 年金融海啸般严重，毕竟多个大型项目仍在兴建，情况明显不同，且世界金融环境亦不同。

表 5　2007～2014 年澳门幸运博彩娱乐场数目

单位：间

承批公司＼年份	2007	2008	2009	2010	2011	2012	2013	2014 年第三季度
澳门博彩股份有限公司	18	19	20	20	20	20	20	20
银河娱乐场股份有限公司	5	5	5	5	6	6	6	6
威尼斯人（澳门）股份有限公司（金沙集团）	2	3	3	3	3	4	4	4
永利渡假村（澳门）股份有限公司	1	1	1	1	1	1	1	1
新濠博亚博彩（澳门）股份有限公司	1	2	3	3	3	3	3	3
美高梅金殿超濠股份有限公司	1	1	1	1	1	1	1	1
总计	28	31	33	33	34	35	35	35

资料来源：澳门博彩监察协调局，http：//www. dicj. gov. mo。

表 6　2007～2014 年幸运博彩承批公司之赌桌和角子机数目

单位：部

项目＼年份	2007	2008	2009	2010	2011	2012	2013	2014 年第三季度
赌桌	4375	4017	4770	4791	5302	5485	5750	5697
角子机	13267	11856	14363	14050	16056	16585	13106	12584

资料来源：澳门博彩监察协调局，http：//www. dicj. gov. mo。

表7　2014年及2013年每月幸运博彩毛收入

单位：百万澳门元

月份	月份毛收入			累计毛收入		
	2014年	2013年	变动率(%)	2014年	2013年	变动率(%)
1	28739	26864	+7.0	28739	26864	+7.0
2	38007	27084	+40.3	66746	53948	+23.7
3	35453	31336	+13.1	102199	85284	+19.8
4	31318	28305	+10.6	133517	113589	+17.5
5	32354	29589	+9.3	165871	143178	+15.8
6	27215	28269	-3.7	193086	171447	+12.6
7	28415	29485	-3.6	221501	200932	+10.2
8	28876	30737	-6.1	250377	231670	+8.1
9	25564	28963	-11.7	275941	260632	+5.9
10	28025	36477	-23.2	303967	297109	+2.3
11	24269	30179	-19.6	328236	327288	+0.3
12	23285	33460	-30.4	351521	360749	-2.6

资料来源：澳门博彩监察协调局，http：//www. dicj. gov. mo。

2. 旅游及其相关行业：进入稳定发展时期

（1）访澳旅客将首次突破3000万人次。

2014年虽然澳门受到周边经济情况影响，但2014年前11个月的访澳旅客数量达2898.6万人次，仍有8%的增长（见图3、表8）。2014全年访澳的旅客总数再次刷新纪录，突破3152万人次。目前，访澳旅客最多的三个市场仍然分别依次为内地、香港和台湾，上述三个市场在访澳旅客合共所占比例已接近90%。2014年全年的访澳旅客中来自内地的旅客累计有2125.2万人次，香港642.6万人次，台湾95.3万人次。

2014年第三季度旅客总消费（不包括博彩）为155亿澳门元，按年增加5%。留宿旅客消费为129亿澳门元，不过夜旅客消费为26亿澳门元，按年分别上升5%及3%。澳门统计暨普查局资料显示，2014年第三季度旅客人均消费为1878澳门元，按年轻微减少1%（见图4）。留宿旅

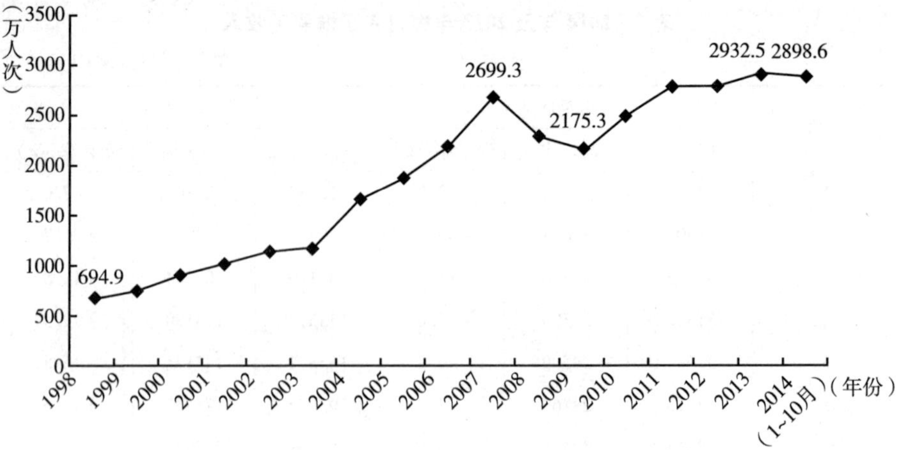

图3　1998年至2014年11月访澳旅客人数

表8　1998年至2014年11月访澳旅客人数

单位：万人次，%

年份	访澳旅客	增长率
1998	694. 9	—
1999	744. 4	7. 1
2000	916. 2	23. 1
2001	1027. 9	12. 2
2002	1153. 1	12. 2
2003	1188. 8	3. 1
2004	1667. 3	40. 2
2005	1871. 1	12. 2
2006	2199. 8	17. 6
2007	2699. 3	22. 7
2008	2293. 3	-15. 0
2009	2175. 3	-5. 1
2010	2496. 5	14. 8
2011	2800. 2	12. 2
2012	2808. 2	0. 3
2013	2932. 5	4. 4
2014(1~11月)	2898. 6	—

资料来源：澳门统计暨普查局，http：//www. dsec. gov. mo。

客消费为3310澳门元，增加4%；不过夜旅客消费则减少8%，为599澳门元。内地旅客人均消费为2220澳门元，按年减少4%。其中购物消费占57%，主要用于购买珠宝手表、手袋及鞋类和手信食品；个人游内地旅客消费达2758澳门元，按年增加7%，其中购物消费占63%。日本旅客消费按年增加12%，为1954澳门元，购物消费为258澳门元，按年大幅上升149%。而新加坡（1927澳门元）、马来西亚（1798澳门元）和中国台湾（1653澳门元）旅客消费按年分别上升1%、8%及4%。长途旅客中，以英国旅客的人均消费（1563澳门元）较高，录得38%的显著增长；其次为澳洲旅客（1498澳门元），增幅为21%。长途旅客消费主要用于住宿及饮食①。

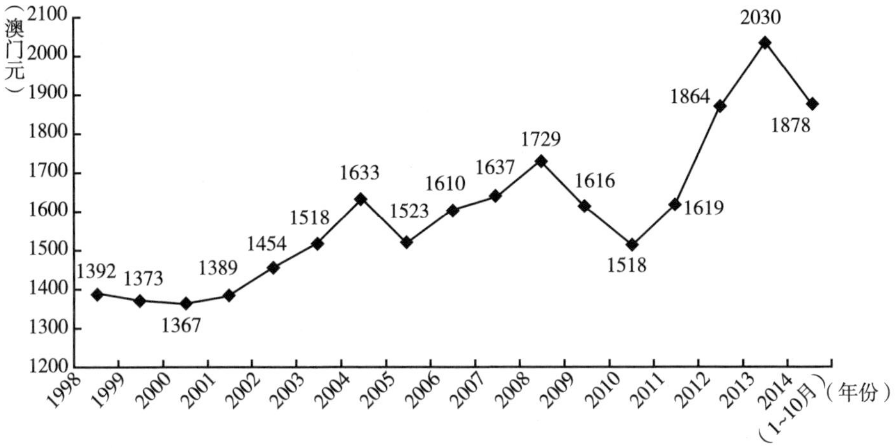

图4　1998年至2014年前三季度访澳旅客人均消费

（2）酒店业：房间数量增加，维持高入住率，但旅客逗留时间与2013年持平。

博彩业经营权的开放后，多家持有澳门赌牌的公司，包括拉斯维加

① 《2014年第三季度旅客消费调查》，澳门统计暨普查局，http：//www. dsec. gov. mo/Statistic/TourismAndServices/VisitorExpenditureSurvey/VisitorExpenditureSurveyS 2014Q3. aspx。

斯（永利、威尼斯人、美高梅）、澳洲（皇冠）、香港银河娱乐集团以及本地的澳门博彩股份有限公司纷纷在澳门兴建综合式的赌场酒店，为市场带来集豪华住宿、名店零售、休闲娱乐、高档餐饮于一身的旅游体验，推动澳门酒店业走向多元化和国际化。长期以来，澳门酒店业融合了澳门中葡文化，在酒店建筑外观、管理观念和服务项目等方面凸显澳门旅游文化的优势。近年来，澳门酒店业得以发挥自身优势，行业稳步发展。随着多家大型国际品牌酒店进入澳门市场，澳门酒店业国际化程度明显提高。在访澳旅客增长的拉动下，澳门酒店业住客规模亦较回归前明显扩大。在 2014 年 11 月底，全澳 98 间有营业的酒店及公寓可提供 2. 8 万间客房，较 2013 年录得 1% 增长；五星级酒店客房有 1. 8 万间，占总数 66% 。

2014 年 11 月酒店及公寓住客有 90. 2 万人次，按年增加 2%；内地住客（59. 0 万人次）增加 14%，而香港住客（9. 9 万人次）则减少 22%。住客平均留宿 1. 4 晚，与 2013 年同月持平；平均入住率按年增加 2 个百分点，为 90%，当中四星级酒店入住率达 92%。2014 年前 11 个月酒店住客共 982. 8 万人次，按年增加 1%；酒店平均入住率为 87%，比 2013 年上升 4 个百分点。但 2014 年前 11 个月入住酒店旅客占留宿旅客的 69%，较 2013 年同期减少 1 个百分点。

然而根据澳门统计暨普查局的旅游统计资料，目前入住酒店的旅客逗留时间为 1. 4 晚，仍属于低水平状态，过短的留澳时间，让旅客无法细致品味澳门的人文、历史和文化。旅客有可能是被高房租吓退，也可能是澳门吸引力不足，而从 2014 年 12 月 18 日开始，三个口岸（关闸口岸、跨境工业区、莲花口岸）有新的通关时间安排，相信会有更多旅客转到珠海过夜，旅客留澳时间可能进一步缩短。随着路氹城六大博彩企业的新项目将于 2015 年下半年、2016 年、2017 年陆续投入运作，酒店房间数量将进一步增加，澳门酒店业的竞争势必变得更加激烈（见表9）。

表 9　2000～2014 年 11 月澳门酒店业发展概况

年份	酒店数目(间)	可供客房(间)	酒店入住率(%)
2000	71	9201	57.57
2001	70	9030	60.66
2002	68	8954	67.13
2003	69	9185	64.27
2004	70	9168	75.55
2005	75	10832	70.93
2006	80	12978	72.25
2007	82	16152	77.19
2008	84	17533	74.27
2009	90	19259	71.40
2010	91	20091	79.80
2011	95	22356	89.69
2012	100	26069	83.60
2013	98	27764	83.10
2014(11 月)	98	27900	87.00

资料来源：《旅游统计》，澳门统计暨普查局，2001～2014 年。

（3）零售业：销售总额小幅增长，仍面对人资不足、租金及工资成本上升等困扰。

旅游业发展为零售业提供拓展空间，未来路氹城多个项目落成，将丰富旅游、零售元素，澳门未来有更多旅游设施落成，可吸引更加多元化的市场。另外，近年澳门举行购物节，令澳门旅游元素不只局限于博彩，亦让企业、社团一同参与，令本地特色多元化。统计暨普查局资料显示，2014 年前三季度零售业销售额为 505.6 亿澳门元，按年上升 6%（见表 10）。不过虽然澳门每季零售业销售总额有十分可观的升幅，但随着澳门旅游博彩业的高速发展，访澳旅客数量也同时持续增加，澳门零售业也面临人资不足、租金及工资成本上升等难题。

表 10　2010～2014 澳门各季度零售业销售总额

单位：百万澳门元，%

季度＼年份	2010	2011	2012	2013	2014	变动
一	7134	9989	13372	15874	18368	15
二	7074	9769	12956	15876	16377	3
三	7711	10955	12610	16045	15819	-1
四	8723	12446	14579	18248	—	—
全年	30642	43159	53517	66043	50564	—

资料来源：澳门统计暨普查局，http：//www. dsec. gov. mo。

零售业职位空缺增加，平均薪酬也大幅上升。统计暨普查局公布 2014 年第二季度末批发零售业有 48717 名在职员工，按年增 14.2%，其中零售业有 30859 名在职员工。期内职位空缺 5762 个，较 2013 年同期增加 1953 个，当中零售业空缺 3623 个。六月全职雇员平均薪酬（不包括花红及奖金）为 11800 澳门元，按年升 6.7%；营业代表及售货员平均薪酬分别为 15010 澳门元及 11140 澳门元，较 2013 年大幅上升 19.4% 以及 10.5%。

3. 会展业：逐步成为澳门多元发展亮点

澳门回归 15 年来，在“一国两制”方针和中央政府的大力支持下，社会和谐稳定，经济发展迅猛，但经济产业结构相对单一化的特征日趋凸显，这有可能导致经济发展的不稳定性和波动性。转变澳门经济发展方式，促进经济适度多元显得尤其重要。会展产业由于其活动具备媒合、产业发展橱窗和展示等多重功能，能提升国家和产业的国际形象，带动区域经济，已成为全球许多国家积极发展之策略性产业。会展业对澳门本地经济产生直接效益，包括门票及营收所得、就业机会的增加，又因会展产业本身具有多元整合特性，举办会展活动可带动澳门周边产业如住宿、餐饮、运输、旅游、装潢等行业的发展。特区政府亦不断投放资源，鼓励澳门中小企业参与会展业经营，行政长官崔世安在《二〇一四财政年度施政报告》中提出：“继续加大力度培育会展、文化创意、中医药产业、资讯科技、物流等行业的成长。明年，特区政府将推出全新的‘国际性会议及专业展览支持计划’，以吸引国际会议及专业展览来澳举办，进一步提升澳门会展活动的素质和拓宽发展空间。”可见在政府层面，会展业未来仍是澳门重点发展的产业之一。

为切实推进澳门经济适度多元化发展，会展、零售、酒店、餐饮等产业已成为多元化发展的着力点，其中会展业更成为亮点。统计暨普查局资料显示，2014 年前三季度举办的会展活动共 743 项，入场总数达 155.1 万人次，分别按年增加 9% 及 48%，其中展览有 57 项，入场观众共 146.0 万人次。会展业的兴旺直接带动了同期物流、交通、广告、酒店等下游产业链的增长，带来 1.46 亿澳门元的收入。近五年来，澳门会展活动每年都超过 1000 场次。目前，澳门会展场地面积已超过 17 万平方米，30 多家酒店可以提供设施完备的会展场地。“澳门国际贸易投资展览会”“澳门国际环保合作发展论坛及展览”等已跻身国际知名展会行列。2012 ~2013 年澳门举办的会展活动主要包括环保、酒店设备、汽车、贸易投资、连锁加盟、娱乐等主题的展览活动，以及国际组织、政府、跨国公司等类型的会议。此外，澳门特区政府于 2014 年专门推出“国际性会议及专业展览支持计划”，以吸引更多国际大型会展活动到澳举办。

4. 金融业：保持稳健发展，各项银行业绩大幅提升

澳门的金融业主要由银行业和保险业构成，其中银行业在澳门金融体系中具有重要作用，回归 15 年来，随着澳门经济快速发展，澳门银行体系不断发展壮大。根据统计暨普查局的资料，2014 年第三季度末澳门 28 间银行的雇员共 5673 名，按年增加 3.1%。按职业统计，领导人员及经理有 1439 名，增加 8.9%；文员 2123 名。2014 年 9 月全职雇员的平均薪酬（不包括花红及奖金）为 23070 澳门元，按年上升 7.5%。本地银行雇员的平均薪酬为 22600 澳门元，按年上升 6.5%；外地雇员的平均薪酬为 27250 澳门元，按年上升 12.8%。

根据金管局公布资料，2014 年 10 月全澳银行存款总余额（较 2013 年底，下同）上升 17.9%，达到 8021.6 亿澳门元。其中，居民存款上升

10.8%，达到4795.8亿澳门元；同时，非澳门居民存款上升29.8%，达到2259.5亿澳门元。公共部门在银行体系存款上升20.8%，达到889亿澳门元。贷款方面，10月全澳银行总贷款余额为6542.1亿澳门元，较2013年底升22.3%。其中本地私人部门贷款上升23.5%，达到3176.3亿澳门元；对外部门贷款增0.72%，达到3365.78亿澳门元。

5. 房地产市场：整体成交价下降，每平方米平均成交价破10万澳门元

自置居所是很多澳门人生活安稳的根本支持，澳门楼市的状况、高企的楼价，引发社会各界的担忧，2014年第二季度全澳楼宇单位买卖平均成交价已升破10万澳门元/平方米（见表11）。如此惊人的房价让没有自置居所，没有条件租住社会房屋，没有资格轮候经济房屋，没有能力购买普通私人楼宇的所谓“夹心阶层”（包括部分年轻人）对未来“上楼”安居失去信心。

表11　2004年、2010～2014年楼宇单位买卖平均成交价（住宅）

单位：澳门元/平方米

年份		全澳	澳门半岛					氹仔		
			整体	黑沙环新填海区	高士德及雅廉访区	新口岸区	外港新填海区及南湾湖填海区	整体	海洋及小潭山区	氹仔中心区
2004		8259	7605	9135	5857	11471	13093	9733	10892	9611
2010	第一季度	26845	26674	32307	25261	16011	59793	27342	27893	27255
	第二季度	32026	27603	34413	25745	19620	48445	28372	29608	28366
	第三季度	30347	29517	34615	28603	20705	58820	29583	31888	28280
	第四季度	33397	29664	32314	29111	24399	51835	39876	28837	41527
2011	第一季度	38261	37159	43266	32437	28915	67891	33402	35102	31750
	第二季度	44269	42296	51255	33889	30228	76634	42457	45435	38869
	第三季度	36345	35416	43308	34592	30410	60393	38162	36629	36733
	第四季度	41519	39228	45984	38461	31196	61126	45057	36115	45243
2012	第一季度	45453	41266	47446	35943	32537	63534	48107	41319	45305
	第二季度	55427	47461	52276	48889	36957	76876	66804	42510	57363
	第三季度	58305	51662	67636	48433	37479	79246	67579	48183	68036
	第四季度	64869	63336	85137	44359	42962	92964	67218	58458	67105

续表

年份		全澳	澳门半岛					氹仔		
			整体	黑沙环新填海区	高士德及雅廉访区	新口岸区	外港新填海区及南湾湖填海区	整体	海洋及小潭山区	氹仔中心区
2013	第一季度	77975	74751	92598	55041	48051	99186	71474	55605	72391
	第二季度	88957	89454	105702	49717	57019	118311	83176	65337	81816
	第三季度	66936	65466	88022	51266	55516	99061	70229	49078	70960
	第四季度	85974	79022	108829	69328	64715	124030	96061	64719	101518
2014	第一季度	88958	82593	101641	66316	67661	126584	100148	79925	110161
	第二季度	111542	112009	117371	68890	54342	207727	105645	87099	104008
	第三季度	100024	93759	107961	83465	89526	150743	110076	97596	111451

资料来源：澳门统计暨普查局，http：//www.dsec.gov.mo。

特区政府公布自2014年12月18日延长拱北口岸通关、横琴24小时通关，以至跨境工业区开放凌晨0时至早上7时予外雇及居民通行。这是区域合作的新开端、里程碑，象征民间合作将揭开新的一页，可以说是区域合作的新开始，同时令旅客可以灵活来澳，变相令澳门城市扩容，扩大承载力，亦是社会期盼已久的喜讯。这一举措无疑对澳门房地产市场产生影响。统计暨普查局资料显示，2014年第三季度，全澳整体住宅实用面积的平均成交价已达100024澳门元/平方米，对比2014年第二季度的111542澳门元/平方米，下降10.32%。

6. 货物进出口：贸易逆差持续扩大

统计暨普查局资料显示，2014年前11个月总出口货值为89.5亿澳门元，按年上升10%；当中再出口（71.4亿澳门元）增加12%，本地产品出口（18.2亿澳门元）则与2013年同期相若。总进口货值为811.0亿澳门元，按年上升11%。前11个月的货物贸易逆差扩大至721.4亿澳门元。

按出口目的地分析，前11个月输往香港（52.5亿澳门元）及欧洲联盟（2.6亿澳门元）货值按年上升22%及4%，而出口至中国内地（14.1亿澳门元）及美国（2.8亿澳门元）分别减少5%及15%。

按货物统计，非纺织品出口为82.4亿澳门元，按年上升11%；机器设备与零件（16.1亿澳门元）及钟表（7.8亿澳门元）分别增加36%及75%，电子元器件（6.0亿澳门元）则减少34%。纺织品及成衣出口为7.1亿澳门元，按年下跌8%。

按货物原产地统计，前11个月由中国内地（267.0亿澳门元）和欧洲联盟（198.7亿澳门元）进口货值按年增加12%及18%。消费品进口按年增加10%，为508.1亿澳门元；其中食物及饮品（105.7亿澳门元）上升22%，手表（73.8亿澳门元）上升33%。此外，建筑材料的进口货值（31.8亿澳门元）增加28%。

四　2015年经济前景展望

澳门属于开放型和极微型的经济体，对外依存度非常高，尤其是美国和中国内地等主要经济体、世界经济环境的变化与澳门经济有密切的关系。2015年中国内地和国际经济形势仍然复杂多变，预计澳门将要应对美元进入加息周期以及中国内地实施重大结构改革以实现增长再平衡等一系列外部变化。

1. 全球经济日益明朗，澳门经济迈向稳定

2014年10月，联合国发布《2014年世界经济形势与展望》。这份报告预测2015年世界经济将增长3.1%，2016年经济增长率将进一步上升到3.3%，和2014年大约为2.6%的增长幅度相比，今后两年世界经济将有所好转。联合国经社部全球经济监测中心主任洪平凡博士介绍，“虽然部分经济指标向好，显示出逐步返回持续经济增长的潜质，但仍存在众多可能破坏全球经济返回正轨的风险和不确定性。在东亚地区，包括中国在内的东亚经济在过去两年的增长明显放缓，但仍然是全球增长最快的地区，预计东亚地区今后维持6%的增长，其中中国在未来的两年维持7.5%的增长”。而2014年10月，国际货币基金组织（IMF）在最新版的《亚太地区经济展望》中提到，该地区2015年GDP增长将小幅上升到5.6%。该地区的经济体将会得益于当前的全球经济复苏以及依然宽松的金融条件和政策。

作为外向型的经济体，澳门国际化程度逐渐提高，外围环境对澳门的影响将越来越深远。《经济学人》智库（EIU）2014 年 9 月发布的报告预测，澳门 2015 年 GDP 增长率将变为 -4%，相比 2014 年预计的 0.7% 呈下降趋势，而 2016 年则会上升到 8%。根据该报告，预期 2014 年的固定资本形成总额为 22%（2013 年为 4.7%），2015 年将进一步下跌至 -9.8%。在 2014~2015 年，预期通胀率将下跌至 6.1%（2012 年为 5.5%），2015 年将继续下降至 4.3%。EIU 的经济预测对 2015 年持悲观心态，是基于 2014 年中国政府的反腐败运动将导致澳门地区的博彩业衰退这一判断。但是，其预计博彩业会在 2016 年复苏，经济将会回升。

新一届特区政府领导班子之一——经济财政司司长梁维特上任不久后指出，政府对澳门未来经济形势审慎、乐观。审慎者，中短期澳门经济发展将遇到不少困难和挑战，经济增长可能继续下滑，必须审慎。乐观者，澳门经济发展前景仍相对较好，在国家的支持下，澳门适度发展多元经济，构建“一个中心、一个平台”，深化区域合作，保持经济韧力，面对经济发展的新常态，我们要克服困难，应对各种挑战，保持经济稳定，谋划长远，建立可持续发展的根基，力求调速不转势。梁维特司长表示，受多种因素影响，目前澳门经济放缓，进入调整巩固期。近期澳门经济的特点，将由非常态的高速增长逐步转为常态的稳定发展；由依赖投资及龙头（优势）单一产业驱动发展的模式，亦将转向由孕育新兴（创新）产业的多元产业驱动；经济波动与发展并行的现象将在未来的一段时间内存在；市场主导与行政适度有为联动是推动多元发展的必要元素之一；而在产业多元方面，跨域多元与本土多元结合，国际（跨域）品牌与澳门特色品牌中小企业共存。面对未来经济无可避免地出现波动，政府将贯彻“施政为民、发展为民”的理念，透过市场主导与政府适度有为的有机结合，把“经济波动幅度”尽量控制在“合理区间”内，以减轻经济波动对市场及居民生活的影响，尤其是中小企业营商环境和就业市场的健康化。

2.“后 QE 时代”降临，资产泡沫风险高

笔者认为随着量化宽松政策逐渐退出，未来货币政策有望实现正常化，预料美国经济于 2015 年进一步稳固复苏，并很可能加息而且加息速度很可

能比市场预期还快，美元因此进入持续性走强阶段。根据历史的经验和规律，美元加息和走强一般会影响到金价、油价和资源价格下跌。此外，若加息速度较急的话，很可能对澳门的银行贷款品质和房地产市场产生不利影响。况且美国及主要发达国家央行大量印钞而导致利率处于历史低位，澳门楼价已涨至一般“打工仔”平均年薪的20倍，成为全球最难以负担的城市之一。2014年7月24日，国际货币基金组织（IMF）自澳门回归祖国以来首次发布关于澳门的报告，该报告内容长达57页，是一份具有国际权威性的研究报告。报告内容明确指出，澳门房地产价格在过去几年增速迅猛，增长幅度远远超过中国香港、北京、上海，以及新加坡、日本等国家或地区，本地居民“上楼”能力下降。报告更指出，虽然澳门前景依然光明，但小型开放的经济易受经济基础狭窄、房地产价格和外部环境变化产生的冲击影响，如果发达国家退出非常规货币政策，或随后出现金融市场波动性加剧的问题，将导致需求基本面发生变化或利率急剧上升，房地产市场也可能面临压力，建议继续对持续上涨的房地产价格保持高度警惕。

3. 经济形势审慎乐观，改善民生应放在首位

而内地方面，十八大三中全会确定了我国经济发展的总体方向——全面深化改革。在“新常态”下，我国经济正从高速增长转向中高速增长。此外，反腐败斗争运动将会持续下去。再者，中央政府曾多次公开敦促澳门促进经济产生适度多元化，建设“世界旅游休闲中心”，减少对博彩业的依赖。中联办主任李刚也曾表示：“某个行业占主导地位的现象可以带领城市走向繁荣，但它可能也会导致这座城市走向灭亡。”相信新一届特区政府领导班子将积极推进经济适度多元化策略，努力实现“世界旅游休闲中心”的战略目标，而不会也不应该盲目追求高速的赌收增长和经济增长，更重要的是将改善民生放在首位。不过，短期内让澳门改头换面、完全不依赖博彩业并非易事，也不实际，而且多个大酒店及博彩项目将于2015年下半年开始在路氹城陆续落成营业，因此，笔者预料澳门经济2015年上半年可能延续2014年下半年的走势，不过，赌场收入将于2015年中趋于稳定，在2015年最后一个季度开始恢复增长，2015年全年经济增长预测为2%～3%。

五 结语

由于内地开展反腐运动，赌场贵宾厅业务大受影响，澳门博彩毛收入连续七个月下滑，以旅游博彩业为龙头的澳门经济2014年第三、四季度本地生产总值（GDP）分别按年实质收缩2.1%及17.2%，是五年来首次出现的季度经济负增长。2014年下半年的澳门经济可谓峰回路转、波涛汹涌。2014年全年本地生产总值较2013年实际收缩0.4%。

美联储已于2014年10月退出QE，标志着“后QE时代”正式降临。随着量化宽松政策逐渐退出，未来货币政策有望实现正常化，预计2015年美国经济将进一步稳固复苏，并很可能在9月或之前首次加息，而且加息速度很可能比市场预期还快，美元因此进入持续性走强阶段。笔者认为澳门博彩业进入调整巩固期，未来澳门整体经济审慎乐观，原因是2015年将有新的娱乐场落成，这将有助于澳门经济发展。短期内，消费物价、房价等仍将居高难下，人力资源需求紧张也将持续。在这样的环境下，应致力于缓解高物价、高房价以及旅游承载力问题对本地居民所造成的困扰。

十八大三中全会确定了我国经济发展的总体方向——全面深化改革。在“新常态”下，我国经济正从高速增长转向中高速增长。此外，反腐败斗争运动将会持续下去。中央政府曾多次公开敦促澳门促进经济适度多元化，建设“世界旅游休闲中心”，减少对博彩业的依赖。相信新一届特区政府领导班子将积极推进经济适度多元化策略，努力实现“世界旅游休闲中心”的战略目标，不会也不应该盲目追求高速的赌收增长和经济增长，而是将改善民生放在首位。不过，短期内让澳门改头换面、完全不依赖博彩业并非易事，也不实际。因此，笔者预料澳门经济2015年上半年可能延续2014年下半年的走势，不过，赌场收入将于2015年中趋于稳定，在2015年最后一个季度开始恢复增长，2015年全年经济增长预测与2014年持平或会有2%～3%的低单位数增长。

博彩发展篇

Gaming Development

B.11

从制度因素寻找澳门博彩业大滑坡的原因

王五一*

摘　要：　澳门博彩业连续十个月下跌，统计结果显示，下跌的是贵宾厅体系，中场不降反升，因此，关于赌业大下滑的原因，应当从贵宾厅着眼。本文从借贷竞争、枱面枱下、国际竞争三个层面，从制度饱和的角度，揭示了此番澳门博彩业下滑的内在原因。

关键词：　澳门　博彩业　赌收下跌　贵宾厅

* 王五一，经济学博士，澳门理工学院教授。

一　引言

回归后连续保持了十几年高速增长的澳门博彩业，于2014年6月，发生逆转，博彩毛收入首次出现了与上年同期相比的负增长。首三个月的跌幅分别是3.7%、3.6%和6.1%，然后是百分之十几、百分之二十几、百分之三十几，越滑越快，到2015年2月，跌幅达到了48.6%，跌破了月收200亿澳门元的大关。本来，2月是“过年月”，应是赌业最蓬勃的时刻，如此大的跌幅，令人震惊。而这还没有到谷底，3月仍下跌39.4%。世界多家大行不断下调对2015年澳门博彩收入的预测，“其中惠誉表示，将澳门博彩收入今年预期由跌4%下调至跌22%”①。

可谓此一时彼一时，回想当初，2002年赌权开放，2003年中央开放港澳自由行，2004年第一家美式赌场在澳门开张，博彩市场由垄断变竞争，产业“井喷式增长”，2007年澳门赌收超拉斯维加斯，2010年更超整个内华达州，赌税剧增，财政巨额盈余，政府连年“派糖”，房价不断攀升，一片繁荣景象。如今一逆转，官、商、学、民各界皆为之震动和忧虑，澳门以赌立命，博彩业是经济支柱，其波动对澳门经济的影响巨大。

关于博彩业大滑坡的原因，主流舆论倾向于“反腐说”——中央一反腐败，“习八条”一实行，贪官害怕了，不敢来澳门赌博了，澳门的博彩收入便下滑了。反腐与赌收下滑二者在时间上吻合，新闻记者便据此捏合出一个因果关系来。赌业下滑的“反腐说”，反过来等于说澳门赌业十多年来的大发展是得益于内地贪官之支持——这不符合事实。澳门赌场里各个角落都有摄像镜头，都被监控系统所覆盖，而且是两套系统，公司一套，政府一套，这样的赌场，内地官员少有人敢轻易迈入。慢说进赌场，仅仅是留下一个私自入境澳门的记录，在政治上也是危险的。一个马向东，新闻界说了十多年，媒体的炒作转化成大众的感觉，进而转化成想当然的结论。

---

① 《澳门上月博彩收入减四成，连续10月下跌》，《大公财经》2015年4月2日。

“反腐说”是一种外因论，还有其他一些“补充性”的外因论，如“银联说”“禁烟说”等。

“银联说”的背景是，2014 年 5 月，出于种种原因，内地银联卡经营机构通过澳门的金融管理局向澳门商界（主要是零售业界）发出通知，要求撤掉赌场大楼里零售区里可以刷银联卡的终端机，以防止赌客在零售商的帮助下从中扫取现金，从而防止赌资通过这个渠道外流，并规定，将于 7 月 1 日起强制实施。5 月消息一出，6 月即下跌，时间上吻合，这又被捏造成一个因果关系。

“禁烟说”的道理更简单。2014 年 10 月起，赌场的中场部分开始实施禁止吸烟的政策。赌场本就是个抽喝玩乐的地方，不让抽烟，坐在那儿干赌，自然会影响赌客的乐趣和进赌场的欲望。这也很有道理。从统计数据也可以看出，9 月按年跌幅是 11.7%，10 月的跌幅到 23.2%，正好翻了一番，为“禁烟说”提供了有力证据。

然而，道理是道理，事实是事实。须知，通过银联卡套取赌资者，都是些小赌客、中场客；而大赌客、贵宾客都是从贵宾赌厅那里直接借筹码玩的，从不与银联卡打交道。因此，除非统计结果说明中场的赌收也在下跌，否则用银联卡政策的变化来解释赌业下跌就是张冠李戴。同样，“禁烟说”中禁烟的是中场，贵宾厅不禁烟，因此，除非统计上反映出中场的赌收也在下跌，否则用“禁烟说”解释赌收下降也是张冠李戴。而统计事实是：此次赌收下滑，是贵宾厅的赌收在下滑，中场不降反升。2014 年澳门博彩业总收入额全年的跌幅是 2.56%，由于是上半年升，下半年跌，全年统计起来，跌幅看上去并不大。贵宾厅收入也是上半年升，下半年降，但它的全年跌幅却达到了 11%；而同期中场收入却增长了 13.7%，这完全是正常年景的情况。可见，澳门赌收的下降，完全是贵宾厅连累的。

“银联说”和“禁烟说”，只能解释中场赌收的下跌，而事实上中场没下跌，这两说就不攻自破了。“反腐说”如果成立，当然可以解释贵宾厅下跌的原因，可惜，它不成立，也不符合事实。那么，我们到哪里去寻找能够解释“十连跌”的钥匙呢？

二　一间赌场，两种制度

澳门博彩业是“一间赌场，两种制度”——“中场”和“贵宾厅”。中场，就是赌场大楼一进门那个热闹的大厅，赌客自来自去，自赌自乐，如同吃自助餐。贵宾厅，则是在中场大厅周围或其他楼层上划出的专门用以招待大赌客的单间，贵宾有人招呼有人引领有人侍候，如同吃大餐。吃自助餐还是吃大餐，并非取决于赌客的自由选择，而是取决于他们各自的经济实力，取决于其“赌博预算”（gambling budget）①。贵宾之所以成为贵宾，因其赌注大；中场散客之所以成为中场散客，因其赌注小。贵宾厅里的百家乐赌桌与中场的百家乐赌桌，在技术构造和财务设计上并无二致，差异只在服务质量上，但是，万不可因此把二者的区别仅仅理解为餐馆里大堂与单间的区别，我们要说的是“一间赌场，两种制度”，而不仅是“一间赌场，两个部分”。实际上，中场与贵宾厅，是以不同的经济机制运作，受不同的经济规律支配的。正因为如此，对澳门赌业“十连跌”之原因的理解，需要把这两个门类分别加以认识，因为由于二者之经济特征的本质差异，很难找到一个能同时解释这两个门类的经济因素。

中场与贵宾厅各自所创造的博彩收入，基本是“三七开”，中场占30%左右，贵宾厅占70%左右。十个月来，由于二者一消一长，“贵消中长”，贵宾厅的比例降到了60%，但仍然是大头，由此可知这“两制”在澳门博彩经济中孰重孰轻。

中场客是自助客，言外之意，他们的行为应当由他们自己的意愿来解释，自己愿意来就来，愿意走就走，愿意到哪家赌场就去哪家赌场，愿意到哪个国家或地区，就到哪个国家和地区，从这个意义上说，支配中场客行为的经济规律，基本上可以到支配旅游业的经济规律中去寻找。赌场的辐射半

① 所谓赌博预算，是指赌客每次来赌场愿意买或借的筹码数。这有个门槛标准，传统上是50万港元。超过这个标准的，就可以去贵宾厅“吃大餐”；低于这个标准的，就只能中场自便。这标准并不是固定的，而是随着市场竞争行情而变通的。

径之长短、几小时飞机航程覆盖范围的人口密度、交通的顺畅、签证的方便、酒店接待的能力等影响旅游业的因素，也以同样的逻辑对博彩业的中场生意产生着影响。游客兼赌客的双重身份决定了赌场里中场客的数量与马路上闲逛的游客的数量是线性相关的。澳门能吸引多少游客，就能成比例地吸引多少中场赌客。

中场，是博彩业的一般经营形式，按澳门划分中场与贵宾厅的概念定义，全世界的博彩业，主要是中场博彩业。退回十年，世界的博彩业除澳门外全是中场博彩业①。贵宾厅，是在中场的基础上衍生出来的博彩业经营体制，是澳门人的创造发明，是澳门博彩业的重要特色。20 世纪 80 年代中期，受中国内地“联产承包责任制”的启发，以及其他一些因素的机缘巧合，当时独家垄断澳门赌业的澳娱公司发明了这一独特的博彩经营体制，目的在于实现大赌客营销体制的专业化。它含有以下几个核心的制度要素。

第一，博彩公司（牌主）把这些专门招待贵宾客的单间承包给赌厅承包人（厅主）。赌厅承包人可以是个人，也可以是公司。第二，赌厅承包人下挂靠着一群“叠码仔”。叠码仔负责发展、联系与服务贵宾客，通过“走出去，请进来”的方式为贵宾赌业进行市场营销工作。澳门社会把厅主和叠码仔统称为中介人。第三，博彩公司发行一种贵宾厅专用的、只可下注不可兑现的、称为“泥码”的特殊筹码。泥码与现金码的差价构成叠码仔获利的佣金（俗称“码佣”或“码粮”）。而赌厅承包人则通过与博彩公司收入分成的方式，或与叠码仔分割码佣的方式，取得利润。第四，贵宾赌厅业务，通过泥码的债务循环链进行运作。牌主把泥码借与厅主，厅主将泥码借与叠码仔，叠码仔将泥码借与贵宾赌客，贵宾赌客再将泥码输回给牌主。赌客之所输，即赌场之所赢②。第五，赌场之所赢（casino win）又称博彩毛收入（gross gaming revenue），大致以四、四、二的结构在政府、中介人和博

① 东南亚的菲律宾、缅甸、新加坡等国的博彩业后来逐渐开始学习澳门的贵宾厅体制。

② Wang W. and W. Eadington, “The VIP-Room Contractual System and Macao's Traditional Casino Industry,” *China: An International Journal*, 6 (2008), pp. 1 – 24.

彩公司之间分配，即政府得四，中介人得四，博彩公司得二。第六，很难把贵宾客说成是“游客兼赌客”，他们是为赌而来，而不是为游而来，他们基本是纯赌客，来了就赌，赌完就走。这些人来澳门，钱扔得比中场客多得多，但占用的旅游接待资源却少得多。澳门赌业能在区区30平方千米的土地上创造出拉斯维加斯几倍的产业规模①，诀窍也在于此——澳门有这种独特的“游客”。

从以上六点贵宾厅的制度要素中，可以引申出这样一个要点：贵宾客是被他们的“顾客代表”——叠码仔动员、介绍、引领、侍候着来到澳门、进入赌场、坐到贵宾赌桌上的，因此，贵宾赌业的起落兴衰，相当程度上应当由中介人的意愿、行为和命运来解释。大赌客自己不愿意来了，贵宾赌收会下降；叠码仔不愿意往这儿带客人了，贵宾赌收会下降；一些叠码仔自己亏本不干了，贵宾赌收会下降；一些厅主破产关门了，贵宾厅体系的基础平台缩小，贵宾赌收也会下降。以赚取码佣为经营目的的叠码仔，与其客人的利益并不一致，旅游业的规律并不能支配和解释贵宾厅承包制。贵宾厅与中场两种制度，各受不同的经济杠杆撬动，各受不同的经济规律支配。正可谓“一场两制”。

三　成也借贷，败也借贷

与中场客需要自带赌资或自筹赌资不同，绝大多数贵宾客进赌场时是空着手的，泥码是从他的叠码仔手里借的。也就是说，叠码仔在照顾好侍候好客人之余，还要向赌客提供泥码借贷的金融服务。传统上，泥码借贷是无抵押的。赌客借到的是泥码，还债时则需要一比一地偿还现金。就下注而言，泥码与现金码的功能并无差异，因此在赌客的眼里，借泥码就如同借现金，且一比一还，是一种无息借贷。然而，从叠码仔一方看，这却是一个利息巨大的借贷生意。赌客下注的是泥码，赢来的

① 拉斯维加斯市区的占地面积是352平方千米，是澳门的十多倍。

是现金码，待赌客输光借来的泥码后，手边一般会累积一定量的现金码。赌客要继续玩下去，可以用手边的这些刚刚赢来的现金码直接下注，也可以用这些现金码向叠码仔换取泥码后再下注，二者于赌客并无差异，但于叠码仔则意义重大。叠码仔获利的秘密即来自于此一“泥码倒爷”的角色。根据笔者的计算，随着赌桌上的输赢拉锯，从概率意义上，叠码仔每借出 100 万澳门元泥码，最终会从这“泥码倒爷”交易中获取 43 万澳门元的“利息”[①]。

在同一笔借贷交易中，借款方的利率是零，而贷款方的利率则是 43%——澳门贵宾厅借贷体系的设计让人叹为观止。

无论如何，在贵宾赌客的眼中，他们从自己的“客户代表”那里确实享受到了一种无息贷款的优惠。既是优惠，那就不是什么人都可以享受的。叠码仔在借钱之前，对赌客的家境条件是要进行社会调查的。只有富者，才有资格在赌场里“贵”起来。中介人不是“大耳窿”（放赌博高利贷者），他们是正经生意人，出了坏账，一般情况下是自认倒霉。

围绕着贵宾赌业，中介人在多年的经营实践中创造了一条通畅的赌资进出澳门的流动渠道，即一套有效的信用结算系统。贵宾厅体系的运转，依赖的就是这条渠道和这个系统。赌客借贷，是贵宾厅体系得以运转的本质条件，离开了这个条件，换句话说，假如贵宾客必须自带赌资到澳门赌博，则贵宾厅承包制根本就不会存在。因此，贵宾厅制度成在借贷。

赌权开放前，贵宾赌业主要做港客生意，港澳社会在人际交往、文化氛围和金融体系上本就是一体化的，港客的财务背景和信用记录易于查验，叠码仔与客人相互熟悉，相互了解，客源稳定，再加上当时码佣率稳定，竞争亦不激烈，所以赌博借贷的生意也健康平衡，死账坏账率很低。在此环境下，博彩专营公司也愿意涉足赌博借贷业务，在要求厅主缴纳一定数额的押金为保障的前提下，牌主向厅主发放泥码借贷，从而充任贵宾

---

① 王五一：《博彩经济学》，人民出版社，2011，第 111 ~ 136 页。

厅赌博借贷体系的总金库和终极债主的角色，牌主把泥码贷给厅主，再经由叠码仔放到赌客手中，如此，不仅赌客可以玩“空手套白狼”，叠码仔也可以无本经营，而仅以自己掌握的客人为资源，做服务客人、赚取码佣的无风险生意。

赌权开放后，牌主从一变六，相互间展开了自由竞争，牌主竞争在贵宾厅系统内部所制造出的第一个后果就是码佣率战。牌主为了争夺厅主到自己的赌场里“落户”，厅主为了争夺叠码仔往自己的赌厅带客，纷纷以提高码佣率作为竞争手段，不到几年，就把码佣率争到了高得不能再高的地步，争到何鸿燊所说的“割喉价”的水平，争到了饱和态。整个贵宾厅体系的大环境因此一下子绷紧了。

与码佣竞争同时展开的，是借贷竞争。为了拉住手上的客人和/或争夺尚未上手的客人，借贷越来越大，竞争越来越激烈。例如，一位小老板客人，家里有三个加油站、一个砖厂，满打满算1000万澳门元的家底；叠码仔只能借给他500万澳门元泥码，再多就危险了。但客人赌500万澳门元不够，想赌1000万澳门元，怎么办？也许这边不敢借，但那边或许就有另一位更大手笔的叠码仔在等着。

如此情势下，牌主见势不妙，金盆洗手，既不向厅主要押金了，也不向厅主贷泥码了，退出了贵宾厅借贷体系，在借贷风险上置身事外。厅主不得不担起风险，充当起贵宾厅借贷体系的主债主的角色，同时，越来越多的叠码仔也不得不自掏腰包，直营借贷。借贷竞争的制度杀伤力，直接由中介人承受。激烈的借贷竞争很快失去平衡，失去底线；死账坏账率越来越高，贵宾厅生意越来越难做，一些中介人被死账坏账套牢。叠码仔，在贵宾厅体系中做的本是拉客服务跑腿侍候人的行当，广东话一个“仔”字便标志了它的原始角色；而现在，在借贷竞争的混水中，他们也不得不做起“有本的买卖”，并在债务网中越陷越深，苦不堪言。

贵宾厅借贷，这一贵宾赌业赖以运转的基石，在激烈的中介人竞争下，演变成中介人的陷阱。最终，落阱人数的增加与赌收的下降形成因果关系。因此可以说，贵宾厅体系，成也借贷，败也借贷。

四　桌底私赌，自构自陷

在泥码借贷上展开的竞争以及由此造成的死账坏账率的升高，使得活跃在澳门贵宾赌业中的上万名中介人，承受着越来越大的经营压力，于是，大家联合起来发明了一条“自救”的门路，即所谓的“赌枱面赌枱下”。桌面上，有博彩公司的荷官主持正常的博彩流水；桌底下，中介人傍着桌面上的盘口与赌客对赌，以期从桌底对赌中找回利益。桌底对赌，无须筹码，只需记账，大家盯着桌面上的盘口，输赢全部记在小本上，最终根据记录结账。

桌底私赌的经济特征可归纳如下。

第一，在桌面交易中赌收的四、四、二分成结构（以博彩毛收入为100，政府拿40，中介人拿40，博彩公司拿20），在桌底交易中则由中介人通吃。整个桌底私赌在制度设计上的诱惑力即在于此。

第二，既是通吃，而且不需要筹码，空对空，桌面与桌底的流水就不必是等量的，于是便有了“拖三”“拖五”“拖十”等把戏。“拖三”意为桌面1澳门元的流水，桌底则是3澳门元；桌面押1澳门元，就等于桌底同时押了3澳门元。既是通吃，那就干脆在桌底赌得大一点，反正是空对空，于是，桌底私赌便成了一种没有实际经济力约束，而只靠心理约束的经济行为。这使得桌底对赌的规模很容易失控而泛滥成灾。

第三，理解桌底私赌之经济特征的最核心的一点是，在这种交易中，中介人若输了，需要立即付给赌客；而赢了，则需要假以时日去追讨。也就是说，中介人输，是实输；赢，是虚赢。以虚赢对实输所形成的收益账面上的“会计幻觉”以及由此幻觉所形成的利益诱惑，很容易使每一笔交易都成为一个风险炸弹。

第四，桌面上的债务关系，是由实实在在的泥码借贷形成的，泥码是赌客从叠码仔的手中实实在在接过来的，赌客知道自己若还不上，叠码仔就会欠赌厅的账，心虚理亏，于心不忍。而桌底对赌中形成的债务关系，感觉上根本就是空对空形成的，输钱的赌客会认为，我不还你，你也不失去什么。

这种心理因素在实践中有重大的文化作用。一般意义上的债务关系，是借与讨、借与还相对称的债务关系；欠债还钱，天经地义。而由桌底私赌所形成的债务关系，是一种看上去单边的、没有借只有讨的奇特的债务关系。这种债讨起来至为艰难。

第五，技术上，赌场从赌客购码或借码的原始下注额[①]（drop）中，只能赢去其中的15%～20%，剩下的80%以上会被赢钱的赌客赢走。所谓“四、四、二通吃”，通吃的只是这个15%～20%，而另外的80%以上，将由中介人与赌客对半分，因为在桌底交易中，中介人是对赌双方中的一方，所谓“赢钱的赌客”其中一半是中介人。这样，在这80%中，有一半是中介人须即付给赢钱的赌客的，另一半则形成中介人需向输钱者追讨的债权。粗略算来，在这种交易中，中介人付出了40%现金，取得了60%的债权，或者说，实输了40%，虚赢了60%。要实现虚转实，靠的是口才、汗水和泪水。而由于当初不负责任的“拖数”确定，由于空对空所形成的易赖账心理，讨债是艰难的，虚转实的实现度是不大的。

以上五点归结为一点：桌底交易的巨大杠杆率大大增加了中介人的讨债负担，大大加剧了贵宾厅体系的死账坏账率，从而使得此一杠杆率符合逻辑地转化成整个贵宾厅体系走向衰落的加速率。

除开桌底交易的损人利己（把原本属牌主的经营利益和政府的税收利益这两块统归已有）不谈，除开它的非法性不谈，单从中介人的利益来看，桌底私赌也是一种饮鸩止渴的自杀行为。为弥补桌面交易中的借贷损失而发明出来的桌底私赌，不但没有起到弥补效果，反而进一步加剧了贵宾厅经营体系中的借贷危机。贵宾厅体系，被这个愚蠢的桌底私赌给拖垮了。

其实，即使没有其他因素，单是这一个因素，对于“十连跌”的解释力就足够了。

---

① 假定一张赌桌一天之内向赌客卖出了10万澳门元的筹码，这意味着这张赌桌右边的那个封闭的、专门往里塞钱的小抽屉里存了10万澳门元的现金，这笔现金就叫“drop”，这里把它叫作原始下注额。根据经验，一天下来赌场从这10万澳门元中只能赢去15%～20%，剩下的被赢钱的赌客赢走了。

五　国际竞争，赌客外流

桌底私赌的“瞎折腾”，把本来已经因桌面上的借贷竞争而绷紧了的贵宾厅体系，进一步推向了崩断的边缘。与此同时，国（区）际竞争的因素也对多年来“只此一家，别无分店”的澳门贵宾赌业产生了巨大影响。

贵宾厅承包制本是澳门人的发明创造，也许以前出于文化上（华人的人情文化）、地理上（港澳一体化）、体制上（独家专营）的原因，只有澳门能维持这个制度。然而赌权开放后博彩业的大发展开始为澳门招蜂引蝶，周边许多国家和地区的博彩业开始来澳门取经，加之东亚及东南亚地区各开赌国的博彩业经营者也多是华人，交流便利，更有一些在澳门经营贵宾厅的人士到区外发展——澳门贵宾厅承包制的秘籍迅速传播，“一场两制”迅速在周边国家和地区漫延。

为什么菲律宾的贵宾厅会与澳门的贵宾厅形成竞争关系？为回答这个问题，需要回顾一下上面提到的中场与贵宾厅重要的制度差异：中场客的腿是长在自己脚上的，贵宾客的腿是长在叠码仔脚上的。而叠码仔的利益是与码佣率相联系的，码佣率是与博彩税率相联系的，博彩税率是有国（区）际差异的。循着这个逻辑线索，我们就可以很容易理解：在交通成本的国（区）际差异可以忽略不计的情况下，哪个地方的税率低，叠码仔就会把客人带往哪儿。

博彩业看上去是个花样繁多的产业，其实恰恰相反，这个产业有着高度的国际同质性——游戏的技术种类高度同质和税收制度高度同质。凡有合法博彩业的国家或地区，其博彩税皆以博彩毛收入为税基确定税率。只是税率有高有低，且各国（区）差异极大，低者如美国内华达州仅7%左右，高者如德国高达90%。澳门的博彩税率为35%，在世界范围内算高的，在东亚及东南亚地区则是最高的。本来税率的高低是各国（区）的内部事务，互不相涉，然而，伴随着贵宾厅承包制的国际化，税率的功能也跟着国际化了。在贵宾厅体制下，一国（区）的博彩税率越高，它能开出的码佣率就越低，反之亦然。如此一来，税率之高低，便通过受其影响的码佣率的高低，而形成了一个具有国际竞争效果的经济传导机制。税率低码佣高的国家和地区，有可能吸引税率高码佣低的国家和地区的叠码仔把客人带过来。东亚及东南亚地区内澳门的税率最高，因而码佣最低，于是叠码仔携其大赌客向外转移的运动形成了。

为进一步说明这个机理，可以把澳门与新加坡的情况做一对比。新加坡开赌后，其贵宾厅体系的税率只有5%，而澳门的税率是35%。经过笔者的计算①，在澳门的税率条件下可以开出的最高码佣率是1.25%，而在新加坡的税率条件下，能开出的最高码佣率是2.23%。这意味着，从概率意义上讲，一个100万澳门元预算的客人，叠码仔将之带到澳门可获利43万澳门元，而带到新加坡可获利758965澳门元。大赌客的国际流动走向由此不言自明。与澳门形成此种国际竞争关系的，远非仅有新加坡，菲律宾、越南、老挝、缅甸、马来西亚、韩国等许多国家和地区，多多少少都在从澳门的赌厅里抢客人。由于贵宾厅体系之天然的信息封闭，关于贵宾赌客之国际流动的规模暂时没有统计。但仅是估计，我们也不难发现澳门因此而产生的大赌客外流的客观事实。这无疑也能在一定程度上解释“十连跌”。

六 余论

澳门赌业是个新旧相融、亦新亦旧的产业②。从一个角度看，它有着世界上最新最豪华的赌场建筑、最新式的博彩游戏，集中了全世界最具风云形象的赌业大亨。从另一个角度看，这又是一个世界上资历最老、最陈旧的博彩市场。80多年前始行的博彩业专营制度，直到今天仍是澳门赌业的体制基础；30年前在独家专营时代发明的贵宾厅承包制，迄今在整个澳门赌业

① 王五一：《税率与码佣率——赌税政策的二难逻辑》，《九鼎》2009年10月。

② “Most casinos in the world face one of two major problems with their government regulators. Either the system is too new, or it is too old. Macau is both.” 转引自Rose, I. Nelson, *Victim of Its Own Success*, http://www.gamblingandthelaw.com/。

中仍然扮演着重要的甚至是越来越重要的角色。本文所关心的这个话题——因贵宾厅体系的制度饱和而导致的业务下滑，说到底，就是此新旧矛盾的产物。

在赌权开放前的独家专营体制下，博彩公司以码佣为支付工具为叠码仔的拉客工作付费，形成一个良性的分配结构；而在新的自由竞争环境下，博彩公司之间的竞争很快把码佣率推向了“割喉价”，从而使得整个贵宾厅体系中的利益分配关系迅速恶化。

在赌权开放前的独家专营体制下，以厅主向牌主交押金为基础，形成了一个良好的赌博融资体系和服务体系，有钱的以钱谋利（如厅主需交押金才可承包赌厅），有力的以力取酬（如叠码仔靠拉客跑腿侍候人以赚取码佣），各有所资，各得其所；而在新的自由竞争环境下，牌主、厅主、叠码仔三个层面的借贷竞争，使得贵宾厅体系中的信用环境迅速恶化，牌主退出，叠码仔越玩越悬，而厅主两头受挤，日子越来越不好过，生意迅速走下坡路。

在赌权开放前的独家专营体制下，牌主、厅主、叠码仔都是从赌客对赌中居间抽头而谋利的商人，客有赌博而商无赌博；而在新的自由竞争的环境下，码佣竞争和借贷竞争的巨大压力，逼着许多中介人走上了与赌客对赌的危险道路。中介人的身份分裂了，在桌面上，他们仍然是商人，仍然通过参与对博彩毛收入的分割以取利，而在桌底下，他们则变成了十足的赌徒。经过了几年桌底私赌的“破罐子破摔”，“久赌必输”的铁律终于于2014年6月从天而降。

一个在独家垄断条件下可以称之为天才的技术发明的制度构造，其原始的“制度能量”就这样迅速地被自由竞争释放净尽，达到了“制度饱和”，这四个字最能概括十年来在澳门贵宾厅体系中发生的一切。

除了体制内竞争，推着澳门赌业走向衰落的，还有国际竞争的因素。办赌场就像开油田，初开采时当然会蒸蒸日上，过了高峰期，开采的边际成本不断增加，就开始走下坡路了。博彩业的“油田”是人民群众及其腰包里的钱，人口只增不减，经济只上不下，看上去“油田”似乎是取之不尽用之不竭的——如果世界上只有澳门一个城市开有赌场，这道理是成立的。问题在于，世界博彩市场这个“大油田”是可以被分割切块的。世界上每多一个地方开赌，澳门便少一个市场、多一个竞争对手，仅此一条逻辑，衰落便是早晚的事。拉斯维加斯早在20世纪80年代就开始走下坡路，原因很简单，美国全国开放赌禁，其独家地位被打破。随着澳门周边国家和地区博彩业的发展，拉斯维加斯的命运多多少少、或慢或快地也会落到澳门头上。不过，澳门与拉斯维加斯有两点不同：第一，拉斯维加斯赌业没有澳门这样的贵宾厅承包制，且其税率也低，不必担心竞争对手会运用税率的杠杆从它这里抢客人；而澳门则恰恰相反，有贵宾厅且税率居高，这就等于在国际博彩竞争市场上把自己的软肋露给了竞争对手。第二，没有哪个拉斯维加斯人以拉斯维加斯为家，它本就是一个沙漠上的淘金城，其赌业的衰落至多让拉斯维加斯再变回百年前的沙漠，仅此而已[①]；而澳门，则是60万人的家园。拉斯维加斯和澳门的赌业都在下滑，不同的是，拉斯维加斯“滑”得起，澳门却“滑”不起。

---

① 2005年拉斯维加斯举行了隆重的百年建设庆典。1905年拉斯维加斯建市的标志就是第一次成为几千人的定居点。拉斯维加斯理论上虽已有100多年的历史，实际上它成为一个城市是从1947年第一间赌场建成才开始的，其历史出身就带着赌性。

B.12

澳门博彩业反清洗黑钱监管：制度与实践

王长斌*

摘　要：博彩业是现金高度密集的领域，且提供部分金融服务功能，所以成为犯罪分子清洗黑钱的途径之一。为预防及阻止犯罪分子利用博彩业清洗黑钱，澳门颁布了相关法律法规，采取了符合国际标准的多种措施，包括填写巨额交易报告和可疑交易报告等。2006年以来，澳门博彩业执行反洗钱法律的状况总体而言是好的，并未发生性质严重的洗钱案件。

关键词：反洗钱　博彩监管　清洗黑钱犯罪

清洗黑钱及资助恐怖主义犯罪是21世纪以来国际社会普遍关注的问题。澳门在过去法律的基础上，于2006年颁布了《预防及遏止清洗黑钱犯罪》（第2/2006号法律），规定了利用博彩清洗黑钱的犯罪行为以及预防措施。为了落实这项法律，澳门政府同年通过了《清洗黑钱及资助恐怖主义犯罪的预防措施》（第7/2006号行政法规）。

在澳门，反清洗黑钱由多个政府部门共同负责。博彩领域的反清洗黑钱监管，主要由博彩监察协调局负责。但反清洗黑钱的资料收集和分析工

* 王长斌，澳门理工学院博彩教学暨研究中心副教授，法学博士，主要研究方向为博彩法、博彩公共政策、竞争法、基本法。

作，由金融情报办公室统一负责。2006 年，博彩监察协调局通过了《清洗黑钱及资助恐怖主义犯罪的预防措施》（第 2/2006 号指示），规定了预防措施的步骤和细节。该指示是迄今为止博彩领域反清洗黑钱预防工作的主要依据。

一 博彩业何以以及怎样与清洗黑钱相联系

（一）黑钱与清洗黑钱

黑钱指来源不正当的钱。澳门《预防及遏止清洗黑钱犯罪》（第 2/2006 号法律）将黑钱定义为“来自可处以最高限度超过三年徒刑的符合罪状的不法事实的财产，以及由该等财产获得的其他财产”。即使产生有关利益的符合罪状的不法事实是在澳门特区以外的地方做出，但只要该事实亦受对该事实有管辖权的国家或地区的法律处罚，也符合澳门关于黑钱的定义。简而言之，如果不正当收入的来源地是在澳门，而澳门法律针对获得该收入的犯罪行为所规定的最高刑罚超过三年徒刑，则该收入即被视为黑钱；如果获得不正当收入的行为发生在澳门之外，只要当地法律视其为犯罪行为，且澳门法律针对该行为规定的最高刑罚超过三年徒刑，则澳门同样将该不正当收入视为黑钱。

犯罪分子以非法手段获得利益后，因担心被发现，往往不敢直接使用这些金钱或财产，而是采取手段使其合法化。以掩饰手法将不法取得的金钱、有价物或财产引进合法的经济交易网络的过程，就是清洗黑钱——即把“黑钱洗白”的过程。犯罪分子如果能把不法财产（黑钱）变成“合法财产”（白钱），就可以堂而皇之地使用了。

（二）犯罪分子如何利用博彩业清洗黑钱

在层出不穷的洗钱手法中，较常见的是利用金融系统，如利用银行存款、户口转账、汇款或投资于各种金融产品等。但赌场也往往被犯罪分子利用，成为清洗黑钱的途径之一。这是因为：第一，赌场是现金高度密集的场所，在赌场内进行现金交易，比较容易掩盖资金的真实来源；第二，赌场在提供博彩服务的同时，也提供某些金融服务，例如汇款、外币兑换等，犯罪分子利用这些金融服务把非法资金放入或整合进金融系统之中；第三，某些博彩产品的特性有利于犯罪分子清洗黑钱。

具体而言，常见的利用赌场或其他博彩产品或场所清洗黑钱的手法主要有以下几种①。

1. 兑换筹码或向顾客购买筹码

犯罪分子在赌场内将不法资金兑换成筹码，或以高价向顾客购买筹码，但不使用这些筹码进行赌博，或只使用部分筹码进行赌博，然后将保留下来的筹码兑换成支票，或利用转账形式，将该资金放入正规的金融系统中。

2. 利用角子机提取款项

犯罪分子将不法资金存入角子机（俗称“老虎机”）内，然后只是在较短的时间内进行赌博，或根本不进行任何赌博活动，即按下“提现”，并要求博彩公司兑换支票或进行转账。

3. 使用对赌手法

犯罪分子有时候会利用某些博彩游戏的特殊规则进行对赌，从而达到清洗黑钱的目的。例如，在百家乐（Baccarat）游戏中，顾客既可以押“庄”也可以押“闲”，犯罪分子可以利用这一规则，互相串通，以同样的资金同时押“庄”和“闲”，一个人输的钱会被另一个人赢回去，然后犯罪分子要求赌场就所赢的钱开具支票或进行转账。在这一过程中，犯罪分子只损失一笔小小的佣金，就可以达到把黑钱洗白的目的。

4. 购买博彩赢款

犯罪分子向真正的顾客购买博彩赢款卡，然后要求博彩公司开具赢款支

---

① The Asia/Pacific Group on Money Laundering，“FATF Report：Vulnerabilities of Casinos and Gaming Sector，” http：//www. fatf - gafi. org/media/fatf/documents/reports/Vulnerabilities%20of%20Casinos%20and%20Gaming%20Sector. pdf，最后访问日期：2014 年 12 月 11 日。

票或转账。

5. 员工共谋

犯罪分子收买在博彩公司尤其是在贵宾厅工作的员工，请员工把非法资金转换成博彩赢款，开具赢款支票或转账。

6. 利用赌场的金融服务功能

赌场为方便顾客，一般会提供某些金融服务功能，例如存款、外币兑换、博彩借贷、电汇、接受并签发支票等金融工具，以及提供保险箱服务等，犯罪分子利用这些功能，放入、分层、整合非法资金，达到洗钱目的。

二　澳门为预防利用博彩业清洗黑钱而采取的措施

（一）博彩经营实体必须遵守的义务

根据博彩监察协调局《清洗黑钱及资助恐怖主义犯罪的预防措施》（第2/2006号指示），受博彩监察协调局监管的实体，例如经营幸运博彩、彩票及互相博彩的公司，以及娱乐场幸运博彩中介人，必须承担以下义务。

1. 制定内部守则及程序

良好而严密的制度是预防清洗黑钱犯罪的必要措施。因此，博彩领域相关的实体必须为预防清洗黑钱犯罪，制定适当的内部守则及程序。其内容应当包括以下几点：

（1）识别和跟进可疑交易或巨额交易之参与人状况；

（2）识别可疑交易或巨额交易；

（3）向金融情报办公室汇报可疑交易；

（4）委任并赋予权限给负责跟进和协调的职员；

（5）订定由会计部门及审计部门实施的关于履行登记及汇报可疑交易及巨额交易义务的监控措施；

(6) 培训需履行预防清洗黑钱及资助恐怖主义等犯罪的守则和程序的工作人员;

(7) 签发、接受和兑现博彩者和投注者又或其代理人或者其办事之人的支票;

(8) 所收集或所涉及情报的机密性。

2. 委任跟进和协调的职员

相关实体应至少委任一名职员及其代任人，跟进适用于预防清洗黑钱及资助恐怖主义犯罪的所有守则及程序，检验其是否执行良好，并做出适当协调。该职员须负责仔细复查《可疑交易报告书》及《巨额交易报告书》，跟进处理并将《可疑交易报告书》送交金融情报办公室。

3. 识别可疑交易及巨额交易参与人身份

如对有关业务而言，在所进行的活动中有迹象显示有人实施清洗黑钱犯罪或有关活动涉及重大金额，须识别有关人员的身份。

对于博彩业而言，须提供身份证明文件（包括身份证、护照或具同等效力的由官方实体发出的身份证件）的人包括以下几类:

(1) 参与可疑交易或巨额交易的博彩者、投注者或博彩信贷受惠人及其代表或代理人;

(2) 如果得知博彩者、投注者或信贷受惠人系替他人行事，则要求其提供所服务的人的身份证明文件。

4. 登记巨额交易

相关实体应透过填写《巨额交易报告书》，识别参与人身份和登记以下交易:

(1) 50 万澳门元或以上或同等款额的博彩或投注;

(2) 50 万澳门元或以上或同等款额的博彩信贷的提供或偿还;

(3) 低于上述两项所述的金额，但在 24 小时内合共的款额超过 50 万澳门元或同等款额;

(4) 50 万澳门元或以上或同等款额的幸运博彩中介业务，包括支付博彩者或投注者的开支等。

为识别参与人身份，报告书应包含以下资料：

（1）参与人的姓名；

（2）出生日期及地点；

（3）住址；

（4）职业或所从事的业务；

（5）用作识别身份的证明文件类别；

（6）交易日期；

（7）金额及款项来源；

（8）签名样本。

报告书应由相关实体所委任的人士填写及签署，在交易后的两个工作日内编制，其中一份副本应送交博彩监察协调局。

5. 登记可疑交易

相关实体应登记以下交易并识别有关参与人：

（1）基于其性质、复杂性、所牵涉的金额或非惯常性而显示有清洗黑钱或资助恐怖主义活动迹象的博彩或投注；

（2）基于其性质、复杂性、所牵涉的金额或非惯常性而显示有清洗黑钱或资助恐怖主义活动迹象的博彩信贷；

（3）基于其复杂性、所牵涉的金额或非惯常性而显示有清洗黑钱或资助恐怖主义活动迹象的幸运博彩中介业务。

以各种方式和手段清洗黑钱的迹象见表 1 至表 7。

相关实体必须持续监管具政治背景之人士参与的交易，以查明交易款项的来源。具政治背景的人士主要是指现担任或曾担任外国或外地主要政治行政职务（包括国家元首、政府首脑）、高级行政、司法或军事职务、国家企业管理或政党代表等人士，及其亲属或合伙人。

可疑交易必须登记于《可疑交易报告书》，由相关实体的工作人员在履行职务期间发现任何可疑交易时填写，在发生之日起计两个工作日内汇报予金融情报办公室知悉。

表 1　以赌场价值工具清洗黑钱的迹象

- 将现金投入角子机后迅即以积分方式提取。
- 赌客在没有中大奖的情况下，报称积分来自角子机赢款。
- 赌客提取大额角子机赢款。
- 消费/博彩习惯的明显改变。
- 赌客不断存入大量的纸币至高赔率的角子机中，而这些角子机并无任何“最高投注额”限制重大的输赢款，因此不法分子可借此以极少的投注累积博彩积分。
- 对赌客经常性在同一局中以同额下注作出对赌行为（如轮盘、百家乐、迷你百家乐、花旗骰等）。
- 赌客赢款的意欲并不显著或只为次要。
- 两个或以上的赌客经常以同额注金互相对赌。
- 赌客拥有大量硬币及纸币。
- 赌客试图接近赌场员工。
- 在没有或只进行少量博彩活动后买卖筹码。
- 赌客在赢款之外添加现金，然后要求合并开具支票。
- 从账户中开具多张支票。
- 短期内做出大量交易。
- 同日内兑换多种面值筹码。
- 将筹码/支票之交易拆细。
- 卖码与买码的金额相同/相若。
- 要求将博彩积分转账至其他赌场。
- 使用多个名字进行类似活动。
- 以第三者身份买码。
- 用信用卡买码。
- 用个人支票、银行本票和旅行支票买码。
- 挑战“客户尽职审查”措施，如拒绝出示身份资料、使用虚假文件、一次性交易、旅客过境交易等。
- 赌客买码后迅即离开赌场。
- 筹码购买券、角子机票据、其他票据或优惠券上日期较真实赎买的日期早。
- 购买大量筹码。
- 经常购买赌场赠券。
- 赌客的背景及财务状况与其收入不相称。
- 赢款所得与赢款记录不相符。
- 正常的账户突然间或急剧地大增交易金额及交易量。
- 发现从外面带入赌场的筹码。

资料来源：《金融情报办公室通讯（博彩业）》（第一期），2009 年 10 月；FATF and APG Joint Report，“Vulnerabilities of Casinos and Gaming Sector，” March 2009。

表 2　以博彩账户清洗黑钱的迹象

- 账户经常收到现金、支票、银行本票、汇款等存款。
- 账户内的资金存入后短期内即被提取。
- 短时间内出现频繁的账户交易。
- 账户很少或没有进行任何博彩活动。
- 存入大额来源不明的现金。
- 与国外的赌场/银行账户有资金转账进出。
- 转账予第三者的账户。
- 拆细存款/取款/汇款交易。
- 使用第三者进行汇款及拆细存款。
- 使用网上银行汇款。
- 使用账户管理人，例如会计师和律师等进行交易。
- 使用博彩账户作为存款账户。
- 所进行的交易与客户的背景资料不符。
- 来源不明的收入与客户的经济状况不符。
- 博彩账户收到来自企业账户的转账资金。
- 使用虚假或被盗身份开设及使用赌场账户。
- 资金汇出国后，部分资金短时间内回到账户。
- 客户拒绝出示身份资料，提供虚假文件、一次性客户或过境性质的客户。
- 政治敏感人物要求开设博彩账户。

资料来源：《金融情报办公室通讯（博彩业）》（第二期），2010 年 5 月；FATF and APG Joint Report, "Vulnerabilities of Casinos and Gaming Sector," March 2009。

表 3　以信用卡/扣账卡及资金调拨形式清洗黑钱的迹象

- 以信用卡/扣账卡购买赌场筹码。
- 客户购买筹码后迅速离开赌场。
- 使用多张信用卡/扣账卡购买赌场筹码。
- 利用第三者以信用卡/扣账卡购买赌场筹码。
- 拆细信用卡交易。
- 买码与卖码数额相同/相若。
- 所进行的交易与客户资料不符。
- 使用多个名字进行类似交易。
- 转移资金到第三者账户。
- 多名不同人士调拨资金至同一受益人。
- 利用第三者购买博彩筹码。
- 利用第三者投注。
- 卖码后将现金交给第三者。
- 买卖筹码，但不进行博彩活动。
- 频繁在低于申报门槛之下进行“买入”和“卖出”交易。

续表

• 要求以低于申报门槛的数额分开收取赢款。 • 以筹码、支票和现金等多种不同形式提取赢款。 • 客户乘赌场职员换更之机会故意多次进行低于申报门槛的交易。 • 客户在达到申报门槛之前转换赌桌或赌房。 • 客户使用大量小面额钞票赌博。 • 以小面额纸币兑换成大面额纸币。 • 固定账户持有者突然或快速增加货币找换交易的频次。

资料来源：《金融情报办公室通讯（博彩业）》（第三期），2010 年 10 月；FATF and APG Joint Report, "Vulnerabilities of Casinos and Gaming Sector," March 2009。

表 4　以货币兑换/赢款形式清洗黑钱的迹象

• 以银行汇票/支票形式套现外币。 • 多次进行货币兑换。 • 赌场账户持有人涉及的货币兑换交易金额及次数出现突然或急剧增加。 • 货币兑换没有合理目的。 • 以低面额钞票兑换高面额钞票。 • 利用第三者进行货币兑换。 • 赌场陌生的客户进行大额、一次性或频繁的货币兑换。 • 要求用外币开具赌场支票。 • 在没有或少量博彩活动情况下要求货币兑换。 • 多次声称赢取累积奖金。 • 频繁存入赢款支票，旋即提取现金。 • 在大奖区观察/徘徊，但不参与博彩活动。 • 同日内多次卖码赎回现金。 • 在没有中大奖的情况下要求兑付博彩机积分/赢款。 • 要求兑付大额博彩机赢款。 • 没有博彩活动却购买并赎回赌场筹码。 • 要求在申报门槛之下以现金或筹码分开支付赢款。 • 频繁进行换回现金交易却没有相应的买入交易。 • 以筹码、支票和现金等不同组合要求提取赢款。

资料来源：《金融情报办公室通讯（博彩业）》（第四期），2011 年 5 月；FATF and APG Joint Report, "Vulnerabilities of Casinos and Gaming Sector," March 2009。

表5　以员工合谋形式清洗黑钱的迹象

- 客人与赌场职员在非赌场范围内接触。
- 应得的赢款与赢款记录不符。
- 一般博彩账户中货币兑换交易的频率及金额，出现急剧上升的情况。
- 不明来历的巨额现金存入。
- 与数个由不同姓名持有的博彩账户有关联。
- 博彩账户之交易多由第三者而非账户持有人进行。
- 利用多种方式把资金存入博彩账户中。
- 要求开发支票予赢款人之家庭成员。
- 多名人士把资金付予同一受益人。
- 所有交易均经由第三者而非真正进行博彩之人士办理。
- 把资金转移至第三者账户。
- 利用第三者、中介人或专业人士（会计师或律师）进行交易或电汇转账。
- 通过汇款代理人跨境转移资金。
- 通过第三者购买筹码或下注。
- 通过赌团博彩，隐瞒团内人士的资金来源。
- 赎回现金后转交给第三者。

资料来源：《金融情报办公室通讯（博彩业）》（第五期），2011年11月；FATF and APG Joint Report, "Vulnerabilities of Casinos and Gaming Sector," March 2009。

表6　使用伪造文件和伪造货币清洗黑钱的迹象

- 与数个由不同姓名人士持有之博彩账户有关联。
- 购买筹码或进行现金交易后立即离开赌场。
- 转移资金至第三者账户。
- 使用多个姓名进行相似的交易。
- 利用伪造或盗用证件隐瞒真实身份。
- 阻碍"客户尽职审查"，如拒绝合作、利用虚假文件、一次性交易或以游客身份进行交易等。
- 出示不一致的身份证明文件资料。
- 拒绝提供身份证明文件或提供虚假资料。
- 使用虚假或多个身份证明文件编号。
- 拒绝提供所需之身份资料。

资料来源：《金融情报办公室通讯（博彩业）》（第五期），2011年11月；FATF and APG Joint Report, "Vulnerabilities of Casinos and Gaming Sector," March 2009。

表7　通过博彩中介人清洗黑钱的疑点

• 客人拒绝透露身份。 • 利用代表或第三者以现金买入筹码。 • 在没有博彩的情况下,中介人赎回现金。 • 拒绝透露买码资金的来源。 • 买码资金来自公司。 • 客人买入筹码的价值与其职业不相称。 • 中介人签发支票给作为竞争对手的娱乐场。 • 在没有证明赢钱的情况下转移资金给客人。 • 客人经常要求中介人以低于报告门槛的金额签发支票。

资料来源：《金融情报办公室通讯（博彩业）》（第六期），2012年5月；FATF and APG Joint Report, "Vulnerabilities of Casinos and Gaming Sector," March 2009。

6. 拒绝交易的义务

如相关实体不能获得为识别身份或登记义务所需的资料时，应拒绝博彩者、投注者或客人要求的交易。当博彩者、投注者或客人要求的该交易属可疑时，应将之记载于《可疑交易报告书》，并汇报于金融交易办公室知悉，注明交易被拒绝以及拒绝的依据。

7. 机密性

《巨额交易报告书》和《可疑交易报告书》中所载的资料应被定为机密资料，唯直接参与有关交易的工作人员方可知悉报告书上或相关证明文件上所登记的数据。相关实体的工作人员，包括董事、领导或娱乐场监督员、博彩厅或博彩区域监督员等，一概禁止将有关送交金融情报办公室的《可疑交易报告书》事宜通知参与交易人士及任何其他人士或实体。

8. 文件的保存

相关实体必须将下列文件存档保留五年，供获许可实体取阅。

（1）博彩者、投注者、博彩信贷受惠人、彼等的代理人或着彼等办事之人，如属可疑交易或巨额交易的参与人，则必须保留能证明彼等身份的文件或副本；

（2）《巨额交易报告书》《可疑交易报告书》之副本，以及此等报告书内记载交易的证明，包括博彩信贷的书面证明；

（3）涉及可疑交易但经负责跟进和协调的职员决定而未送交金融情报办公室的交易的证明文件，文件可由微缩底片替代或转载至数码载体内。

如相关实体暂停或终止其业务则有关报告书及证明文件可全部转往博彩监察协调局保管至五年之保存期限结束为止。

9. 与当局的合作义务

为预防及遏止清洗黑钱及资助恐怖主义，相关实体应向刑事警察机关、司法当局及其他有权限的当局提供彼等所要求的数据及文件。

（二）不履行义务的处罚措施

因过错或过失而不遵守身份识别、登记、拒绝进行交易、保留证明文件、通知可疑交易，或与预防及遏止清洗黑钱和资助恐怖主义等犯罪的实体合作等义务，将构成行政违法行为。对违反该等义务的自然人科 1 万澳门元至 50 万澳门元的罚款，而对法人则科 10 万澳门元至 500 万澳门元的罚款。如违法者因做出有关违法行为而获得的经济利益高于最高罚款额的一半，则最高罚款额提高至该利益的两倍。违法者即使已被科处处罚及已缴纳罚款，仍须履行尚能履行的有关义务。

博彩监察协调局及其他监察当局在其监察工作范畴内，具有就行政违法行为提起程序及组成卷宗的职权。行政长官在听取博彩监察协调局的建议后，具有对有关程序做出决定的权限，但该权限可授予他人。

（三）监察当局的义务

监察当局在行使其监察职权时得悉某事实，而该事实使人怀疑有人实施清洗黑钱或资助恐怖主义犯罪，须将该事实通知检察院。

三　澳门对清洗黑钱犯罪的处罚

（一）清洗黑钱罪的概念及其处罚

为掩饰利益的不法来源，或为规避有关产生利益的犯罪的正犯或参与人受到刑事追诉或刑事处罚，而转换或转移该等利益，又或协助或便利有关将该等利益转换或转移的活动，又或隐藏或掩饰利益的真正性质、来源、所在地、处分、调动或拥有人的身份，就是犯了清洗黑钱罪，应处两年至八年徒刑，但不得超过对产生有关利益的符合罪状的不法事实所定刑罚的最高限度：

如出现下列任一情况，则上述刑罚的最低限度及最高限度均加重二分之一，但不得超过对产生有关利益的符合罪状的不法事实所定刑罚的最高限度：

（1）清洗黑钱犯罪是由犯罪集团或黑社会实施的，又或由参加或支持犯罪集团或黑社会的人实施的；

（2）产生有关利益的符合罪状的不法事实是恐怖主义、非法贩卖麻醉品及精神科物质、国际贩卖人口或禁用武器及爆炸性物质等犯罪；

（3）行为人惯常实施清洗黑钱犯罪。

（二）法人以及无法律人格的社团犯清洗黑钱罪及其处罚

如出现下列任一情况，则法人，即使属不合规范设立者，以及无法律人格的社团，须对清洗黑钱犯罪负责：

（1）其机关或代表人以该等实体的名义及为其利益而实施清洗黑钱犯罪；

（2）听命于机关或代表人的人以该等实体的名义及为其利益而实施清洗黑钱犯罪，且因该机关或代表人故意违反本身所负的监管或控制义务方使该犯罪有可能发生。

法人及无法律人格的社团犯清洗黑钱罪，对法人及社团科处以下主刑。

（1）罚金。罚金以日数订定，最低限度为100日，最高限度为1000日。罚金的日额为100～20000澳门元。如对一无法律人格的社团科处罚金，则该罚金以该社团的共同财产支付；如无共同财产或共同财产不足，则以各社员的财产按连带责任方式支付。

（2）法院命令的解散。仅当犯罪实体的创立人具单一或主要的意图，利用该实体实施清洗黑钱犯罪，或仅当该犯罪的重复实施显示其成员或负责行政管理工作的人单纯或主要利用该实体实施该犯罪时，方科处此刑罚。

对实施清洗黑钱犯罪的法人或无法律人格的社团，可单处或并处以下附加刑：

（1）禁止从事某些业务，为期一年至十年；

（2）剥夺获公共部门或实体给予津贴或补贴的权利；

（3）封闭场所，为期一个月至一年；

（4）永久封闭场所；

（5）受法院强制命令约束；

（6）公开有罪裁判，其系透过在澳门特区最多人阅读的中文报章及葡文报章做出，以及在从事业务的地点以公众能清楚看到的方式，张贴以中、葡文书写的告示做出，张贴期不少于 15 日，一切费用由被判罪者负担。

劳动关系如因有关实体被法院命令解散或被科任何附加刑而终止，则为一切效力，该终止视为属雇主责任的无合理理由解雇。

犯罪实体的责任并不排除有关行为人的个人责任。

四　澳门博彩业洗钱现状评估

（一）赌场洗钱的严重性：一般性的评估

尽管赌场被认为容易被犯罪分子作为清洗黑钱的工具来利用，但赌场洗钱的规模或者严重性有多大，却是难以回答的问题。国际金融行动特别工作组（Financial Action Task Force，FATF）指出：总体而言，对洗钱的数量进行一个可信的评估是绝对不可能的，该小组无法就此发布任何数据[①]。这主要是因为：第一，缺少基本的统计资料；第二，尚未发现的洗钱活动的规模难以估计；第三，反洗钱的重点是如何证明存在犯罪，而不是证明犯罪

① Financial Action Task Force, "Money Laundering FAQ," http://www.fatf-gafi.org/pages/faq/moneylaundering/，最后访问日期：2014 年 12 月 10 日。

的规模[①]。

但普遍认为，至少在发达国家的赌场里，例如美国的内华达和新泽西，以及英国、加拿大、德国和澳大利亚的赌场，洗钱并不是一个严重的问题。这个结论被不少独立、权威的专业组织——例如金融行动特别工作组、亚太反洗钱工作组（Asia/Pacific Group on Money Laundering，APG）和评估反洗钱措施及恐怖主义融资专家委员会（The Committee of Experts on the Evaluation of Anti-Money Laundering Measures and the Financing of Terrorism，MONEYVAL）——的报告所确认[②]。这主要是因为这些法域通常对于赌场有严密的监管措施，犯罪分子不容易下手。

（二）澳门赌场洗钱的问题

近年来，国外一些颇具影响力的媒体陆续报道或发表评论文章，声称澳门赌场是内地贪官或富豪洗钱的窝点，暗示澳门博彩收入大多来源于不法收入。有的文章甚至说，内地经济增长下滑，而澳门博彩收入却迭创新高，是因为内地富豪在通过赌场洗钱，为移民海外筹资。但所有这些文章并未提出任何可信的证据，而是把不同的经济现象生拉硬扯到一起，其可信性是值得怀疑的。

1. 洗钱与资金外逃是两回事

首先，这些报道无一例外地将洗钱与资金外逃混为一谈，甚至将内地富豪在澳门的消费也与洗钱划在一起。但洗钱是洗钱，资金外逃是资金外逃，二者具有极其显著的差别。洗钱是将不法收入变为合法收入的过程，其前提必须是不法收入，而内地富豪的钱大多数是合法收入，是通过办厂、做生意赚来的钱。他们多数人在内地是广为人知的富豪，所以没有必要把钱运到澳

---

① "Interview with John Carlson, Principal Administrator, Financial Action Task Force," 转引自 Stuart Hoegner, "Financial Transactions and Money Laundering," in Anthony Cabot & Ngai Pindell ed., *Regulating Internet Gaming* (Las Vegas: UNLV Gaming Press, 2013), pp. 187 – 248。

② Joseph M. Kelly and Mark Clayton, "Money Laundering and Land – Based Casinos," *Gaming Law Review and Economics* 14 (2010), p. 275.

门赌场来“洗”。内地富豪在澳门参与博彩活动的目的多数不是洗钱，而是赢钱或追求刺激，他们输掉的是自己的合法收入，而不是非法收入，其目的也不是把非法收入变为合法收入。内地富豪进赌场的目的是赌钱，而意图洗钱的犯罪分子是拿赌钱做幌子。

自然，因为内地有资金管制，如果内地富豪将超过管制限量的资金转移到澳门参与博彩活动，就违反了国家有关外汇管制的法律，是违法行为甚至是犯罪行为。但是，从性质上看，内地富豪转移资金的行为，不应该被认定为洗钱。

2. 赌场并非资金外逃的主要途径

尽管多数内地富豪转移资金的行为不能被认定为洗钱，但毕竟违反了国家关于资金管理的法律，而且，资金外逃对于中国经济的发展也是不利的。但问题在于，澳门赌场事实上并非内地资金外逃的主要途径。

一份曾公布于中国人民银行网站的研究报告将内地资金外逃的主要途径归纳为以下八种①。

（1）现金走私。即资金拥有者本人或聘请其他人携带超量现金出境。

（2）利用地下钱庄向境外转移资金。

（3）利用经常项目下的交易形式向境外转移资产。手段主要有：进口预付货款，出口延期收汇；伪造佣金及其他服务贸易项目向境外支付外汇；通过企业之间的关联交易实现向境外转移资产的目的；利用假进口合同骗取外汇管理部门核准将资金汇出境外；少报出口，多报进口，将差额留在境外。

（4）利用投资形式向境外转移资产。

（5）利用信用卡向境外转移资产。

（6）利用离岸金融中心向境外转移资产。

（7）在境外直接完成贪污、受贿过程。

（8）通过在境外的亲戚等特定关系人转移资金。

---

① 《我国腐败分子向国外转移资产的途径及监测方法研究》，http：//www. usc. cuhk. edu. hk/PaperCollection/webmanager/wkfiles/8152_1_paper. pdf，最后访问日期：2014 年 12 月 11 日。

上述八种途径与赌场均无直接关系。事实上，进入澳门赌场的资金，很大部分是已经通过上述方式转移出内地的资金。例如，在澳门，日常生活中司空见惯的一个现象，是内地人利用信用卡提取现金。所提取的现金除了部分用于消费外，大部分投放到博彩活动之中。可以由此认为赌场是内地人转移资金的途径吗？显然不能。赌场只是这些资金的终点之一，而不是从内地转移出来的途径。从内地转移出来的途径是存在漏洞的信用卡管理制度。所以，内地政府控制资金外逃，需要从信用卡管理体制、外汇管理体制等其他制度入手。如果从这些途径能够控制住资金外逃，则进入澳门赌场的钱自然减少。不从信用卡管理体制等入手，而是一味谴责赌场，很难将问题解决好。

赌场既然并非内地资金外逃的主要途径，则所谓内地富豪通过赌场为移民筹集资金的说法，亦不攻自破。如果资金已经通过上述途径来到澳门，即表明资金外逃已经成功，为什么还要通过赌场、白白让赌场或相关人等赚取一笔手续费？所以，通过赌场筹集资金移民海外的说法其实是不合逻辑的。

3. 贪官通过澳门赌场洗钱问题

关于中国国内的贪官通过赌场洗钱的报道，也多为猜测。在澳门赌场赌钱的贪官可能有一些，但通过赌场洗钱的贪官并不多。因为，很显然，贪官无法通过赌场把贪污受贿来的钱洗白，因为即使贪官把贪污受贿来的钱谎称为赌场赢款，也不能掩盖其犯罪行为，内地已有多名贪官因在澳门赌钱被免职、被纪律处分甚至被判有罪。贪官在赌场赢来的钱，相对于其特殊的身份而言，仍然是黑钱，仍然不敢大摇大摆、招摇过市。所以，对于贪官而言，他们也许喜欢到赌场赌钱，但是其动机并不是洗钱，而是贪婪以及满足自高自大的膨胀心理。

（三）澳门赌场反洗钱法律的执行情况

澳门金融情报办公室的数据显示①，2007 年，博彩业向该办公室提交的

① 《澳门金融情报办公室 2013 年年报》，http：//www.gif.gov.mo/web1/doc/AnnualReport/2013/GIF_Annual_Report_2013_Chinese.pdf，最后访问日期：2014 年 12 月 11 日。

《可疑交易报告》为374份，占所有此类报告的52%（其他需要填写《可疑交易报告》的机构还有银行等金融机构）；2008年为443份，比例为53%；2009年为767份，比例为66%；2010年为814份，比例为67%；2011年为1082份，比例为69.2%；2012年为1328份，比例为72%；2013年为1138份，比例为71%（见图1）。可以看出，2007～2012年，由博彩业提交的《可疑交易报告》数量连年递增；2013年略有下降，主要原因是“博彩业界决定把与国际性黑名单出现匹配的《可疑交易报告》向办公室举报前，先行采取较高的审查标准去核实涉案人士之身份背景资料。同时，未能取得涉案人身份数据的可疑交易个案数量亦相应减少”①。从所占比例上看，2007年、2008年超过50%的《可疑交易报告》来自博彩业，2009年后，博彩业提交的《可疑交易报告》的比例稳定在66%～72%。这些数据说明，博彩业对执行反洗钱法律是严肃认真的。

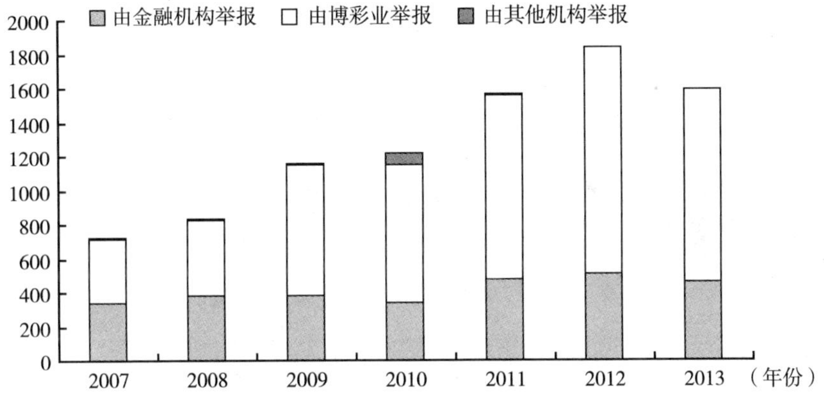

图1　澳门金融情报办公室接收到的可疑交易报告统计

资料来源：《澳门金融情报办公室2013年年报》。

澳门金融情报办公室在接到《可疑交易报告》后，将其中涉嫌犯罪的向检察院举报。2007年，由该办公室向检察院举报的《可疑交易报告》为

① 《澳门金融情报办公室2013年年报》，http：//www.gif.gov.mo/web1/doc/AnnualReport/2013/GIF_Annual_Report_2013_Chinese.pdf，最后访问日期：2014年12月11日。

64份（既包括由博彩业举报的案件，也包括由其他机构举报的案件，下同），2008年为104份，2009年为100份，2010年为101份，2011年为190份，2012年为166份，2013年为147份（见图2）。

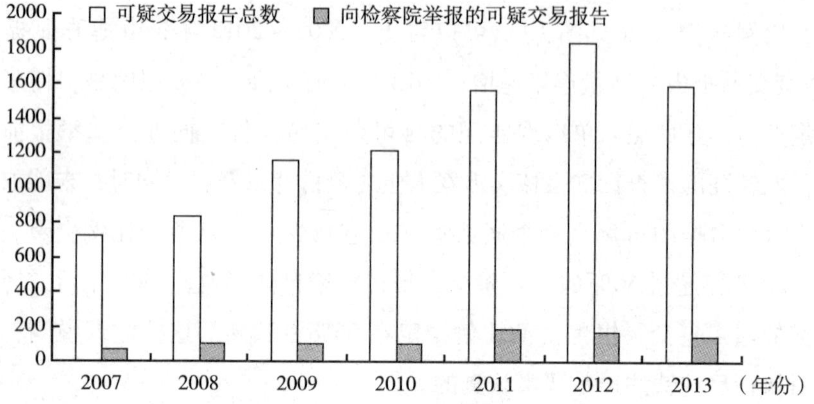

图2　澳门金融情报办公室向检察院举报的可疑交易报告统计

资料来源：《澳门金融情报办公室2007～2013年年报》。

澳门检察院以洗黑钱罪名立案的刑事案件（包括所有行业）在2007年为26件，2008年33件，2009年22件，2010年27件，2011年34件，2012年22件。其中以洗黑钱罪名向法院起诉的，2007～2012年分别为1件、0件、1件、2件、3件、3件。由此可见，在收到的清洗黑钱的线索中，真正能够构成清洗黑钱罪的是极少数。更重要的是，赌权开放以来，澳门并未发现数额巨大的或与国际恐怖主义相关的洗钱案件。

综上所述，笔者认为，在澳门赌场进行小规模的洗钱活动是可能的，但如果说澳门赌场是内地富豪、贪官洗钱或转移资金的主要途径，则恐怕是过分渲染了。然而，澳门赌场既然成为媒体攻击的对象，说明澳门博彩业的正直形象还没有建立起来。这需要博彩监管部门努力工作，加强执法，不断找出并填补漏洞，帮助澳门博彩业在全球建立一个阳光的形象。

B.13

澳门非幸运博彩产业：历史、现状与发展

刘 爽*

摘 要：幸运博彩是澳门博彩产业的核心内容，对应的非幸运博彩项目则较少为人关注。本文对澳门非幸运博彩产业的历史与现状做了简要回顾与总结，对澳门彩票产业、赛马和赛狗等互相博彩产业的未来发展提出了若干建议。本文指出，非幸运博彩产业的存在对于澳门博彩种类多元化有着重要意义。对于市场反应冷淡的博彩产品可予以淘汰，对仍有一定市场基础的博彩产品则可采取相应措施，扩大其影响力和投注额。

关键词：澳门 非幸运博彩产业 彩票 赛狗 赛马

提及澳门博彩业，一般指幸运博彩业，或称赌场赌博业。事实上，除了幸运博彩业之外，澳门还有其他种类的合法博彩形式——彩票和互相博彩。其中彩票有中式彩票（白鸽票）、即发彩票、体育彩票（足球博彩和篮球博彩）几种。互相博彩则包括赛狗和赛马。

2014 年全年，澳门赛狗博彩投注额为 6.90 亿澳门元，赛马投注额有 15.67 亿澳门元，中式彩票、足球博彩和篮球博彩的投注额分别为 2500 万澳门元、60.40 亿澳门元和 20.78 亿澳门元，而即发彩票则仅有 1800 澳门

* 刘爽，博士，澳门理工学院讲师，《博彩与旅游休闲研究》编务主任，主要研究方向为博彩业社会及经济影响、澳门博彩产业发展战略、投注者行为与决策分析。

元的投注额①。所有非幸运博彩项目的毛收入合计 11.93 亿澳门元，与 3515.21 亿澳门元的幸运博彩毛收入形成鲜明的对比。由于非幸运博彩项目只到当年澳门博彩业毛收入总额的 0.34%，其对澳门赌业的贡献几乎可忽略不计。因此，当人们提到澳门博彩业时，较多关注幸运博彩，而较少提及非幸运博彩项目。

鉴于现存文献和公众焦点均集中于澳门幸运博彩业的发展与变化，针对非幸运博彩产业的研究为数不多。本文拟从澳门非幸运博彩项目入手，探讨澳门其他博彩形式的历史、发展现状以及未来发展趋势，以期对隐藏于幸运博彩光环下的其他博彩形式做一全面了解，并对未来进一步深入研究做出铺垫。

一　澳门非幸运博彩产业发展简史

（一）彩票

澳门历史上曾出现过多种类型的彩票。早期的有白鸽票②、山票和铺票③，之后出现泵波拿④和即发彩票⑤，回归前后又开发出足球和篮球体育彩票⑥。此外，澳门还发售过香港的大马票、小摇彩和六合彩。

早在 1892 年，澳门政府就曾公开拍卖过白鸽票的专营权。1961 年，葡

① 澳门博彩监察协调局，http://www.dicj.gov.mo/web/cn/information/index.html。

② 起源于晚清时期广东一带流行的赛鸽赌博。采用幼童启蒙书《千字文》中的天、地、玄、黄、宇、宙、洪、荒等字按顺序编号，选中某号的鸽子最先到达目的地则得奖。后来出于简便、公平的考虑，取消鸽赛，直接将《千字文》前 80 个字印在票面上，赌客圈选 10 个，与票厂开出的 20 个字中符合 5 个即算得奖。后来又更加简化，直接以汉字的数字编号作为票面印制、开奖中奖的依据了。

③ 山票也是取《千字文》中的汉字开奖。所不同的是山票选取 120 个字作为票面，赌客从中选取 15 个字。开奖则采用“摇珠”的形式，用三套红、白、无色圆球摇晃而出确定每次开奖的汉字。铺票的玩法与山票类似。

④ 从印有号码的 90 个小球中每次抽出 5 个或 15 个作为中奖号码。

⑤ 票面印有六个方格，每格印有数字并被涂层覆盖。若赌客刮出的六个方格中有三个数字相同，则可兑换与此数字相同数额的奖金。

⑥ 刘品良：《澳门博彩业纵横》，三联书店（香港）有限公司，2002。

萄牙政府颁布 18267 号法令，宣布澳门为“恒久性的博彩区”，并以旅游和博彩作为经济发展的主要出路。其后，政府颁布《承投赌博娱乐章程》及《承投山铺票条例》，决定以公开竞投方式批出各项博彩专营权。由霍英东、何鸿燊、叶汉、叶德利等港澳企业家组成的新财团从原持牌的泰兴公司手中夺得澳门赌场专营权，之后又投得山票、铺票和白鸽票的专营权。之后不久，白鸽票的专营权转让给荣兴彩票有限公司，并由其经营至今。

1984 年，澳葡政府颁布第 217/84/M 号法令《即发彩票章程》，允许发行一种新型彩票——即发彩票，其专营权由澳门基金会批予澳门即发彩票公司。1985 年，铺票因受市场冷落而宣告结束。1986 年，市场曾推出即发六合彩，在澳门本土较为流行。后因公司经营困难，于 1986 年底结束彩票专营合同。1987 年，澳门旅游娱乐有限公司的全资附属子公司澳门彩票有限公司注册成立，并获得即发彩票的专营权，经营即发彩票、白鸽票、泵波拿等类型的彩票。1990 年，具有悠久历史的白鸽票改为电脑开彩[①]。

1998 年，澳葡政府批准澳门彩票有限公司专营足球博彩，得以在当年法国世界杯举行时接受现金及电话投注。2000 年开始接受网上投注，为亚洲首间合法经营网上足球博彩项目的公司。同年年底，该公司获得篮球博彩的专营权[②]，并开始接受美国职业篮球联赛（NBA）的网上投注，亦成为亚洲首间拥有足球、篮球网上投注经营权的博彩公司。2002 年初起，澳门彩票有限公司开始接受电话网上投注，并于翌年推出“全球通卡”及会员制计划。

（二）赛狗

澳门赛狗活动自 20 世纪 30 年代开启以来，经历颇多动荡。1932 年，

① 刘品良：《澳门博彩业纵横》，三联书店（香港）有限公司，2002；陈炳强、陈秉松：《博彩业与发展商机——探讨赌权与澳门经济浮沉》，经纬出版社，2001；吴志良、杨允中主编《澳门百科全书》（修订版），澳门基金会，2005。

② 陈炳强、陈秉松：《博彩业与发展商机——探讨赌权与澳门经济浮沉》，经纬出版社，2001。

海外华侨范洁朋等联合美国商人成立澳门赛狗会。创办者效仿上海赛狗的模式修建比赛设施、组织比赛，创办初期受到社会各界的广泛关注和积极参与。然而随后的五年，亚洲受到经济衰退的影响，公众参赌热情逐渐冷却，澳门赛狗会虽屡次易主，投注额仍不断下跌，终于1936年停办。

1961年，澳葡政府宣布澳门为“恒久博彩区”之后，印度尼西亚华侨郑君豹与政府签订赛狗专营合约，并于香港成立澳门跑狗有限公司。两年后，该公司将赛狗专营权转让给澳门逸园赛狗有限公司，并于1963年举办了第一场赛事，吸引了港澳地区大量赌客参与，中断近28年的澳门赛狗得以恢复。1984年，澳门旅游娱乐有限公司入股逸园赛狗有限公司，成为大股东，并经营至今。

（三）赛马

澳门的赛马运动始于20世纪40年代，亦经过数次辗转更迭，才发展至目前的形式。1942年秋，当时驻扎香港的英国人率众前往澳门举行赛马，以庆祝占领香港的胜利，此项活动连续举办了三年，于1844年结束。港人停止前往澳门赛马，改为在香港新修建的临时跑马场活动。1924年，澳门万国赛马体育会获得了澳门赛马的专营权，于黑沙环海滩地举行赛马比赛。1927年，黑沙环赛马场落成，赛马运动持续至1941年，后因太平洋战争爆发而被迫中断。

澳门赛马再次兴起是30多年以后。1977年，由港澳地区企业家叶汉任主席的澳门赛马车会得到澳葡政府批准，获得为期20年的澳门赛马车专营权。1980年，位于氹仔的赛马车场落成并进行了澳门首场赛马车比赛。然而，此次赛马车运动并未持续太长时间，到1988年即宣告停赛。之后，台湾朕伟集团收购赛马车会并改为澳门赛马会有限公司，于1989年9月10日举行了澳门首场平地赛马赛事。1991年，澳门赛马会被以何鸿燊为首的港澳财团收购，恢复赛事并由澳门赛马有限公司经营至今①。

---

① 陈炳强、陈秉松：《博彩业与发展商机——探讨赌权与澳门经济浮沉》，经纬出版社，2001；祝春亭、辛磊：《澳门赌王何鸿燊传》，湖北人民出版社，2005。

二　非幸运博彩项目发展现状

（一）彩票

澳门目前的彩票博彩有三种形式：①中式彩票（白鸽票），由荣兴彩票有限公司经营；②即发彩票，由澳门彩票有限公司经营；③体育彩票，包括足球博彩和篮球博彩，亦由澳门彩票有限公司经营。

中式彩票于1990年底取消了传统的投注博彩方式，从售票、搅珠到开奖均纳入电脑系统，大大缩短了开奖时间，加快了开奖频率。而足球、篮球彩票则可以选择多种投注方式，包括现金投注中心（共八个，其中七个设在澳门半岛，一个设在氹仔赛马会）、网站开户投注、电话投注以及手机网上投注。

投注额方面，一直以足球博彩最为热门，投注额稳居各类彩票之首；篮球博彩次之，投注额逐年上升；中式彩票投注额较为稳定，每年保持在2000多万澳门元左右；而即发彩票的投注额每年不过数千澳门元。遇有世界杯足球赛等重大国际赛事的年份，如2010年、2014年，足球博彩投注额会有明显上升，从而带动全年彩票投注额的增长（见表1）。

表1　2009～2014彩票投注额及增长率

单位：百万澳门元，%

项目＼年份	2009	2010	2011	2012	2013	2014
中式彩票	22	24	23	23	20	25
即发彩票	0.007	0.0032	0.0051	0.0016	0.0042	0.0018
体育彩票(足球博彩)	3826	5057	4829	5545	4962	6040
体育彩票(篮球博彩)	856	950	1029	1690	1810	2078
合计	4704	6031	5881	7258	6792	8143
增长率	—	28.21	-2.49	23.41	-6.42	19.89

资料来源：澳门博彩监察协调局，http：//www.dicj.gov.mo/web/cn/information/index.html。

（二）赛狗

澳门赛狗运动采用来自澳洲的灵缇犬（greyhound，又称格力犬、格雷伊猎犬），这是一种奔跑速度极快，广泛用于狩猎和竞速的犬类品种。赛狗逢周一、二、四、六、日开赛，每个赛狗日安排18场比赛，每场比赛间隔15分钟。赛事一般自晚上7时半开始，进行至午夜结束。通常每场比赛有6只赛狗出赛，赛途分为350米和550米不等。

澳门赛狗属互相博彩的一种，是“以动物之速度竞赛或体育赛事作为投注对象，而当中的获胜者在扣除佣金、费用及税项后，按个别投注额之比例互相分取总投注金额之博彩”形式①。进行互相博彩赔率演算的核心设施为价格昂贵的电算机，在户外跑道旁的电子显示屏上可显示出每期比赛彩金金额、狗匹代号及赔率等，亦可统计独赢、位置、连赢、三重彩等投注、派彩信息。

澳门赛狗有多种投注方式，除了现场场内投注之外，投注者也可通过场外投注站或电话进行投注。赛狗会现有六个场外投注站，其中五个设在澳门半岛，一个设在氹仔澳门赛马会，提供赛事直播和下注派彩等服务。狗场还开设了广播、电视及网上直播，以供不在现场的赌客了解赛事情况，及时落注。任何年满18岁的人士均可申请澳门赛狗会的电话服务户口，需提交开户申请表、开户者身份证明文件副本及开户最低保证金。存取款则通过赛狗会澳门总办事处、各场外投注站或赛狗会在银行的电话专户进行。

澳门赛狗的投注额在过去十多年间波动较大。2002～2006年，投注额基本保持在每年3.02亿～3.76亿澳门元的水平；2007年投注额迅速升至4.59亿澳门元，2008年则翻了接近一倍至8.99亿澳门元，2009年投注额又增长了75%达到15.76亿澳门元。此种投注盛况自2010年达到16.59亿澳门元的历年最高峰之后，开始一路下行；到2014年仅为6.90亿澳门元（见表2）。

---

① 澳门特区第16/2001号法律《娱乐场幸运博彩经营法律制度》第一章第二条。

表 2　2009～2014 年赛狗投注额及增长率

单位：百万澳门元，%

项目＼年份	2009	2010	2011	2012	2013	2014
赛狗	1576	1659	1440	985	855	690
增长率	—	5.27	-13.20	-31.60	-13.20	-19.30

（三）赛马

澳门赛马会的马场位于氹仔。跑道呈椭圆形，分为草地和沙地两种路道。草地路道宽 28 米，长 1600 米，赛途由 1100 米至 2000 米不等。沙地路道宽 21 米，长 1400 米，赛途由 1050 米至 1700 米不等。两种赛道均可容纳 14 匹马匹同时竞赛。澳门赛马会全年编跑赛事，赛季由每年 9 月开始，至翌年 8 月底结束。基本每周编排两天赛事，一般周五举行夜赛，周六或周日举行日赛（下午）或黄昏赛。时间上尽量与香港赛事或新加坡等海外赛事错开，以方便赌客兼顾投注。因夏季炎热，每年 6～8 月的比赛均在晚间举行①。

据澳门赛马会网站介绍，马会现有 14 个备有空气调节系统的马房，提供 1183 个马格予现役马匹使用，目前有接近 700 匹马在接受训练。马场内设有可同时容纳 60 匹马的国际水平检疫马房，供马匹进出口检疫之用。还设有马匹休养区、马医院和马泳池等，以及为休养中的、退役的和骑术训练学校的马匹提供马房。马会拥有和管理马匹生活及训练所需的所有设施；还拥有设备先进、齐全的兽医院，有五位全职兽医负责对马匹提供医疗服务。

作为澳门著名的大型私营机构，澳门赛马会拥有全职员工超过 1000 人，兼职员工 600 多人。拥有高四层，可容纳 1.5 万人的看台大楼。在澳门及香港均设有会员会所，为会员提供餐饮及娱乐设施，并开展各项慈善活动。自 1995 年起，澳门赛马会每年举办一次慈善赛马日，所得均捐予慈善机构。

① 澳门赛马会，http：//corporate.hkjc.com/corporate/chinese/index.aspx。

此外，赛马会还设立慈善助学金和澳门爱心慈善基金会，支持澳门教育及慈善事业。

投注方面，赛马会为马迷提供了多种途径。可通过马场看台大楼内的投注窗口或投注终端机进行，也可通过场外投注站、网络、手机网络以及电话等方式进行。除本地赛事之外，马迷还可通过澳门赛马会的场内、场外直播设施，观看中国香港、新加坡、马来西亚及南非赛事并参与投注。

2002～2008 年，澳门赛马投注额最低为 2007 年的 20.80 亿澳门元，最高为 2004 年的 81.73 亿澳门元。2009 年起，澳门的赛马投注额一直在每年 20 亿澳门元上下的范围浮动。2014 年全年投注额只有 15.67 亿澳门元，为历年最低（见表 3）。

表 3　2009～2014 年赛马投注额及增长率

单位：百万澳门元，%

项目	2009 年	2010 年	2011 年	2012 年	2013 年	2014 年
赛马投注额	1719	2273	2269	1828	1881	1567
增长率	—	32.23	-0.18	-19.44	2.90	-16.69

三　澳门非幸运博彩产业未来发展

如前所述，彩票和互相博彩等非幸运博彩项目在澳门博彩毛收入中的比重相当之低，几乎可以忽略不计。这主要由两个原因造成。一是澳门有合法的娱乐场赌博，其中绝大多数游戏都是即时知道结果，这种即时性会大大增强赌客投注时所感受到的刺激程度。相比之下，彩票、赛狗和赛马均是投注后等候一段时间，才可获知是否中奖，博彩的刺激性因此大打折扣。游戏吸引力下降，投注金额也会相应减少。二是有邻近地区同类产品的竞争，比如香港的六合彩和赛马。香港六合彩曾一度在澳门非常流行，如若多期头奖未有人中，累积为巨额大奖，则会吸引更多澳门彩民热烈投注。后澳门政府重申代售香港彩票属于违法，报章也不再刊登六合彩中奖号码及金额等信息，才使澳门投注额有较多下降。而广东珠三角一带的“外围六合彩”以香港六合彩号码为开奖号码，投注方式更为多样，也吸引了大批投注者，从而对澳门的彩票产生冲击。

澳门赛狗虽然属于亚洲独一无二的赛事，但由于狗场使用日久，场内设施相应老旧。对比各大赌场的金碧辉煌和现代感，狗场显得颇为陈旧。而因不知如何选狗，赛程不长而格力狗又奔跑极快，使得赛事结束得过于迅速，减弱了比赛的可观性。因此除了少数本地铁杆狗迷之外，一般居民及游客对观看赛狗比赛兴趣不大。即便有游客到访，也只是出于好奇体验的动机，有强烈兴趣的回头赌客较少。这都在一定程度上影响了赛狗市场的投注额。

澳门的赛马运动之所以逐年式微，除了本地发达的幸运博彩业挤占赛马市场之外，发展早期因各种原因数次中断比赛导致本地马迷流失，也是一个原因。中断期间形成的长期空档，使澳门的赛马运动未能像香港一样，在本地民众和上流社会中形成观赏赛马的文化传统①。而客户群体过于单一，未能充分开发游客市场，近邻香港赛马竞争强势，这些也都使社会公众对澳门赛马的兴趣逐年下降。

对于非幸运博彩类赌博项目的未来发展，笔者的总体看法是，首先，非幸运博彩项目是澳门博彩种类多元化的一个必要组成部分。作为一个博彩合法化的城市，只有幸运博彩一类博彩形式未免有些单调。中式彩票、体育彩票以及赛狗、赛马的存在，可对澳门博彩业百花齐放做出自己的贡献。其次，对于某些投注额极低，市场反应冷淡的博彩品种，可根据市场需要予以淘汰；而另一些表现较好的博彩品种，则宜采取一定的措施，扩大客户群体，以提升市场关注及投注总额。

（1）积极拓展网上投注，足球、篮球体育博彩应成为未来彩票发展重点。

随着资讯科技的日益发达，以往持现金于现场或场外投注已不能满足顾客的需要。互联网投注是互联网时代科技发展的必然之路。其他国家如美国

① 刘爽：《澳门赛马业何去何从：来自香港赛马市场的启示》，《澳门理工学报》2010 年第 4 期。

多个州对于网络博彩合法化的争取也说明，网络博彩的趋势将不可逆转，我们只能顺势而为，尽早做好立法与防范工作。对此，关注的要点在于：①防范未成年人利用网络隐藏身份参与赌博；②防止网络便利导致赌博成瘾数量上升；③防止网络安全漏洞，保护客户隐私与资金安全；④对于国际资金流转的关注和对国际犯罪组织利用网络博彩清洗黑钱的打击。尽管目前各博彩形式都有相应的法律法规准许进行网络投注，但澳门尚缺乏一套完整的、针对网络博彩而设的专门法律。对此，政府应加强在网络博彩方面的立法，尽快将网络博彩纳入澳门的博彩法律监管体系之下。

相对于纯粹依靠运气的传统摇号彩票，足球、篮球体育博彩有着如同赛狗、赛马互相博彩一样对于投注者主观判断准确度的要求。这在很大程度上增加了投注者对于研究比赛、预测赛果的兴趣。由表1可知，每逢四年一度的世界杯足球赛开赛，澳门足球彩票的投注额即有相当大的增长。这也说明世界级别的体育赛事对于投注者有着更为强烈的吸引力。

（2）把赛狗、赛马作为一项休闲、娱乐活动来推广，扩大在游客当中的影响。

赛狗和赛马运动均为有着悠久历史的体育运动，同时也是有着丰富内涵的休闲和娱乐活动。前往观看赛狗、赛马的观众除了体验比赛和投注所带来的紧张和刺激之外，也适合借此机会约亲朋好友或商业伙伴于狗场、马场聚会、谈天，在欣赏比赛的同时开展社交活动。

由于本地居民人口较少，很难发展出大批对赛狗、赛马有兴趣的投注者。而赛狗、赛马运动因其有很强的观赏性、竞速比赛的刺激性、会员身份的参与性以及社交活动的群体性等特征，会对广大游客特别是广大“非赌客”有很大的吸引力。因此，赛狗、赛马产业可淡化赌博色彩，强调其娱乐和休闲性质，以与强势的幸运博彩业相区别。而相关的如马术表演、马术培训等活动，对于吸引居民和游客的兴趣，提升澳门赛马知名度及公众兴趣，也都有着重要帮助。

（3）扩大相关产业发展，通过多元化服务争取公众认可。

博彩业作为一项服务产业，所提供给客人的不仅是赌博这一项服务，还包括连带的，与休闲、娱乐有关的其他各种服务。以赛马运动为例。香港赛马会在其香港和北京的会所可为会员提供从早餐到晚宴，从客房服务到水上游乐设施，从高尔夫球到网球、剑道等各种培训，同时亦承办各种派对、主题宴会及慈善活动等①。而澳门赛马会在香港、澳门的会所仅为会员提供餐饮、卡拉 OK、桑拿、影视播放厅以及儿童游乐室等基本休闲服务，其他相对高级的主题活动则数量较少。因此，澳门非幸运博彩博企亦可借鉴香港经验，提升配套设施品质，增强服务活动的内容与质量，以此增加用户黏性并吸引新的客户。

除了马会、狗会会员及马迷、狗迷之外，广大非会员的社会公众和外地游客也是马会、狗会的潜在消费者。因马场、狗场占地广大，有条件建设一些大型的、可提供顾客多种选择的综合娱乐设施，以吸引游客前往游玩及参与投注。而具备高质量游乐场、健身房、电影院、读书室等配套设施的马场和狗场，可令市民与游客的休闲、娱乐生活更加丰富，同时也增加了客人观赏比赛的可能性。

（4）积极承担社会责任，在公众心目中树立热心社会公益事业的正面形象。

由于博彩业本身所固有的负面社会效应，社会公众对博彩企业的评价经常与其参与社会公益活动的多少联系起来。博彩企业为了减轻或消除公众对自身的负面印象，也愿意通过承担社会责任、进行公益事业在公众面前树立良好、正面的企业形象。

澳门非幸运博彩的博彩企业可以香港赛马会的经验作为参考。香港赛马会是香港最大的单一纳税机构，也是香港最大的慈善机构之一。其每年对社会的捐赠与资助超过 10 亿港元，分布于康体文化、教育培训、社会服务以及医药卫生四大方面。香港赛马会也通过举办各种社会公益活动来扩大自己的影响力，维护自身公益形象。在这方面，澳门可向香港学习，例如通过慈善捐款等形式资助社会公益事业，加强对企业社会责任及形象的宣传与推广。

---

① 香港赛马会，http：//corporate. hkjc. com/corporate/chinese/index. aspx。

社会民生篇

Society and Livelihood

B.14 粤澳合作框架下的社会服务合作挑战与机遇

陈建新　伍芷蕾　冯国豪*

摘　要： 社会服务的发展离不开医疗服务的支撑，社会服务的重心为长期照顾服务，而长期照顾服务的主要内容为长者服务和康复服务。社会服务是澳门特区政府在民生方面的施政重心。澳门社会服务模式主要由民间社团主导，民间社团在推动社会服务发展方面具有较强的独立性。土地和人力资源的制约使澳门社会服务的发展出现瓶颈。在粤澳合作框架下，澳门民间社团不断推动与内地公共部门在社会服务方面的合作。

* 陈建新，澳门大学政府与行政学系助理教授、澳门社会保障学会理事长、香港大学秀圃老人研究中心院士，研究方向为社会政策；伍芷蕾，北京大学政府管理学院博士生，研究方向为行政管理；冯国豪，中国人民大学硕士生，研究方向为劳动关系。

由于内地社会服务模式是以政府为主导的社区化机制，两地社会服务模式的行政架构差异使澳门民间社团在与内地社会服务合作过程中难以满足社会服务的供给市场。故在粤澳框架下，社会服务合作的关注点需要从社会服务的供给层面的直接提供服务转向需求层面的评估机制完善和现金券的使用。建基于此，本文从评估机制和医疗券的角度出发，透过分析澳门长者服务和康复服务的发展概况，探讨粤澳合作框架下的社会服务合作所面临的挑战与机遇。

关键词：粤澳合作框架　社会服务　长期照顾服务　现金券

一　背景

澳门回归15年，其经济发展有着亮眼的成绩。多个外资企业的大型项目相继落成，引领着澳门博彩业一枝独秀。然而，一业独大的博彩业在给澳门带来丰厚财政盈余的同时，也衍生了人力资源短缺、青少年问题、家庭问题等社会问题，对养老、医疗、房屋、教育和就业都有一定程度的冲击。经济增长造成社会服务供不应求的问题成为居民最关心、最直接、最现实的利益问题①。新一届政府秉承“宜居、发展、关爱、善治”的工作方针，一如既往决心致力于实现安居乐业、生态优化、下一代有更良好成长环境的目标②。澳门社会的稳定与发展是中央政府制定国家发展战略的重要环节。过去，中央与澳门签订了《内地与澳门关于建立更紧密经贸关系的安排》

① 《行政长官崔世安在澳门特别行政区政府庆祝中华人民共和国成立六十五周年酒会上的演讲辞》，澳门行政长官办公室：http：//www. gce. gov. mo/read_news_page. aspx?lang = cn&newsid = 1312。

② 崔世安：《新一届政府工作中心是宜居发展关爱善治》，新华网，http：//news. xinhuanet. com/gangao/2014 - 12/08/c_127284436. htm。

（CEPA）自由贸易协议；如今，广东自贸区的落成更加深化了粤澳之间的融合。珠澳跨境工业区专用口岸及路氹城莲花—横琴口岸24小时通关政策的实行[①]，促进了内地与澳门居民在两地之间的流动，有利于推动澳门多元化发展，共同实现经济发展的新常态。可见，中央政府一直支持澳门经济发展，积极推动两地区域合作。

随着澳门经济发展和公民权利意识的增强，社会服务由早期简单的生活救济型社会服务向以服务促发展的普惠型社会服务转变与提升[②]。现在社会服务体系涵盖了养老、医疗、房屋、教育和就业等领域。因此，其发展模式已经从简单依靠传统义务工作逐步转型为需要专业化的管理和认证制度，人口老龄化社会的形成使老人问题成为社会服务的工作重心之一。从年龄层来看，医疗和康复服务的对象具有普遍性，而老人则是普遍对象里面的主要群体。例如，香港早在2001年就开始引入“改善家居及社区照顾服务”来让体弱长者可以持续居家接受社区服务，而这种服务也是由各相关专业人士（包括社工、护士、医生、物理治疗师和职业治疗师等）组成的专业团队来提供的[③]。因此，医疗和康复服务的市场给专业化的管理提供大规模应用的机会，从而推动相关机制的建立。以医疗为例，全球医疗体系正由治疗模式（Residual Model）转向公共卫生模式（Public Health Model）[④]。对于从医院接受完治疗的离院病人来说，在面对旧病复发的情况时，离院社区支持服务（Hospital Discharge Social Services）成为重要的选择[⑤]。目前，澳门面临着人

① 澳门政府发言人办公室：《澳门珠海之间口岸下月18日起实行新的通关安排》，新闻局，http：//www. gcs. gov. mo/showNews. php?DataUcn＝83833&PageLang＝C。

② 娄胜华：《从救济到公益：澳门慈善发展观察》，《行政》2012年总第97期，第625～643页。

③ Social Welfare Department，Hong Kong SAR Government，*Enhanced Home and Community Care Services*，http：//www. swd. gov. hk/doc/elderly/EHCCS%202007. pdf.

④ Health Services Management Centre，NHS Institute for Innovation and Improvement，*A Review of UK and International Frameworks – Improving Care for People with Long – term Condition*（UK：Health Services Management Centre，NHS Institute for Innovation and Improvement，2006）.

⑤ The Cochrane Collaboration，*Discharge Planning from Hospital to Home*（*Review*）（UK：John Wiley & Sons，Ltd.，2008）.

力资源价格和土地价格不断上升的问题，照顾长期病患的方式由院舍服务（Institutional Care）向非院舍化服务（Deinstitutionalization）发展，如跨专业居家服务和日间护理中心（Day Care Centre）等①。在此背景下，澳门社会服务不断推动着残疾评估和安老服务统一跨专业的评估机制的成立来处理社会服务配对问题。由此可见，长期照顾服务（Long Term Care）是社会服务和医疗服务的重要环节。有澳门学者认为，应该引入相关机制如现金券加咨询服务（Cash and Counseling）、照顾管理模式（Care Management Model）和病例组合模式（Case - Mix Model）等来优化长期服务质素②。

然而，只有 60 万人口的澳门难以形成一个具规模的社会和医疗服务市场，这导致澳门市民长期批评澳门医疗体系存在服务轮候服务时间长和专业水平不足等问题。相比之下，拥有 700 万人口的香港为社会服务市场提供了大量的临床应用经验，有利于不断提高医疗服务的质素。但是，从医疗体系的评估指标来看（见表 1），澳门整体医疗系统水平是和香港的体系相若的。香港在非典流感肆虐时，澳门因只有一宗非典流感确诊病例而获得不少国际机构称赞③。由此推之，澳门整体医疗水平实质上并没有与香港有太大的差距，甚至优于不少欧美国家④。事实上，由于香港有专业治疗性的医疗体系优势，故澳门的医疗重心则定位于公共医疗体系的建设。通过市场的特性，由服务使用者按照个人需求来选择适合自己的服务。本着“以人为本”的理念，当澳门的医疗服务无法对服务使用者提供更深入的治疗服务时（如

---

① World Health Organization, *Better Health*, *Better Lives*: *Children and Young People with Intellectual Disabilities and Their Families - Transfer Care from Institutions to the Community* (Denmark: World Health Organization Regional Office for Europe, 2010); Website of World Health Organization Regional Office for Europe, http://www.euro.who.int/_ _ data/assets/pdf _ file/0008/126566/e94426.pdf.

② 陈建新、陈慧丹、区耀荣、齐铱：《澳门长者长期照顾政策》，载郝雨凡、吴志良主编《澳门经济社会发展报告（2008 ~ 2009）》，社会科学文献出版社，2009，第 189 ~ 203 页。

③ 赵洁：《建设健康城市十年有成》，《澳门杂志》2014 年 11 月 15 日，http://www.macauzine.net/?action - viewnews - itemid - 758。

④ 赖伟良：《澳门保健体系的现状与发展》，载吴志良、郝雨凡主编《澳门经济社会发展报告（2013 ~ 2014）》，社会科学文献出版社，2014，第 244 ~ 257 页。

癌症），澳门政府便利用财政拨款转介服务需求者到邻近地区医疗体系接受治疗①，甚至以发放医疗券的形式让需求者在澳门私人市场购买服务。另外，澳门是一个社团社会，社会服务主要由民间社团提供，特别是宗亲会和同乡会等乡族类社团向弱势群体提供所需的社会服务②。深厚的社团文化使社会服务机构和居民彼此之间的互动性较强，故澳门社会服务机构容易获悉澳门居民的实质需求信息，从而提供较高质素的社会服务。

表1　澳门和香港的比较——人均预期寿命、粗死亡率、婴幼儿死亡率

	澳门	香港
人均预期寿命(2014)[1]	84.48	82.78
粗死亡率(2013)	3.2‰[2]	6‰[3]
婴幼儿死亡率(2012)[4]	2.5‰	1.5‰

注：香港和澳门位列世界前十名低婴幼儿死亡率的国家和地区中。

[1] Central Intelligence Agency (CIA), https://www.cia.gov/index.html.

[2]《2013 澳门人口统计》，澳门统计暨普查局，http://www.dsec.gov.mo/default.aspx。

[3]《香港统计资料》，香港政府统计处，http://www.censtatd.gov.hk/hkstat/sub/so20_tc.jsp。

[4] The Statistics Portal, "Infant mortality rate of Hong Kong and Macao," http://www.statista.com/.

由此可见，区域合作和社会服务成为推动整体高质素医疗服务体系的动力。在中央对澳门未来发展的大力支持下，澳门与内地社会服务的区域合作将会有利于构建“未来医疗光辉五年”③。综上所述，本文以长者服务和康复服务为澳门社会服务的主要内容，通过比较论述目前澳门和内地相关服务发展的异同，来探讨粤澳合作框架下的社会服务合作发展的挑战与机遇。

① 卫生局：《澳门卫生局与香港医院管理局签署合作协议》，http://www.gcs.gov.mo/showNews.php?DataUcn=25208&PageLang=C。

② 娄胜华：《挑战与变革：澳门社团可持续发展分析》，《行政》2013 年总第 100 期，第245～263 页。

③《谭俊荣：未来医疗光辉五年》，《澳门日报》2014 年 12 月 2 日，http://www.macaodaily.com/html/2014-12/02/content_955694.htm。

二 澳门的社会服务

澳门特区政府秉承着“以人为本”的理念，不断为弱势社群提出针对性政策，一直以来十分关注长期照顾服务的发展。其中，长者服务和康复服务是长期照顾服务的主要内容。在对《长者权益保障纲要法》和《复康纲要法》咨询的基础上①，2014年政府施政报告也提及推动制定“澳门长者服务十年规划”和“康复十年规划研究”②。所以，本节主要简述澳门长者和康复服务现时的发展状况。

1. 长者服务

澳门长者服务需求具有迫切性。澳门统计暨普查局2013年年刊的数据显示，在2013年65岁或以上的人口占总人口的8%③，到2036年澳门65岁或以上的人口将占总人口的20.7%④。2013年老年人口抚养比例为9.9%⑤，2036年的比例预计为31.2%。换言之，澳门由现时10位成年人抚养1名老年人的负担，在21年后将加重至3名成年人抚养1名老年人。从澳门定期资助的长者服务/设施来看（见表2），院舍式服务的平台包括10间受资助安老院；而社区式服务的平台包括21间耆康中心、8间长者日间中心、4间长者日间护理中心及5队家居照顾和支持服务队。为了应对长者数量不断增长所带来的安老服务需求，社会工作局在未来将透过重建或陆续

① 《公众咨询——长者权益保障纲要法》，澳门社会工作局，http://www.ias.gov.mo/tw/consulta-publica/lei-de-bases-dos-direitos-e-garantias-dos-idosos；《复康事务委员会》，澳门社会工作局，http://www.ias.gov.mo/tw/consultative-committee/rehabilitation-committee/activity-information。

② 澳门行政长官办公室：《特区政府二〇一四年财政年度工作总结（一、构建长效机制，增进民生福祉）》，中国商务部，http://www.mofcom.gov.cn/article/i/jyjl/j/201411/20141100794873.shtml。

③ 《2013年澳门人口估计年刊》，澳门统计暨普查局，http://www.dsec.gov.mo/Statistic.aspx?NodeGuid=3c3f3a28-9661-4a5f-b876-83d8b3eade28。

④ 《2011~2036年澳门人口预测》，澳门统计暨普查局，http://www.dsec.gov.mo/Statistic.aspx?NodeGuid=ec391696-f920-49ed-b539-e1cfabff1d84。

⑤ 老年人口抚养比例：年龄在65岁及以上人口与15~64岁人口的百分比。

新增12间长者服务设施，增加1000多个护理和护养院舍宿位名额、370个长者日间护理中心的服务名额，以及约405个耆康中心及长者日间中心的服务名额①。

表2　澳门定期资助的长者服务/设施

服务类型	数目	名额(个)	使用人数(人)
耆康中心	21间	1685	5916
长者日间中心	8间	1105	3316
长者日间护理中心	4间	639	1409
安老院舍	10间	1179	809
家居照顾和支持服务队	5队	—	12572
长者关怀服务网络	1个	—	1898
家居紧急呼援服务	1间	—	3073

资料来源：澳门社会工作局长者服务处，2013。

澳门长者服务供给素质不断提升。社会工作局透过“社会服务人员专业发展计划”，以增加护士的培训课程名额、特别助学金鼓励和支持学生修读有关课程等途径来提升服务人员数量和服务质量，为未来新增的社会服务设施的人力资源做准备②。在政策规划方面，澳门特区政府于2012年底成立了由社会工作局负责统筹十多个部门组成的澳门养老保障机制跨部门研究小组，借以检讨目前的养老保障政策方案。澳门特区政府在研究基础上提出建立系统性养老保障机制的具体措施，并制订2016~2025年的长者服务发展十年行动计划③。

① 罗淑霞：《澳门特别行政局长者服务的发展历程及现况》，镜湖护理学院，http：//www.kwnc. edu. mo/worldcongress_ info2013/doc10. pdf。

② 《十年来积极提倡长期照顾安老政策方针》，澳门社会工作局，http：//www. ias. gov. mo/pro_ ser10/pro_ ser10b01/bar0102c01. htm。

③ 罗淑霞：《澳门特别行政局长者服务的发展历程及现况》，镜湖护理学院，http：//www.kwnc. edu. mo/worldcongress_ info2013/doc10. pdf。

澳门长者服务重视评估机制的发展。“家庭照顾、原居安老”是澳门安老政策的基本方针①。社会工作局透过一系列的措施以达到善用安老院舍资源为有需要长者提供服务的目的。例如，自2008年起由受训的专业人员透过使用“澳门特区长期照顾服务统一评估工具”，对所有向社会工作局申请入住受资助院舍的个案进行统一评估。以长者日间护理中心的服务申请为例，该护理中心利用评估工具根据申请个案的健康状况做出服务的分流，避免出现资源错配的现象②。除此之外，社会工作局于2011年在其中四间安老院舍推行“安老院舍统一评估及中央转介机制”，统一处理个案入院安排以简化行政程序，使自理能力较弱、认知能力欠佳和缺乏他人照顾的长者，能够透过中央转介机制及早获得分配院舍宿位③。这些正是解决长期照顾服务及医疗服务信息不对称（Information Asymmetry）和委托代理问题（Principal – Agent Dilemma Problem）的有效措施。

澳门长者服务拥有众多民间社团机构。其中，街坊会联合总会（以下简称“街坊总会”）是澳门最大的传统社会服务机构。街坊总会成立于1983年，由26个街区街坊会、30个附属机构、50多座大厦业主会和小区组织组成④。街坊总会设有长者服务中心，并提供不同类型的长者服务，例如长者关怀服务网络、平安钟等⑤。截至2014年9月，该中心已服务370多万人次，以及跟进处理11000多宗居民个案⑥。此外，街坊总会于2014年新增独居长者善终服务计划和社区保姆服务，服务对象覆盖全澳各阶

① 《长者服务工作》，澳门社会工作局，2009，http：//www. ias. gov. mo/pro_ ser10/pro_ ser10b01/bar0102c01. htm。

② 《长期照顾服务统一评估工具》，澳门社会工作局，2008，http：//www. ias. gov. mo/pro_ ser10/pro_ ser10b01/bar0101h. htm。

③ 澳门社会工作局：《安老院舍统一评估及中央转介机制》，澳门特区政府，http：//portal. gov. mo/web/guest/info_ detail? infoid = 124468。

④ 《澳门街坊联合总会简介》，澳门街坊总会，http：//news. ugamm. org. mo/CN/? action – aboutus。

⑤ 《澳门街坊联合总会简介》，澳门街坊总会，http：//news. ugamm. org. mo/CN/? action – aboutus。

⑥ 《街总新阁创新气象》，《澳门日报》2014年12月16日，http：//www. macaodaily. com/html/2014 – 12/16/content_959762. htm。

层人士[①]。除了长者服务外，街坊总会协助逾820户三类家庭申请特别津贴，为247户弱势贫困家庭和单亲家庭发放应急援助金[②]。

澳门明爱总干事潘志明认为，澳门地小人多，人口老化引申的失能、失智人数不断上升，跨境安老可以作为其中一个出路[③]。广东省政府网站早前发布的民政事业改革工作会议纪要披露，港澳服务提供商可于广东以民办非企业单位形式举办养老服务机构、开展居家养老服务[④]。随着粤澳打造珠三角“一小时生活圈”，愈来愈多澳门人往返内地居住和工作。因此，建立两地跨境工作、生活人员各方面福利和服务的衔接机制，有利于确保澳门居民不因跨境工作影响其应有的福利和社会保障权益[⑤]。可见，区域合作发展推动长者服务的重要性。

2. 康复服务

澳门康复服务的需求具有多层次。完善相关的生活津贴，减轻残疾人士及其家庭的生活压力，一直是澳门社会服务界的关注点。在20世纪80年代中期，政府开始以“民办公助”的方式推行，透过澳门社会工作局提供或辅助民间机构开展各类康复服务[⑥]，其覆盖范围包括院舍服务、日间暂托中心、展能中心、教育及训练中心、职业培训中心、辅助就业中心、庇护工场、复康巴士和善终服务等。根据澳门统计暨普查局2011年的人口普查数据，澳门残疾人口有11141人，肢体不遂有2582人，精神功能障

---

① 《街坊总会第十四届理事会工作报告》，澳门街坊总会，http://news.ugamm.org.mo/CN/?action-viewnews-itemid-7172。

② 《街坊总会第十四届理事会工作报告》，澳门街坊总会，http://news.ugamm.org.mo/CN/?action-viewnews-itemid-7172。

③ 潘志明：《澳门跨境养老的机会与挑战》，香港老年学会，http://www.hkag.org/Conference/cross_border_seminar_2014.pdf。

④ 《港澳服务提供者在广东以独资民办非企业单位形式举办养老机构申请须知》，广东省民政厅，http://www.gdmz.gov.cn/wsbg/bszn/shfl/200802/t20080227_13859.htm。

⑤ 《团体冀内地选点建安老院》，澳门街坊总会，http://news.ugamm.org.mo/CN/?action-viewnews-itemid-2660。

⑥ 香港理工大学应用社会科学系：《复康服务的供给体系与长远策略研究报告》，澳门社会工作局，2005，http://www.ias.gov.mo/wp-content/themes/ias/tw/stat/rehab_research_2005/。

碍有2205人[①]。有见及此，社会工作局于2014年推行“社区保姆服务计划”，为单亲家庭、残疾人士家庭、长期病患家庭的幼儿提供实际的托儿服务[②]。由此可见，未来的残疾人士服务的发展将继续以“民办公助”的方式推行。

澳门残疾服务供给相当多元化。澳门劳工事务局和社会工作局为残疾人士举办的“杰出雇主、雇员嘉许计划”借此提高雇主对残疾人士就业能力的了解和接纳，同时提高公众对残疾人士工作能力的认同及支持，从而鼓励更多雇主给予残疾人士就业的机会[③]。另外，劳工事务局就业厅辖下之“显能小组”，于2004年1月成立，专责为雇主及残疾人士提供免费的招聘及职业配对服务；并提供全方位跟进及支持，以协助残疾人士融入就业市场[④]。同时澳门政府也透过发展社会企业来协助残疾人士就业[⑤]。

澳门康复服务评估利用数据库优化相关服务。2011年，特区政府推行残疾分类分级评估制度，评估残疾人士状况，并向残疾程度达到法定评估准则的残疾人士发出“残疾评估登记证”，借此为政府规划及制订康复服务及政策提供重要参考数据，以及更合理运用和分配公共资源，也为今后政府及民间团体真正了解残疾人士的要求、重新调整服务功能及方向、展开适切的服务和协助奠定基础[⑥]。现时社会工作局的康复评估工具以《国际功能、残疾和健

---

① 《2011年度人口查普》，澳门统计暨普查局，http：//www. dsec. gov. mo/getAttachment/564633df-27ea-4680-826c-37d1ef120017/C_ CEN_ PUB_ 2011_ Y. aspx。

② 《小区保姆计划》，澳门社会工作局，2015，http：//www. ias. gov. mo/tw/swb-services/children-and-youth-service/the-community-nurse。

③ 《杰出雇主、雇员嘉许计划》，澳门社会工作局，http：//www. ias. gov. mo/tw/archives/gonggaotongzhi/%E3%80%8C%E7%AC%AC%E5%85%AD%E5%B1%86%E5%84%AA%E7%A7%80%E6%AE%98%E9%9A%9C%E5%83%B1%E5%93%A1%E5%98%89%E8%A8%B1%E8%A8%88%E5%8A%83%E3%80%8D4%E6%9C%88%E8%B5%B7%E6%8E%A5%E5%8F%97%E6%8F%90%E5%90%8D?list=no&type=gonggaotongzhi。

④ 《残障人士就业服务》，澳门劳工事务局，http：//www. dsal. gov. mo/chinese/DPEservice/01_introduction. htm。

⑤ 《社局推二期社企计划》，《澳门日报》2014年2月15日，http：//www. macaodaily. com/html/2014-02/15/content_878953. htm。

⑥ 《残疾评估登记服务》，澳门社会工作局，2015，http：//www. ias. gov. mo/tw/swb-services/rehabilitation-service/cartao-de-registo-de-avaliacao-da-deficiencia。

康分类》（International Classification of Functioning Disability and Health，ICF）为评鉴及分类的基础，协助寻找合适的服务配置转介①。因此，澳门政府了解到评估所取得的数据有助于建构时间序列的数据库去优化康复服务。

澳门康复服务同样受到不少民间机构的支持。澳门弱智人士家长协进会（以下简称“家协会”）是由一群智障者家长自发性地组织起来的非营利社会服务团体，秉承互相支持鼓励和自助的精神，为智障人士争取学习的机会及合理权益。家协会提供一些定期或非定期性活动，如兴趣班、讲座、交流、同乐日等，强化家长面对生活挑战的力量。现时家协会提供的服务包括暂托服务、日间展能训练服务、综合服务、辅助就业服务、餐饮培训服务、支持性服务、义工服务等②。可见，澳门民间组织的服务范围已覆盖专业长期照顾服务。家协会也曾表达希望邀请内地相关人才到澳门任教，再把澳门民间组织的经验带回内地，促进两地社会服务发展③。

澳门基金会也大力投放资源支持内地残疾人士在文体艺方面的发展④，同时，中国内地正在大力推动政府购买残疾人服务工作⑤。内地学者杨洋提出澳门模式可作为内地政府购买残疾人服务的启示⑥。与长者服务情况相若，广东省民政厅都已批准港澳民办非企业单位形式举办残疾人士服务机构。未来粤澳可以更积极透过区域合作发展残疾人士服务⑦。可见，两地在

① 第3/2011号行政法规《残疾分类分级的评估、登记及发证制度》，印务局，http：//bo. io. gov. mo/bo/i/2011/04/regadm03_cn. asp。

② 《澳门弱智人士家长协进会简介》，澳门弱智人士家长协进会，http：//www. afedmm. org. mo/about. php?cid = 5。

③ 《澳门弱智人士家长协进会赴甘肃“取长补短”》，中国新闻网，2013，http：//www. womenofchina. cn/womenofchina/html1/special/15/4476 - 1. htm。

④ 澳门基金会：《澳门基金会与中国残疾人福利基金会签约合作开展系列公益项目》，澳门新闻局，http：//www. gcs. gov. mo/showNews. php? PageLang = C&DataUcn = 84202&Member = 0。

⑤ 《澳门明爱总干事一行到访中国残联》，中国残疾人联合会，http：//2011old. cdpf. org. cn/ywkx/content/2014 - 12/30/content_ 30462838. htm。

⑥ 杨洋：《澳门模式对内地政府购买残疾人服务的启示》，《残疾人研究》2014年第3期，第57～60页。

⑦ 《港澳服务提供者在广东以独资民办非企业单位形式举办残疾人福利机构申请指引》，广东省民政厅，http：//zwgk. gd. gov. cn/006940175/201403/t20140313_ 485163. html。

社会服务发展都有不少互动，但是只局限于津助和人员交流层面，并未发展至具体和实质合作阶段。

三　中国内地社会服务状况和发展

回顾内地社会服务发展的历史，过去社会服务被狭义地理解为民政系统中的社会福利事业，其主要内容是老年人福利、儿童福利、残疾人福利等，主要对象受益者是老年人、孤儿、残疾人及五保户等。从经济体制来看，过去中国内地实行的是计划经济体制，政府通过权力手段控制所有的社会服务资源，并以计划的形式进行分配。从政治体制来看，过去中国内地实行的是高度集中的政治体制，政府职能、市场职能和社会职能融合在一起，统一由政府来执行。故中国社会福利实行“国家—单位制”模式，即国家通过权力对社会服务进行强力干预控制，通过对单位和街居的全面控制，从功能上“替代”社会组织的“自治”功能，提供“公共服务”从而达到“通过替代实现控制”。如今随着社会的变化，社会福利正在经历从补缺型向普惠型的转变，社会服务提供主体也从政府一元主体向多元主体过渡。

社会服务管理体制经历了三个主要发展阶段：第一阶段，把社会服务纳入政府部门工作；第二阶段，建立社会服务部门行政管理体制；第三阶段，首次提出要确立国家社会服务管理体制。2012 年，第十三次全国民政会议提出，必须坚持“以人为本”构建政府管理与社会自治相结合、政府主导与社会参与相结合的社会管理和公共服务体制；进一步明确提出，构建直接面向基层、面向社区、面向家庭和群众、职能有机统一的管理服务体制。然而，实际上中国还没有完成“强政府、弱社会”向“强政府、强社会”的真正转型，占主导地位的仍然是公立的社会事业体制，只有极少部分社会服务由社会组织提供①。统筹城乡建设是突破二元经济结构和三农难题的战略

① 王刚、姜维：《比较视角下的中国社会服务模式重构》，《学术界》2014 年第 7 期，第 74 ~ 83、308 ~ 309 页。

方向。在新型城镇化建设的背景下，社区成为承载社会变迁的重要载体。因此，目前政府社会服务职能通过统一的社区化机制，以政府购买社会服务作为供给方式①。

尽管澳门和内地相关机构在社会服务方面已经开始有合作的协议，但是两者社会服务管理职能却有较大的差异。目前，澳门社会服务主要由民间社团主导，其社会服务模式具有较强的自主独立性；内地社会服务则由政府主导，其社会服务模式具有较强的依附性。即便内地社会服务朝着社区化发展，两种不同社会服务模式机制使澳门民间社团机构难以进入内地社会服务市场提供服务。例如，国务院公布的《国家基本公共服务体系“十二五”规划》将基本公共教育、劳动就业服务、社会保险、基本社会服务、基本医疗卫生、人口计划和生育、基本住房保障、公共文化体育、残疾人基本公共服务作为公共服务的主要内容。当中的“基本社会服务”包括社会救助服务、社会福利服务、基本养老服务、优抚安置服务。基本社会服务列为单独门类，独立规划编制，纳入民生指数指标体系和统计指标体系②。从社会服务内容来看，内地大部分内容都与澳门基本相似。但是，内地把残疾人的公共服务独立于基本社会服务规划编制之外，而澳门则把与残疾人的公共服务相关的复康服务归为社会服务的职能。由此可见，澳门民间机构直接在中国内地提供社会服务是存在不少困难的。由供应层面转向需求层面是世界社会服务津助机制的发展趋势。也许，遵循这个发展趋势可以打破两地在社会服务的区域垄断，带来更理想的区域性竞争市场。

四　社会服务区域合作之要点

跨境社会服务、专业人士的培训以及相关的研究是区域经济融合、城市

---

① 孔娜娜、陈伟东：《合力或抗力：政府社会服务社区化问题研究》，《贵州社会科学》2010年第12期，第53～57页。

② 林闽钢：《我国社会服务管理体制和机制研究》，《华中师范大学学报》（人文社会科学版）2013年第3期，第35～40页。

一体化人口自由流动的产物。没有完善的硬件（如服务站点）和软件（标准化的专业认证和统一的评估机制），市民便要负担较大的转移成本（如时间、心理成本等）①，以致他们不太愿意使用邻近地区的社会服务，从而使跨境社会服务的构想很难实现。再加上各地区的社会服务发展规模不一，限制了当地社会服务专业。因此，与邻近地区合作发展社会服务时，必须运用彼此的比较优势（comparative advantage），互补不足。同时，也借此合作发展相关的专业认证制度，使粤港澳的社会服务水平走向统一及标准化，从而更有效地降低转移成本。

2003 年，中央政府与港澳两地签订《内地与港澳关于建立更紧密经贸关系的安排》（简称 CEPA），使三地的贸易投资更便利化，降低交易成本，促进三地的经济产业发展②。2009 年，中央将粤港澳区域合作提升至国家发展策略，并公布《珠江三角洲改革发展规划纲要（2008～2020）》③，通过实施《横琴总体发展规划》的决议，这标志着粤港澳区域合作进入新的阶段。粤澳合作发展横琴产业园区，使澳门企业能借此平台更容易进入内地市场投资发展产业，并受惠于珠澳两地通关的管理和关税的优惠，实现澳门经济适度多元化，其中中医药产业园区的合作开发备受关注④。当时，粤澳在医疗的合作层面，都以发展中医药为主，这也有助于把中医药业应用于长期照顾服务内。而港珠澳大桥的兴建，将港珠澳打造成“一小时生活圈”，加速三地资源流动（人力资源、货物），减低企业付出的交易成本，有利于其合作层面的强化及扩展⑤。

---

① 苏东斌：《共享的价值——澳门外向型经济与泛珠三角区域合作》，澳门理工学院，2004。

② 澳门贸易投资促进局研究暨资料处：《〈内地与澳门关于建立更紧密经贸关系的安排〉对于澳门的影响浅析》，澳门贸易投资促进局，http：//www.ipim.gov.mo/cn/publication/newsletter/211/211_1.htm。

③ 国家发展和改革委员会：《珠江三角洲地区改革发展规划纲要（2008～2020）》，中山大学发展规划与学科建设办公室，2008，http：//fzghb.sysu.edu.cn/docs/20130605095011408102.pdf。

④ 《医药产业园推动澳经济发展》，《澳门日报》2013 年 8 月 18 日，http：//mpaper.org/Story.aspx？ID＝456164。

⑤ 《粤港澳联合赴美加推广大珠三角投资环境》，澳门贸易投资促进局，2014，http：//www.ipim.gov.mo/business_macao_detail.php？tid＝42695&mode＝print&lang＝zh－cn。

《粤澳合作框架协议》的签订①和CEPA补充协议的扩大开放使三地之间的合作从经济扩展到社会服务等层面，为三地合作进行角色定位，产生区域互补优势。例如以横琴开发、产业发展、基础设施的建设、社会服务的提供为主，为两地在经济、社会以及民生的区域合作发展带来新机遇②。协议提出两地合作推动医疗标准化，为两地居民提供更优质的服务。然而，不统一的标准会限制两地的社会服务合作。2013年，粤澳双方签订11份合作协议（如《关于建设实施粤澳新通道项目合作协议》《澳门轻轨与广珠轻轨无缝换乘合作协议》等），主要针对社会民生合作层面。2014年更实现粤澳两地24小时通关，这标志着合作层面正不断深化扩展，可见，未来通过区域合作发展社会服务是关键③。

五　社会服务区域合作之建议

澳门与内地的区域合作已经从经济层面延伸到社会服务层面。社会服务的供给方之一是医疗市场，而长期照顾服务是服务重点。其中，长者服务和康复服务是长期照顾服务的主要内容。过去，澳门着眼医疗市场的规模效益比较优势，基于香港医疗市场着重于专科治疗的发展，澳门医疗市场则着重于公共卫生体系的建设。在此背景下，尽管澳门专科医疗水平不足、医护人员人力资源短缺，但是澳门居民整体健康水平与香港居民相若。随着中央政府不断在软件（如粤澳合作框架）和硬件（如24小时通关的安排）上支持内地与澳门区域之间的融合，作为澳门社会服务主要供给方的民间机构与内地社会服务机构的区域合作正在从协议转为服务站的实体化。在新型城镇化建设的背景下，内地社会服务主要以由政府为主导统一的综合社区化形式来

① 《粤澳合作框架协议》，广州市人民政府港澳事务办公室，2012，http://www.gzfao.gov.cn/Item/5673.aspx。

② 《粤澳合作框架协议》，澳门特区政府，http://portal.gov.mo/web/guest/info_detail?infoid=109827。

③ 《粤澳四重点深化合作》，《澳门日报》2013年6月15日。

提供。从社会服务的供给来看，两地的服务模式机制和认证制度的差异会阻碍两地各部门之间的协调，从而影响社会服务市场在区域合作中的效率。因此，粤澳合作框架下社会服务的区域合作应该从供给层面逐步转向需求层面。

“整笔拨款”制度（Lump Sum Grant Subvention System）是一个有助于社会服务的区域合作从供给层面逐步转向需求层面的过渡制度。现时，澳门社会服务供给机构的营运机制主要依靠政府的“实报实销”制度。“实报实销”制度是指政府根据社会服务供给机构实际上报的开销金额给予相应的报销。尽管这种制度强调投入控制（Input Control），有助于降低非政府组织滥用资金的风险和保证政府服务目标的实现，但是其僵硬化和官僚化的制度使社会服务供给机构难以找到合适的渠道去提升效率和服务质素。过去，香港同样面对相似的问题，因此香港在社会服务“民办公助”模式的基础上，推动“实报实销”资助制度向“整笔拨款”资助制度方向发展。与“实报实销”的资助方式相比，“整笔拨款”制度强调的是产出控制（Output Control）。政府购买服务的“整笔拨款”会对每年资助额度进行封顶，机构需根据自身情况制定人力资源政策，政府只监察服务提供机构的服务产出和成效，开启了定位服务和增值服务的竞争，而不再监督资助资金的具体使用情况和停留于资助水平的竞争①。

除此之外，现金券也能够推动社会服务机制从供给层面转向需求层面，同时还能优化区域合作中的社会服务资源的配置。由于香港的非政府组织对政府资助有依赖的历史惯性，因此各个受资助的机构都可能面对资源削减和投入制约，从而影响社会服务的稳定性和连贯性②。站在社会服务市场的角度，服务的需求者才是产业链的终端使用者。为改善这问题，2013 年香港

---

① 程绍辉、林闽钢：《香港社会福利服务的政府资助方式研究》，《黑龙江社会科学》2014 年第 1 期，第 109 ~ 113 页。

② Legislative Council Secretariat, “INFORMATION NOTE - Impacts of the Lump Sum Grant Subvention System on the Subvented Welfare Sector,” 2008, http://www.legco.gov.hk/yr07-08/english/sec/library/0708in14-e.pdf.

政府引入“长者社区照顾服务券试验计划”，“钱跟人走”的模式使社会服务机制更靠近需求层面的发展[①]。事实上，澳门的“医疗券计划”也有类似的功能，即用户按照个人实质需求来选择所需医疗服务。这样一方面推动了私人医疗市场的发展，另一方面又减轻了公营医疗体系的负担。然而，澳门医疗券的投入欠缺香港试验期的推广经验，导致澳门居民对医疗券背后的理念认知不足[②]。无论如何，此类现金券的使用对社会服务机制转型具有重要意义。现金券的使用也由传统纯现金券方式转向美国的现金加咨询服务（Cash and Counseling）[③]，其目的在于处理服务供给者和需求者之间的信息不对称问题。长期照顾服务是社会服务的重要环节，但澳门居民认为医疗券的使用范围窄、金额低，不能满足长期病患者的实际需求[④]，需把医疗券使用范围拓宽至内地才可以缓解这两个问题。澳门的评估机制是由内地与香港学术团体共同开发的，故此评估机制有助于澳门通过现金券在三地之间进行社会服务的区域合作。综上所述，建议澳门特区政府把医疗券推广至要进行区域合作的地区，并根据评估机制给予服务需求者相应的医疗券金额，以提升社会服务资源分配的效率，最终达到“宜居、发展、关爱、善治”的政策目标。

---

① Sau Po Center on Ageing and Department of Social Work & Social Administration, The University of Hong Kong, “Consultancy Study on Community Care Services for Elderly Final Report. Website,” http://www.elderlycommission.gov.hk/en/download/library/Community%20Care %20Services%20Report%202011_eng. pdf.

② 陈建新、陈慧丹、伍芷蕾：《从新公共管理的效率与效益看医疗改革——以香港和澳门医券发展为例》，《公共管理与政策评论》2014 年第3（2）期，第67～76 页。

③ J. Schore, L. Foster, B. Phillips, “Consumer Enrollment and Experiences in the Cash and Counseling Program,” *Health Education and Educational Trust*, 42（2007）, No. 1, pp. 446－466.

④ 《街总青年政策小组促政府审视医疗券的成效》，澳门街坊总会，http://news.ugamm.org.mo/CN/?action－viewnews－itemid－4491。

B.15

澳门跨界生活发展趋势：交通联结的视角

林瑞海*

摘　要：随着澳门的持续发展，人口及旅客量的增加，澳门与区域的关系日益重要。行政长官2014年财政年度施政报告中也指出，加强区域合作，优势互补共赢，是澳门可持续发展及改善民生的重要政策。本文综合分析了澳门近期的整体区域发展情况、未来的区域发展规划及策略，并从交通联结的视角，就未来的跨界出行趋势做出浅析。考虑到澳门与区域的交流日趋频繁，各项区域性的规划以及新城填海区总体规划构建了一个澳门与区域融合发展的蓝图。而跨界出行是跨界生活的基础，澳门各跨界交通基建的建设完成后，将与区域的交通网络相衔接，支撑未来澳门居民跨界生活，促进区域间人员要素的交流。而最近的延关措施也将对改善澳门居民及旅客的跨界出行、澳门的内部交通，以及澳门未来的可持续发展更有着深远的影响。未来澳门与区域尤其是珠三角湾区的交往互动将更频繁，跨界生活将更为重要，跨界出行的需要必将大大增加，将需透过口岸通关以及跨界交通基建的提升，以满足新一轮的发展需要，即透过区域合作促进澳门的可持续发展及民生的改善。

关键词：跨界出行　跨界基建　区域融合　轨道交通　交通规划

* 林瑞海，运输学博士，澳门特区政府运输基建办公室技术顾问，研究方向为运输政策与规划、运输系统分析、公共交通、智能交通系统及物流研究等。

一 序言

澳门位于中国东南沿海、珠江三角洲以西，面积31.3平方公里，由澳门、氹仔及路环三部分所组成，2014年第三季度人口约63.1万，人口密度约为每平方公里2.09万人。而在博彩业的带动下，经济持续急速发展，根据统计暨普查局的资料，澳门2013年人均生产总值（GDP）为697502澳门元（约相当于87306美元），较2012年增长了约16%，较十年前（2003年）增长达3.9倍。而按照布鲁金斯研究所和摩根大通的一项研究排名，澳门是2014年全球各大城市经济表现最佳者①。

澳门人口分布主要可分成本地居住人口及外地旅客。本地居住人口指拥有澳门居留权的人士，包括本地居民及外地雇员；居住人口大多使用运输工具往来居住及就业地区，外雇人数则估计会进一步攀升至约20万人，而随着延长通关时间的进一步开放，估计会有愈来愈多的外雇居住在珠海，每天通勤来往于珠澳两地。

外地旅客为短期停留的人士，当中有一半以上在同一天内进出澳门。由于内地与澳门的通关便利，因此访澳的客源大多以中国内地旅客为主，其次为香港及台湾等地的游客。根据统计暨普查局的资料②，2014年澳门总旅客入境人数达3150万人次，比上年增长达7.5%之多，是澳门居住人口的约50倍。然而有1700万人次是不过夜旅客，其余1450万人次逗留多于一天的仍是澳门居住人口的23倍。上述数字中，超过六成的旅客来自内地，当中约七成来自广东省。事实上，以关闸口岸为例，在每年约1亿的出入境人次中，居住人口及外地旅客之比例约各占一半。因此，澳门的社会经济发展，与邻近区域的关系愈益密切，尤其是陆地相邻的区域。而跨界出

---

① Brookings Institute, *Global Metro Monitor: An Uncertain Recovery 2014* (Metropolitan Policy Program, 2015), p. 40.

② 澳门统计暨普查局，http://www.dsec.gov.mo/Statistic/TourismAndServices/VisitorArrivals/VisitorArrivals2014M12.aspx。

行可以说是跨界生活的基础，也是本文的重点，无论是现在还是未来，跨界出行的基建及通关便利性的提高变得非常重要，将对区域融合的发展起着举足轻重的作用。

二　区域融合的大趋势

澳门位处珠江口西岸，三面环海，北与珠海拱北接壤，西与珠海湾仔、横琴岛一水之隔。长久以来，就与邻近区域有着紧密的关系及联系。在2008年公布的《珠江三角洲地区改革发展规划纲要（2008～2020）》（下称《纲要》）中，以广州、深圳、珠海、佛山、江门、东莞、中山、惠州和肇庆九市为主体，辐射周边地区。其中透过错位发展、城市间互补方式，让环珠三角城市一体化成为核心城市未来发展的议题，从而达到经济共同发展及打造优质生活圈的目标①。

2008年10月公布的《大珠三角城镇群协调发展规划研究报告》更提出以轨道为主的“珠三角一小时交通圈”，跨界轨道的无缝衔接会是其中重要的一环（见图1）。由广佛、港深及澳珠三个都会圈所形成的粤港澳优质生活圈将会透过城轨或高速铁路一体化互相连接并各自形成不同层次的一小时交通圈及跨界无缝衔接等。

2011年3月《粤澳合作框架协议》签署②，确立了横琴开发、区域合作规划等重点，并提出共同编制珠江口西岸地区发展规划和澳珠协同发展规划，同时国家“十二五”规划明确支持澳门经济适度多元化发展和打造“世界旅游休闲中心”。中央政策的大力支持，区域合作的机遇，将为澳门未来发展提供广阔空间与良好条件。协议提出产业协同发展、共同开发横琴、研究共享社会公共服务等一系列紧密合作的举措，为两地共同打造世界级的新经济区域和优质生活圈，为澳门特区建设成为“世界旅游休闲中

① 澳门土地工务运输局，http：//urbanplanning. dssopt. gov. mo/cn/zhushanjiao. php。

② 澳门特区政府，http：//portal. gov. mo/web/guest/info_ detail？infoid＝109960。

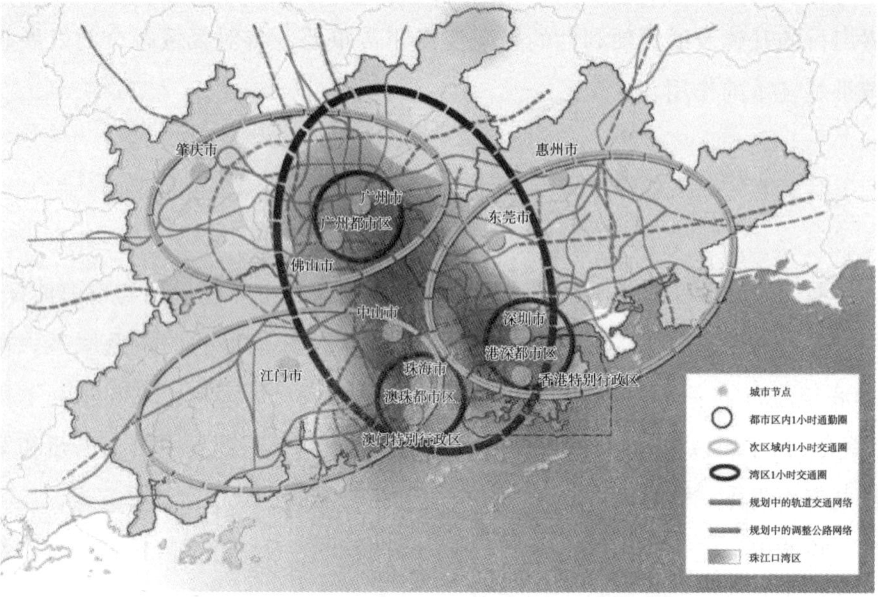

图1　大珠三角城镇群一小时交通圈战略示意图

资料来源：大珠三角洲城镇群协调发展规划研究。

心”、加快经济适度多元化步伐、促进可持续发展，创造了更有利的条件；也为广大澳门居民的就业、学习和生活，以及澳门企业的提升发展创造了崭新的机遇。在中央的大力支持下，《粤澳合作框架协议》的主要精神已纳入“十二五”规划之内。

因此，当前是澳门特区融入珠三角区域共同发展的黄金时期。《纲要》《粤澳合作框架协议》《横琴总体发展规划》在近年先后公布和实施，充分展现出珠三角地区与澳门特区的合作上升至国家战略的层面，为特区带来新的发展机遇和动力。珠三角的融合是发展方针，而珠澳合作、一小时交通圈、优质生活圈是既定目标，建设包含高铁、城轨及轻轨等为主的绿色交通系统则是达到以上目标的国家发展策略。

2009 年6 月27 日，中央政府正式批准把横琴岛约1. 09 平方千米的土地给予澳门特区建设澳门大学新校区。新校区已于2014 年第三季度开始运作，象征着粤澳合作及区域融合的重要一步。在加强区域合作过程中，特区政府十分重视跨界交通基建的衔接。澳门作为国家的一部分、珠三角的重要一员，必须配合国家战略去规划未来的发展及轨道交通基建，并透过跨界轨道交通基建的无缝对接，与整个珠三角“三环八射”轨道网及贯通全国的高铁网相通。区域交通网的衔接，是推动澳门的长期可持续发展，促进澳门与粤澳区域合作的重要一步。因此，作为澳门未来公交网络骨干的轻轨系统，对澳门的未来发展起着举足轻重的作用。

在内地与香港、澳门关于建立更紧密经贸关系的安排的协定（CEPA）和合作框架的基础上，粤港澳三地已初步建立起有效的区域协作机制，相关协定的签署进一步为地区合作提供了有效平台，专项领域的深入合作也为湾区宜居发展奠定了良好基础。但在粤港澳三地的发展模式、政治体制和管治体系不同的背景下，三地的跨界合作依然存在一些挑战：不同关税区的差异，使三地之间人流和货物往来的时间成本、交易成本仍然较高；技术标准的差异，影响了三地研发成果的交流及基础设施的协调；教育、医疗、社会保障等福利配套制度的差异，难以吸引港澳高端人才到内地发展。总体来说，湾区在自然、人文、产业发展、交通以及区域合作机制等方面具备促进宜居发展的基础条件，但在过程中也要面对不少挑战①。

三　澳门与区域有关的发展

（一）陆路交通运输政策中的区域交通考虑

随着《纲要》的颁布，以及《粤澳合作框架协议》的签订，澳门未来将结合区域融合的趋势，朝向亚太地区最具活力和国际竞争力的城市群发展，并成为“世界旅游休闲中心”及区域性商贸服务平台。新城填海区规

① 环珠江口宜居湾区建设重点行动计划研究建议摘要，http：//www. prdbay. com/ft/Download_File. asp?id =69。

划有序推进，“世界旅游休闲中心”的发展定位确立，粤澳产业协同发展策略落实，这将使澳门未来十年的社会、经济、城市面积、城区布局、人口规模都发生重大变化。而因应城市的发展，必须从整体理念、基础设施规划和建设、制度创新和管理，适地适时地提出一套整体陆路交通政策，以回应居民和游客的出行需求，配合澳门经济适度多元的发展需要。为推动珠三角地区的融合发展，澳门需配合各项跨界交通基础建设，建构多元便捷的口岸交通枢纽，实现一小时交通圈。

澳门交通事务局于2011年发布的《澳门陆路整体交通运输政策（2010～2020)》提出，“……愿景是‘打造居民宜行、旅客宜游的绿色交通城市’，围绕的核心理念是‘以人为本’及‘可持续发展’”。澳门陆路整体交通运输政策是以‘公交优先’为核心，一方面构建以轻轨为主干、巴士及的士为基础、步行系统为辅助的绿色交通系统，引进无缝整合、确保公交路权优先来提升整体公交服务品质，并且配合区域公共交通出行的模式。

轻轨系统由于路线上连接了澳门的海、陆、空所有口岸，因此是区域融合的重要交通基建。轻轨中远期计划借着与珠海、广州及深圳三轨道枢纽连接至珠三角“三环八射”轨道网，并连通往内地的高速铁路网，实现澳门轻轨系统与内地轨道网的全方位便捷对接，并实现与泛珠三角地区的紧密联系，加强粤港澳一小时交通圈的构建及区域的融合，未来将会为澳门带来显著的社会和经济效益。广珠城际快速轨道已于2012年接驳至珠海，而现在正在兴建围绕着澳门西边，连接拱北至横琴的广珠城轨延长线，澳门必须把握好参与珠江三角洲区域融合时机，把澳门的交通尤其是轻轨系统的规划、建设工作做好，以营造轨道交通作为区域一体化出行核心的“绿色交通”工具，达致澳门及区域的可持续发展，共建优质生活圈，借此提升澳门城市的竞争力，确保澳门社会经济可持续发展。

（二）澳门的新城填海区与区域的关系

除了在区域合作上的发展外，2009年11月，中央政府正式批复同意澳门新城填海造地350公顷，填海区共分为五块，分别位于澳门半岛东（A

区）、南（B 区），以及氹仔的北面（C 区、D 区及 E 区）。按照第二阶段公众咨询文本的资料，规划草案的三个原则是特色发展、整体最优及绿色低碳。规划人口按照不同的发展假设在 2020 年可高达 75 万人，而新城区的规划人口容量则约为 10 万～13 万人。而“把握区域合作机遇、共建澳珠十字门户”，作为草案整体规划构想中有关区域的部分，具体表现在与珠海十字门的横琴、湾仔协调发展，突显珠西区域门户的优势，落实澳珠协同发展规划，共建世界级滨海城市。交通规划方面则构建便捷的“双环双轴”外环道系统和轻轨系统，使其成为与区域连接的主要交通基建①。

（三）跨界交通基建

区域合作是运输工务范畴的重点工作（见图 2）。现正在规划设计以及建设中的项目包括：港珠澳大桥、粤澳新通道、透过延伸澳门轻轨系统与广珠城际轨道在横琴口岸无缝换乘对接的延伸横琴线，以及港珠澳大桥澳珠人工岛的轻轨线路等。此外，透过轻轨系统与其他交通运输工具整合推进区域一体化，以能有效让民众享有各类公交系统之间的转乘接驳优惠，从而让民众在澳门市内以至珠三角地区内均能以较低成本及便捷环保的方式出行，满足《纲要》中一小时交通圈的构想②。

1. 港珠澳大桥

港珠澳大桥位于珠江口伶仃洋海域，是连接香港特区、广东省珠海市和澳门特区的大型跨海通道，是解决香港、内地（特别是珠江西岸地区）及澳门三地之间的陆路客货运输要求，建立跨越粤、港、澳三地，连接珠江东西两岸陆路运输的新通道。港珠澳主桥从西端珠海拱北对开的人工岛伸展至东端近粤港分界线的海底隧道东人工岛，是一条三线双程分隔车道，全长约 29.6 公里，采用桥隧结合方案，包括一条长约 6.7 公里的海底隧道及两个

① 新城区总体规划草案咨询文本，澳门特区政府运输工务司，2011 年 10 月 22 日至 12 月 23 日。

② 广东省住房和城乡建设厅、香港特区发展局/规划署和澳门特区政府运输工务司：《环珠江口宜居湾区建设重点行动计划研究》（汇总报告），第 81 页。

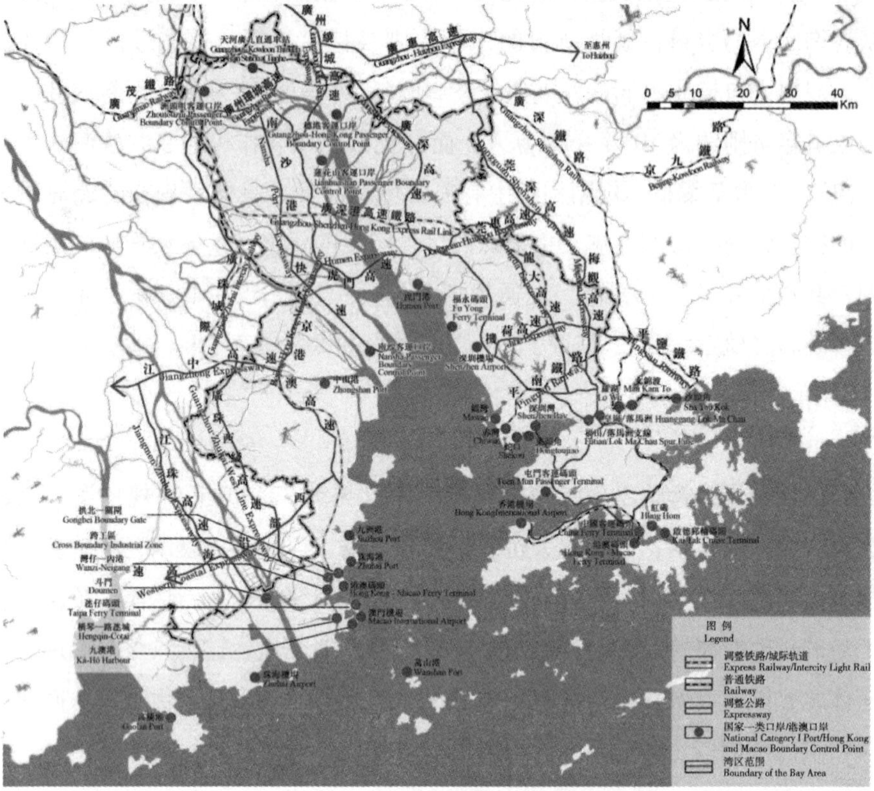

图2　湾区跨界交通设施现状示意图

资料来源：广东省住房和城乡建设厅、香港特区发展局/规划署和澳门特区政府运输工务司：《环珠江口宜居湾区建设重点行动计划研究》（汇总报告），第81页。

人工岛。港珠澳大桥的落实将推动构建珠三角经济一体化，促进珠三角区内的产业发展①。

2. 粤澳新通道

新通道位于拱北—关闸口岸西南侧约800米，属全封闭旅客过境专用性质，仅供行人使用，初步设计日通关客流量为20万~25万人次。现正积极

① 澳门特区政府建设发展办公室，http：//www. gdi. gov. mo/hongkong_ zhuhai_ macau_ bridge_ info. php。

有序地开展前期筹建工作，澳方小组与广东省及国家有关机关展开联络、磋商及调研，争取粤澳新通道作为拱北口岸的附属口岸，希望纾缓拱北口岸的巨大压力，同时也可解决长期以来的鸭涌河整治问题。粤澳双方对创新型通关模式已有初步共识，待最后落实，将上报中央审批①。

3. 澳门轻轨延伸横琴线

澳门轻轨延伸横琴线与广珠城轨延长线在横琴口岸进行车站间的无缝换乘对接，不仅是实现《粤澳合作框架协议》中的跨界基础设施对接及促进横琴新区发展的工作重点，也是一个极为重要的跨界民生项目，有利于促进两地的经济发展及人民往来。与城轨的无缝换乘对接，可确保澳门居民与珠三角城镇群的“一小时生活圈”，借着与广州及深圳交通枢纽的连通，可便捷地透过四通八达的高铁线网连接全国各主要地区，大大改善澳门与内地的交通连接。同时，便利的轨道交通连接，更有利于早日分流现时拱北关闸的过关人流压力，提升特区的旅游接待能力，促进澳门的长久可持续发展。目前，延伸横琴线已进入设计阶段②。

同时，2020 年前广东将在珠三角地区建成 16 条城际轨道线路，通过高速城轨串联整个珠三角，与香港、澳门实现对接，当中包括连通横琴口岸的城轨。该批线路建成后，将形成连通区域内所有地级市和主要城镇的呈“三环八射”状分布的轨道交通网络，成为区域内的快速公交走廊。珠三角内城轨将实现无缝换乘，跟香港与澳门对接，极大方便市民出行③。

四　通关措施

澳门现时有三个陆路口岸、三个海路口岸及一个国际机场口岸。现在建造当中的有氹仔新客运码头及港珠澳大桥人工岛口岸，规划当中的有粤澳新

① 《澳门日报》，http：//www. macaodaily. com/html/2014 - 11/26/content_ 954190. htm；新闻局，http：//www. gcs. gov. mo/showNews. php？ DataUcn = 66859&PageLang = C。

② 新闻局，http：//www. gcs. gov. mo/showNews. php？ DataUcn = 83636&PageLang = C。

③ 《澳门日报》，http：//www. macaodaily. com/html/2015 - 01/04/content_ 964546. htm。

通道与妈阁湾仔河底行人隧道及口岸。为配合社会急速发展以及因应广大市民和旅客的需求，从 2014 年 12 月 18 日凌晨 0 时起，澳门特区三个边境口岸实行新的通关措施：关闸口岸开、闭关时间分别提前和延后各一小时；路氹城口岸对所有人士实施 24 小时通关；跨境工业区口岸于凌晨 0 时至 7 时开放予徒步的澳门居民，以及属内地居民之外雇人员和学生。除了通关措施的延长外，不远的将来，澳门将有新的口岸出现，可进一步分流现高度集中于关闸的人流。而前述研究都预计澳门与内地的通关会趋于便捷，会起着促进区域融合的作用。以下为针对最近的延关措施的一些初步分析。

（一）延关措施的短期影响

根据措施实施后的 2015 年 1 月 1 ~ 15 日的数据，关闸口岸延长通关的时段内，合计出入境总数为 5814 人次，当中早上 6 ~ 7 时有 4464 人次，可见有相当部分的旅客已分散于早上提前的一个小时内过关，成功分流来往两地的外雇和学生，明显分担了该口岸平日 7 ~ 8 时的压力。关闸口岸延关前，每日平均 30 万人次出入境，一些繁忙日子高达 38 万人次；延关后，今年内地元旦三日假期，每日有 32 万 ~ 33 万人次出入境，平均每日 30 万人次左右。节假日出境人次减少，有可能是部分旅客分流到莲花口岸或跨境工业区口岸，一定程度上纾缓了关闸的通关压力，相信未来分流作用会愈趋明显。

根据新闻局资料，路氹城口岸于凌晨 0 ~ 9 时有 1293 人次出入境。跨境工业区口岸 0 ~ 7 时则有 1153 人过关，相对于平日凌晨的百余人次在数量上明显上升。路氹莲花口岸未实施 24 小时通关前，每日早上 9 时至晚上 8 时，出入境约有 2 万人次，新措施实施一个月，在平日周一至周五，出入境约有 13000 ~ 15000 人。跨境工业区口岸凌晨 0 ~ 7 时开放予澳门居民、外雇和学生通行，平日出入境 1300 ~ 1800 人。跨境工业区下半夜通关，居民可以晚上使用跨境工业区过关，为珠澳融合提供便利。

由数据可见，24 小时通关实施仅一个月，时间尚短，可能大部分旅客或旅行团访澳的模式尚未改变，加上横琴尚在发展阶段，相信未来各口岸的情况变化更明显。随着未来港珠澳大桥的落成、横琴的发展以及广珠城轨进一步延伸，来澳旅客定会增加，相信待未来横琴发展和配套成熟，莲花口岸通关人数也会在现有基础上大增①。

如表1所示，参考澳门各口岸的年出入境人次②，以2014年为例，关闸仍然为澳门最重要的口岸，处理接近四分之三的出入境人次，但各口岸中以路氹城及珠澳跨境工业区的增幅最为显著，超过两成，由于横琴新区的持续发展，相信路氹城口岸很快就会成为澳门的一个主要口岸，而事实上横琴口岸已开始准备扩容至日处理30万人次，加上广珠城轨延长线及澳门延伸横琴线的规划建设，有望能分流部分关闸之客流。跨界车辆方面，2013年接近500万辆车出入境，同比2011年增幅均超过10%，当中以珠澳跨境工业区最为显著，增幅超过一倍（见表2）。

表1　2014年各口岸跨界出行人数及增幅

单位：百万人次，%

口岸	入境	出境	出入境人次月比增幅
外港码头	8.907	7.779	3
内港码头	0.610	0.306	4
关闸	54.393	57.094	12
机场	2.440	2.559	7
路氹城	2.510	2.595	23
珠澳跨境工业区	0.417	0.406	24
氹仔码头	4.672	3.160	5
总　计	73.949	73.899	10

表2　2013年跨界车辆数目及增幅

单位：百万辆/天，%

口岸	入境	出境	出入境对比2011年的增幅
关闸	1.920	1.876	12
路氹城	0.387	0.445	17
珠澳跨境工业区	0.148	0.157	131
总　计	2.455	2.478	16

① 《澳门日报》，http：//www.macaodaily.com/html/2015-01/19/content_968290.htm。

② 澳门治安警察局，http：//www.fsm.gov.mo/psp/cht/main.html。

（二）延关措施的中长期影响

社会对上述之通关措施有着不同的看法，在一次主题为“延长通关时间的作用及意义”的座谈会中，学者提出延长通关时间实为为澳门换取更大的发展空间。然而，新措施必定对民生有影响，如楼价、交通、零售、酒店等，但可深化区域合作。实质效果需要时间观察并进行分析，以利日后政策的制定①。另外，也有学者指出，新通关措施会催生新的市场需求，改变商业经营模式，人力资源也需适当配合。经济建设协进会理事长杨道匡预期澳人或会有新的生活模式，更多人“珠海居住澳门工作”，此乃大势所趋，亦符合《粤澳合作框架协议》内的城市群建设、社会公共服务及优质生活圈建立等。尤其现时澳门约有 15 万外雇，粗略估计其中至少三分之一已在珠海居住，24 小时通关后，相信会有更多外雇以珠海为家，可能会令澳门楼价、租金有所调整。澳门科技大学商学院会计与财务金融学系系主任刘成昆认为，延长通关时间在一定程度上延展了澳门的发展空间，加上澳珠基建对接，有利于澳门拓展非博彩业，如教育、中医药、零售、会展、红酒等，实现适度多元化。澳门科技大学社会和文化研究所助理所长宋雅楠指出，24 小时通关可降低现时主要跨界流动的限制，无论物流还是人流都将更加自由化和便利，有利于澳门发挥商贸平台作用。

事实上，在货运物流方面，粤澳海关查验结果互认已顺利启动，澳门海关表示，两地海关采取此一互认模式，避免两地海关重复查验同一批货物，可大大简化货物通关程序，平均省略 1 ~2 小时的查验时间，提升通关效率，对于促进澳门国际航空运输竞争力，以及澳门现代物流业的发展将起到积极的作用。

五　结论

综上所述，刚实施不久的新通关措施，除了回应日益增加的通关需求

---

① 《澳门日报》，http：//www. macaodaily. com/html/2014 -12/11/content_ 958011. htm。

外，还代表着一个新时代的开始。随着澳门的各个区域合作项目的推动、跨界交通基建的完善、通关措施的进一步开放，未来澳门的跨界出行的时空分布将会产生变化，以下为未来跨界生活的一些可能趋势。

（一）未来区域发展趋势

从邻近澳门的珠海横琴，到中山、南沙以至更广阔的区域，都正在为不同的合作项目进行不同程度的规划及建设。以横琴新区为基础的横琴自贸区于2015年3月正式挂牌，展开自贸区的开发建设工作。未来五年，横琴将以设立自贸区为契机，在基础设施对接、产业协作、通关模式创新等方面推动粤港澳深入合作，打造促进澳门经济适度多元化发展的主平台。2020年，力争有超过1万家澳门企业进驻横琴，力争三成以上（约为8万人）横琴常住人口为澳门居民。由此可见，珠海横琴与澳门的关系将会愈加密切①。

随着澳门的持续发展以及与相邻区域更加密切的关系，未来澳门发展所面对的区域已不单是相邻的区域，配合国家“一带一路”整体发展策略，“一个中心、一个平台”将为澳门区域发展提供长远路向。澳门地处中国南海之滨，有非常优越的区域优势，在其自身旅游业迅速发展的同时，还将对“一带一路”旅游合作起到重要的作用。为此，澳门中联办副主任姚坚提出四点建议：一是发挥多方积极性，完善旅游合作机制；二是将“一带一路”历史文化遗产与旅游合作相结合；三是利用澳门中葡平台优势，加强与“一带一路”沿线葡语系国家的旅游合作；四是发挥粤港澳区域旅游一体化优势，打造海上丝绸之路旅游核心区。这将为形成具有国际吸引力的精品旅游线路和旅游产品创造良好的条件②。

与此同时，特区政府已向中央提交“十三五”规划澳门章节的建议文本，进一步构建“一个中心、一个平台”，一方面，继续努力建设“世界旅游休闲中心”；另一方面把“中国与葡语国家经贸平台”延伸至整个大文化

---

① 《澳门日报》，http：//www. macaodaily. com/html/2015 -01/30/content_ 971100. htm。

② 《澳门日报》，http：//www. macaodaily. com/html/2015 -01/25/content_ 969687. htm。

领域，全方位拓展商贸服务平台，在多个领域加入新的、积极的推动元素。在深化区域合作方面，继广州南沙、珠海横琴外，正向中央申请与中山合作设立“粤澳全面合作示范区”[①]。

（二）未来区域生活的新模式

综上所述，未来区域发展的趋势，以及支撑澳门自身发展的区域合作，都会加速澳门与区域的合作与联系，具体反映在每天跨界来往澳门与区域的人流量。为了提升处理这些新增的客流量而兴建的跨界交通基建、更便捷的通关措施及延长的通关时间，都会改变人的出行模式，跨界生活的基础建立了，加上区域一小时交通圈的逐渐成形，同一天往返更远区域之可能性愈大，需求也愈多。同时，这也促进了人员与要素的流动性，促进了经济、社会及文化的多元发展，到时居民的生活不再受限于居住地，跨界出行的便利性使人员可以在不同的地点工作、生活、娱乐及从事各项活动。以珠三角湾区为核心的区域跨界生活模式，除了加强湾区各主要城区的联系外，还提供了各城区优势互补、可持续发展的机会与动力。而澳门所面对的区域将不仅限于湾区，“一带一路”及“一个中心、一个平台”的发展将驱使澳门与国际进一步接轨，使澳门的跨界生活发展至更广泛的领域。

① 《澳门日报》，http：//www. macaodaily. com/html/2015 –01/28/content_ 970575. htm。

B.16
澳门职业技术教育回顾和展望

曾玛莉*

摘　要：职业技术教育关系澳门应用型人才的培养。本文对澳门职业技术教育的现状进行分析，并指出职业技术教育在制度、生源、办学空间、师资、办学外延等方面存在的问题。展望未来，澳门将依托人才培养长效机制推进职业技术教育的优化与发展，政府在本土做好制度建设和加大资源投入的同时，有序拓展粤澳职业教育合作。

关键词：长效机制　应用型人才　职业技术教育　校企合作

一　前言

随着澳门经济结构的变化和就业市场的兴旺，澳门就业人口逐渐流向服务型职位，很多技工领域（如电工、水喉技工）都缺乏青年人入行接班，出现不同程度的人才断层现象，这对经济发展和居民生活已带来一定的影响。

回归以来，澳门职业技术教育一直是培育技能型人才的重要途径。然而，在过去一段较长的时间里，澳门职业技术教育并没有得到社会足够的关注和认同。直至2011年底，特区政府政策研究室启动全澳范围内的公众咨询，并在其起草的《澳门特区人口政策框架》咨询文本中明确提出，以强

* 曾玛莉，澳门大学教育学硕士，澳门中华教育会时事关注组成员，研究方向为职业技术教育、学校组织公民行为。

化职业教育作为提升人口素质的政策主线之一。在公众咨询期间，各界人士从不同角度对于“强化职业教育”的政策主线进行解读和建言，重新引起居民对于发展职业技术教育的重视和期望。

2014 年度特区政府施政报告宣布，澳门正式启动构建人才培养长效机制。特区政府明确提出培养精英人才、专业人才和应用人才，并将研究启动“精英培养计划”“专才激励计划”“应用人才促进计划”。其中，“应用人才促进计划”与澳门职业技术教育的发展密切相关。

根据《澳门特别行政区人口政策框架咨询意见报告及意见汇编》一书，特区政府政策研究室认为，职业教育关系澳门本地技术型、实用型人才的培养。按照研究室的分析，澳门居民整体上认同澳门要强化职业教育的政策方向，原因在于普及技能培训从长远来看有利于澳门本地服务水平和人才竞争力的提升。公众咨询期间，有澳门居民特别建议，特区政府应切实研究开办 1 ~2 所正规的职业技术学校。

从公共政策脉络和公众意见来看，大力发展职业教育已成为完善全民教育体系建设、储备多元人才和拓宽青年发展空间的必然途径。为此，本文对 2014 年澳门职业技术教育发展进行回顾和展望。本文分为三大部分，包括：①澳门职业技术教育现况；②澳门职业技术教育发展所面临的问题；③对澳门职业技术教育优化方向的展望。

二　澳门职业技术教育现况

（一）澳门职业技术教育内涵

联合国教科文组织在 2011 年修订的《国际教育标准分类法》指出，职业技术教育系指“主要为学习者掌握在某一特定的职业或行业或某类职业或行业从业所需的知识、技艺和能力而设计的教育课程”[①]。从国际定义来

① 联合国教育、科学及文化组织：《国际教育标准分类法》，第五章第 14 页，http://unesdoc.unesco.org/images/0021/002191/219109C.pdf。

看，职业技术教育偏重就业能力培养，强调教育和市场需求结合、课程跟随市场变化做出更新的特点。这对澳门等地区的职业技术教育具有参考意义。

事实上，自20世纪90年代初期开始，澳门政府已开始立法，对职业技术教育的内涵进行定义。按照《非高等教育制度纲要法》的规定，职业技术教育是正规教育内高中教育阶段的一种教育模式。具体条文如下。

> 一、（……）职业技术教育旨在培养中等程度的技术人员，既促进人的全面发展，又兼具职业导向，使学生拥有从事某一职业所需的基本知识、能力及专业精神。
>
> 二、职业技术教育须兼顾学生升学的需要。
>
> 三、职业技术教育课程可在实施正规教育或回归教育的学校中开办。
>
> 四、根据学校按适用法例制定的标准，合格完成职业技术教育者，有权获得高中学历证书及专业技术资格证书。

除了第9/2006号法律《非高等教育制度纲要法》之外，澳门职业技术教育也受第54/96/M号法令所规范。根据第54/96/M号法令，职业技术教育的目的有四。

> a）透过建立拉近学校与劳动力市场距离之机制，设立与正规教育相配合之选择性培训模式；并得在正规教育机构之独立单位内开展，尤其是在企业、社团及为此目的而设立之机构内开展，以鼓励公民社会共同或独立举办该等课程；
>
> b）透过符合从事职业及升学要求之一般培训及技术培训，使升学及立即进入劳动力市场成为可能；
>
> c）作为教育制度框架中不同之教育方式时，提供新机会及更大之选择自由；

d）按劳动力市场之需求，培训合格之专业人士，使本地区拥有所需之人力资源，促进生产结构之现代化及社会经济之发展。

对于中学职业技术教育课程结构，澳门在回归前已通过第34/SAAEJ/96号批示、第34/SAAEJ/98号政府批示等做出规定（见表1），但已有多年未做出较大修改。

表1　澳门职业技术教育相关法律

法例编号	法例名称	相关内容
第11/91/M号法律	《澳门教育制度》	• 订定职业技术教育的总纲和框架 • 已废止，参照第9/2006号法律
第54/96/M号法令	规范“技术及职业教育”	• 对技术及职业教育的目的和课程做出规范
第9/2006号法律	《非高等教育制度纲要法》	• 明确“职业技术教育”和“职业培训”的目的、定义
第34/SAAEJ/96号批示	—	• 明确职业技术高中教育的行政暨商业课程结构 • 明确职业技术高中教育的工业维修电机技术课程结构
第34/SAAEJ/98号批示	—	• 明确旅游技术课程初中职业技术课程、电脑技术课程结构

资料来源：澳门印务局网站。

（二）总体定位

回归以来，职业技术教育的定位不是很清晰。直至2012年，特区政府全面颁布实施《非高等教育十年规划（2011～2020）》，为澳门职业技术教育指明发展路向。职业技术教育从此有了新定位。按照十年规划，特区政府致力在15年免费教育的基础上，努力推进职业技术教育的发展，并按照澳门产业适度多元化的需要积极发展职业技术教育，构建灵活开放的终身教育体系。

第四届特区政府业已成立，相关部门正陆续落实行政长官崔世安先生的参选政纲。根据其行政长官参选政纲的关爱篇，新一届政府将加大力度发展与经济适度多元化相适应的职业技术教育，并制订职业技术教育发展大纲，以完善全民教育网络的发展蓝图。

（三）生源上的弱势

职业技术教育是澳门正规高中教育的一个分支。合格完成职业技术教育者，可取得高中学历证书和专业技术资格证书，一方面可让有意取得更高学历的学生继续升学；另一方面又能让他们毕业后顺利进入劳动市场。尽管职业高中毕业生有“双证”的优势，但对比普通文法中学，修读职业技术中学的学生多年来始终保持较少人数和较低比例。2009/2010 学年，澳门职业技术中学有 1271 人，经过多年的发展，学生人数也只是缓慢增加。截至 2013/2014 学年，澳门中学生总人数为 33470 人，其中职业技术教育学生 1416 人，占全体中学生的 4.2%（见表 2）。

表 2 显示，澳门职业技术教育的生源近五年依然保持弱势，澳门职业技术学校并不能吸引优质的学生入读，更不能与文法中学教育并列为主流教育。

表 2　2009/2010 学年至 2013/2014 学年的职业技术教育

学年	班数(班)	学生数(人)	中学生总数(人)	占高中学生比例(%)	占中学生比例(%)
2009/2010	63	1271	39493	6.4	3.2
2010/2011	69	1507	38731	7.5	3.9
2011/2012	78	1601	37327	8.2	4.3
2012/2013	79	1605	35526	8.5	4.5
2013/2014	72	1416	33470	7.8	4.2

资料来源：《教育数字概览（2013/2014 教育数字）》，澳门教育暨青年局。

（四）职业技术教育课程

目前，澳门职业技术教育课程的提供者主要是中学，并行一些校企合作和高等教育的课程项目。高中的职业技术教育课程必须由“社会文化”“专业科技及实践”“专业实习”共三个部分组成。就读职业技术中学的学生，在高中一、二年级需要修读“社会文化”和“专业科技及实践”领域之学科，在高三则需要有“专业实习”课。2012/2013 学年共有 9 所公、私立学校共开设 41 个职业技术教育课程，就读学生共 97 个班 1861 人。在这方面，私立的工联职业技术中学和公立的中葡职业技术学校是专门的职业技术中学，提供一条龙的职业高中教育，而其余的则是在普通文法中学（如培华中学、庇道中学等）中添加一些职业技术教育类的课程（见表 3）。

表 3　澳门职业技术课程一览

学校性质	学校名称	课程范畴	学校性质
职业技术中学	工联职业技术中学	会计、会计与电子商务、电脑、翻译、电工与电梯、电气与网络、会计与办公室实务、电力工程	私立
	中葡职业技术学校	电脑多媒体及网页设计、平面设计、旅游、行政暨商业、中葡翻译、电子技术、创意时装设计及制作	公立
非职业技术中学	培华中学	体育运动、体适能、资讯商务、资讯科技、多媒体文化创意	私立
	澳门演艺学院	舞蹈、音乐	公立
	庇道中学	体育、服装形象及舞台设计、社会服务	私立
	海星中学	美术与设计、社会服务、教育服务、保民菁英*	私立
	创新中学	商业行政实务、现代演艺实务、创意美术设计、创意影视制作、酒店会展接待及文职实务	私立
	三育中学	观光旅游、商务、旅游	私立
	浸信中学	音乐	私立

注：* 海星中学的高中课程分为高中文组、高中理组、保民菁英组、教育服务组、社会服务组、美术与设计组。其中，保民菁英组突出专业学科的学习，包括机构实习和专业中、英、数等应用能力实践科目。

资料来源：各中学宣传资料、办学机构网站和澳门教育暨青年局。

校企合作办学是世界职业技术教育发展潮流。在澳门，近年也出现了校企合作发展技术类课程的情况。2011 年起，澳门工联职业技术中学（以下简称“工联职中”）与澳门电力股份有限公司（以下简称“澳电”）共同合作开办为期三年的“电力工程系统技术操作员专业课程”。课程计划的目标是培养本地青年成为具有专门技术和能力的电力工程系统技术操作员。教学大纲由工联职中与澳电共同制订，澳电将负责为课程计划第二年提供导师。在课程计划的第三年，澳电将负责为学生提供实习机会，将实际工作与技术融合，让学员有汲取实际工作、体验企业文化的机会，及加强从事相关行业的信心。完成课程及表现良好的学员，于课程完结后可获澳电优先聘用。该课程招生情况理想，学员满意度高。现已有多名毕业学员加入澳电工作。

此外，澳门高等教育机构亦和职业技术中学在课程设计上有所沟通和对接。近年，澳门本地的大学陆续提供部分职业性质较强的进修课程，满足澳门居民的需要。最为居民所认识的是，澳门理工学院和澳门旅游学院在2003年合办了澳门旅游博彩技术培训中心，为本地市场提供博彩、旅游酒店与会议展览等多元的专业培训，该中心在2009年8月结束。澳门理工学院另设“博彩教学暨研究中心”，继续开办更多娱乐场管理的培训，使更多本地员工能胜任管理职务。此外，澳门理工学院还成立了理工—贝尔（IELTS）英语中心（与英国剑桥教育国际联盟合办）、成人教育及特别计划中心等，多方位加强职业方面的教育培训。

事实上，澳门旅游学院、澳门理工学院和澳门科技大学也尝试提供一些职业性强、突出实践教学的高等教育课程（如厨艺学士课程、翻译学士课程和护理学学士课程，见表4），相关课程亦深受澳门学生欢迎。

表4　澳门部分高等院校职业教育类学士课程

学校名称	学士课程	课程简介
澳门科技大学	餐饮管理学	课程有两个主修：厨艺学及餐厅管理。在大学四年内，安排多次的校外实习及校内实践课程
	护理学	完成课程后可成为护士，在医院和社区不同专科提供优质的护理服务

续表

学校名称	学士课程	课程简介
澳门理工学院	护理学	培养学生具有护理专业精神，成为具备护理专业知识和技能，为服务对象提供安全、有效护理之实用型专业人才
	音乐	为有志从事音乐教育及音乐表演专业人士提供全面的培训
	翻译	中英翻译学士毕业生熟练掌握英语与中文(广东话、普通话)之传意技巧，并能胜任不同中英口、笔译工作 中葡翻译学士毕业生熟练掌握葡语、具有良好的中文基础(广东话、普通话)，懂基础英语，能够从事葡中/中葡口、笔译工作，或从事研究、教学及文秘工作
澳门镜湖护理学院	护理学	学习方法包括讲授、研讨、导修、实验室操作、多媒体及网上资料和临床学习
澳门中西创新学院	旅游娱乐业管理	为从事旅游娱乐业的人员而设计，弹性的日夜间互补课堂，以使能够适应他们特殊的工作时间
澳门旅游学院	厨艺管理	课程由丰富市场视野的大学教学人员和行内资深的厨师共同开展，并基于院内教学餐厅和国内外高星级酒店的实习，让学生能在实践环境中成为厨艺管理人才

资料来源：澳门各高校网站和招生材料。

（五）实践平台

澳门两所职业技术中学的学校面积有限，实践教学场地一般只供自己学生使用。至今，澳门仍缺乏向全澳居民开放的职业技术教育实践场地。为此，特区政府借着兴建石排湾公共房屋群楼的契机，已从中预留空间提供全民性的职业教育实践中心。

具体来说，特区政府计划动用7亿多澳门元，在石排湾CN6a地段兴建职业教育实践中心。职业教育实践中心将设有“会展服务、形象及舞台设计区”“文化创意产业区”“国际厨艺区”，政府亦构思邀请外地专业人士以不同语言教授短期课程。该中心的收生对象包括：在高中修读职业技术教育的学生，在文法学校就读的高中、初中学生，以及需要考取认证、修读持续教育等课程的市民。职业教育实践中心预计将于2016/2017学年投入运作。

（六）2014年进展

2014年是澳门人才培养长效机制建设的起始之年。过去一年的职业技术教育的发展主要围绕人才培养长效机制的建设而推进展开，相关进展有以下五个方面。

第一，应用型人才的培育纳入特区人才发展战略。本着“人才建澳”的基本理念，第三届特区政府于2014年启动构建人才培养长效机制，建立起人才培养工作的统筹规划制度，并成立直属行政长官的人才发展委员会。人才发展委员会的职责是，构思并确保落实人才培养的短、中、长期措施和政策，以及有效调拨资源，尤其是“精英培养计划”“专才激励计划”“应用人才促进计划”的实施；委员会成立之后，积极就人才培养及发展的政策和措施开展构思、规划和制订工作方案。人才发展委员会下设“规划评估专责小组”“人才培养计划专责小组”“鼓励人才回澳专责小组”，并透过定期举行专责小组工作会议以及平常大会，对具体计划和措施展开讨论及意见交流。

第二，主管职业技术教育的澳门教育暨青年局已于2014年7月委托专业机构，深入研究澳门职业技术教育中长期发展的模式和策略，并以此为基础修订有关法规，加强职业技术教育区域合作及推广工作。相信此专项研究会检视职业技术教育在非高等教育十年规划中的落实情况，检讨《非高等教育纲要法》有关职业技术教育的条文和第54/96/M号法令。

第三，人才发展委员会设立了人才数据登记网页（https://www.scdt.gov.mo/reg），广泛收集包括应用型人才在内的各类人才数据。人才登记的条件之一是“拥有专业职业资格（证照）”，通过人才登记能让政府掌握澳门具较高综合素质的职业技能人才数据，由此构建一恒常机制，让企业、人才和政府间共享应用型人才信息。

第四，继首期“持续进修发展计划”到期结束后，特区政府再次推出

2014～2016年“持续进修发展计划”，为所有年满15岁的澳门居民提供三年期、上限为6000澳门元的进修资助，借此鼓励澳门居民持续进修增长知识，以提升个人素养和技能，从而配合经济产业适度多元发展及营造学习型社会的目标。根据澳门教育暨青年局对首期计划的总结数据[①]，在本地受资助项目中，职业技能类的课程共有92638人次参与，占全体本地项目参与人次的33.2%，其中，语言类、资讯科技类是最受欢迎的两大类本地职业技能课程。

第五，粤澳两地按序推进职业技术教育合作。在实施《粤澳合作框架协议》2014年重点工作中，粤澳两地把落实南沙新区与澳门职业教育合作协议、深化澳门旅游学院与南沙开展培训合作、培育具有专业知识和技能的旅游人才等作为合作重点工作。此外，澳门教育部门也通过“学以致用校本应用课程资助计划”，组织中葡职业技术学校、工联职中、培华中学、三育中学和培正中学学生于2014年9月在上海展开学生交流活动。赴沪期间，澳门中学生主要就资讯科技和文化创意等课题，分别与上海市信息科技学校、上海群星职业技术学校和上海市逸夫职业技术学校等进行交流学习，与上海学生共同研修资讯科技和文化创意等专业学科，并于当地的职业培训中心内操作实践，交流技能学习的心得。

综合2014年的工作情况，澳门主要采取本土培育和区域推进并行的策略：一方面，在人才培养长效机制建设中加强职业技术教育的资源投入和制度建设；另一方面，借助区域合作筹备，把澳门旅游学院职业技能认证标准向广东地区职业技术学校推广，扩大合作实效和成果。

三 澳门职业技术教育发展所面临的问题

（一）优质生源不足

回归以来，政府对职业技术教育的发展做了大量推动的工作，取得一定

---

① 澳门教育暨青年局，http：//www.dsej.gov.mo/pdac/2014/download/attendance_140630.pdf。

成效。尽管如此，职业技术学校的生源在量和质上仍未见明显的提升，职业技术教育亦未能与普通文法中学教育并列主流教育。澳门适龄生总数不断下降是造成职业技术学校收生难的原因之一。但在其背后根深蒂固的原因是，澳门职业技术学校的学生被家长贴上“读书不成”“没有前途”“辛苦工”的标签。此外，职业技术学校毕业生的工资中位数追不上澳门整体工资中位数，与赌场发牌员1.6万澳门元的月薪存在差距。因此，在澳门高等教育学额相对充裕的情况下，绝大多数的初中毕业生都会选普通文法高中。种种情况促使多数家长会优先送孩子到普通中学接受教育，令职业技术教育长期处于生源弱势。

（二）企业参与职业技术教育不足

校企合作是促使职业技术教育与澳门经济适度多元化发展要求相适应的重要途径。然而，澳门职业技术教育的特征是以政府为主导，以政校配合为辅。具体来说，澳门职业技术中学的课程主要是受教育制度所监管，课程供应主体是学校，缺乏企业的充分参与，也未形成一种企业订单式的学生培养模式。究其原因，澳门企业以中小微企为主体，在人资不足和人员流向博彩业的情况下，一般小微企业不太愿意花资源把人员送学校进行长线的培养，更不用说在教育的源头上参与职业技术教育。

（三）缺乏与高等教育的有效衔接

尽管澳门某些大学和职业技术中学合作提供职业技术课程，澳门正规高等教育与职业技术教育仍存在较明显的分水岭，两者未能有效衔接，这促成职业技术教育与高等教育缺乏互动，致使职业技术学校毕业生到大学攻读学士时要重新适应文化大学的要求，中学所学的技能也逐渐变得生疏和过时。究其原因，澳门正积极打造优质的高等教育，不少院校努力迈向研究型、学术型的大学目标，均希望以更丰硕、更具世界影响力的科研成果，尽快提高学校的全球知名度，这种思路符合全球高校竞争的规律，实属无可厚非。但在这种思路下，基本没有高校可以集中精力发展职业教育。

事实上，澳门是一个多元的社会，民生对高等教育的社会功能有更大的期望和要求。诚然，澳门不应该把所有大学都发展成为学术型大学，澳门社会仍需要一两所大学较为专注于职业技术教育发展的职业技术院校。与全球趋势相比，澳门至今仍缺乏发展高等职业技术教育的平台，这令职业技术教育的发展难以深度延伸至高等教育的层次。

（四）“双师型”师资不足

师资不足困扰澳门职业技术学校的多元化发展。职业技术中学的老师应该是“双师型”的，既要符合《非高等教育私立学校教学人员制度框架》（以下简称《私框》）规定的基本师范资格，又要具有相当的专业技能和业界经验。当前，基本没有一间学校拥有“双师型”的教师团队。在这种情况下，在澳门两所职业技术学校的教师很多都是文法学校培养出来的精英，他们对职业技术教育的理解和技能深度还有待改善。

学校开展职业技术课程，要聘请符合资格的导师。但《私框》规定要找超过一个月的代课人员必须进行教师登记，致使拥有业界经验或懂职业技能但没有师范资格的教员未能长期教导课程。举个例子，学校要举办某个做西饼的课程，必须要有学位的做饼师傅才行，但在市场上很难找到有专门学位的做饼师傅，令学校处在两难困境。

（五）场地不足

澳门土地资源稀缺，教育用地不足问题突出。学校开设职业技术教育课程涉及学校资源和场地配套问题。例如，学校要办护士课程便要找几个教室（如实验室、标本室），但在澳门临时找七八个教室实在不容易。厨艺、电工、博彩技术等其他职业技术课程同样面临配备和设施配套不足的问题。与此同时，澳门的企业也很少借出场所给职业技术学校使用，致使职业技术教学用地的空间多依赖公共部门和学校提供。

可幸的是，特区政府正努力规划未来新的五幅填海用地，并承诺预留教育用地，同时，路环石排湾公屋群已预留兴建职业教育实践中心的用地。教育界对职教用地的供应抱有很大的期望。

（六）尚未建立第三方评审机制

要发展优质的职业技术教育离不开课程质素。香港大力推进职业教育，在香港行政长官施政报告中明确提出重新确立职业教育的重要性。香港提升职业教育课程质素的做法是，邀请第三方独立评审机构“香港学术及职业资历评审局”对职业教育课程进行评审和提出改善建议，通过评审的课程将上载香港资历架构名册，供公众查阅和监督。

从制度比较来看，澳门暂未能和职业技术教育发达地区的做法接轨，缺乏权威的独立第三方专业评审机构对澳门职业技术教育的课程素质进行评鉴和提出持续改善的建议。

四 展望

澳门是一个多元发展的社会。澳门教育的目标并不是把每个人都培养成白领和尖子。在一个多元的社会里，我们需要各式各样的人才以支持社会经济系统的均衡发展。展望未来，澳门社会正迈向专业化与职业化的发展时期，与时俱进发展职业技术教育是顺应这一发展趋势的教育策略。

本文认为，澳门职业技术教育应该朝以下八个方向做出优化。

第一，制订职业技术教育发展大纲。目前，《非高等教育制度纲要法》和《非高等教育十年规划（2011～2020）》共同指导着澳门职业技术教育的发展方向，但光靠这些仍不能走出一条优质的发展道路。因此，有必要制订专门的职业技术教育发展纲要，进一步明确职业技术教育的定位、发展方向和模式。澳门地方小，不可能发展面面俱到的职业技术教育，反而应根据未来产业定位，发展优质的、具竞争力的、紧贴市场需求的和各方协调参与的职业技术教育。

第二，加强学校和企业的合作。人才是服务社会和企业的。企业本身最清楚自己需要什么人才。倘若澳门企业能告诉职业技术教育办学机构需要什么类型的人才，那培育工作将是更为聚焦、事半功倍的。在这方面，建议特区政府应鼓励企业，特别是大型企业，更多地与职业技术学校深度合作，参与职业技术课程的设计，并为学校提供生源和实习场地，促进校企合作。

第三，逐步确立高等院校参与职业技术教育的机制。短中期而言，政府工作应加强澳门高等教育与职业技术教育的互动发展。通过放宽高校举办职业性强的学位课程、加强职业技术中学和高等院校课程设计的衔接等系列工作，让澳门职业技术教育能够进入大专教育的层次，吸引学生选择职业技术中学的升学途径。

第四，鼓励业界人士以专职或兼职形式从事职业技术教育的工作。特别是在高等职业技术教育平台建立后，政府应该建立职业技术教育师资培养计划，为投身职业技术教育师资的人才规划职业生涯发展路径，对他们外出进修、业界学习等职业生涯发展提供支持。

第五，在非高等教育委员会属下成立职业技术教育推广专责小组，研究全面强化、提升和发展职业技术教育的策略。在未来推广中，推广主体要重视职业技术教育形象的“包装”、推广和营销，在澳门社会建立职业技术教育就业前景佳和专业性强的形象。

第六，建立或引入职业技术教育第三方评审机制。借鉴香港经验，政府可考虑为未来澳门职业技术课程引入第三方独立评审机制，逐步提升职业技术教育的质量。

第七，建立持份者参与职业技术教育的长效机制。职业技术教育作为一个复杂的社会系统，其发展离不开持份者的共同参与。尽管政府对职业技术教育负有最主要的责任，但在现代市场经济中，技术和职业教育政策的制定与实施应当在政府、雇主、专业协会、企业、雇员及其代表、当地小区及非营利组织建立的新合作伙伴关系中实现。

第八，随着区域合作的推进，澳门要加强与内地、香港和台湾的紧密合作，拓宽职业技术学校学生的学习资源和国际视野，引进好的职业技术标准，向外推广澳门旅游业职业技术认可标准，让澳门职业技术教育融入各地区的实际需求。

总的来说，澳门职业技术教育的发展势头乐观。政府既要优先在澳门本土做好制度建设和加大资源投入的工作，又要借助粤澳合作为职业技术教育扩大生源、学习资源，在地区合作中谋求更远、更稳和更实在的发展。

B.17

现金分享计划：建设另类社会福利长效机制

邓玉华*

摘　要：澳门由2008年开始发放现金分享，澳门居民人人有份。人们深明经济环境总有起落，财政不会年年有余，要居安思危、积谷防饥。多年来对现金分享的性质、目标和做法，社会上有不同的看法，并理性地提出现金分享应由临时措施转化为长效机制，本文对此做出探讨、分析，提出现金分享是一种普惠性的社会福利，主要目标是分享经济发展成果，要综合考虑财政储备及盈余状况，建立合理分配、可加可减的现金分享长效机制，并利用过期未被提取的现金分享的可观金额，另设扶贫基金，更好地支援弱势。

关键词：现金分享　社会福利　长效机制　澳门

一　引言

过去几年，澳门人每年都收到政府发放的一次性现金分享，可谓皆大欢喜。除多了余钱之外，也提高了作为澳门人的自我形象，引来羡慕目光。现金分享成为澳门人茶余饭后经常谈论的话题，而每到政府准备发表年度施政报告

* 邓玉华，南京大学社会学博士，澳门社会工作人员协进会及澳门社会保障学会前理事长，在澳门多间大专院校兼任教职，主要研究方向为社会福利政策、社会保障、非营利组织管理。

时，人们都在猜，明年又派多少？仿佛现金分享已成为一种常态。澳门人在开心收取现金分享之余，也常有反思：现金分享是否应该？是否恰当？如何运用这笔财政盈余方对个人和社会长远有利？最终引出建设现金分享长效机制之说。

近年特区政府提出建立各种长效机制，大多属社会福利范围，现金分享是一种社会福利吗？人们对现金分享性质、目标的认知一致吗？作为公共财政，面对各种需要，现金分享是其中一个选择吗？本文尝试整理分析，并探讨现金分享长效机制的建设。

二　现金分享计划推出之背景

澳门回归 15 年来，尤其是赌权开放后，经济发展取得亮丽的成绩。其中 2013 年人均本地生产总值为 697502 澳门元，较回归前的 1999 年增长了约五倍；2013 年人均收入达 586681 澳门元①，居世界前列。

然而，财富分配不均的情况也明显存在，以澳门人每月收入中位数看，15 年来增长了约 1.5 倍（164.2%），由 1999 年的 4920 澳门元增至 2014 年第三季度的 13000 澳门元②，居民慨叹经济高速发展下，未能分享到经济成果。在经济高速增长的同时，物价升幅亦相当明显，回归初期澳门随大环境变化，综合消费物价指数呈负增长，但自 2005 年起，物价指数年增长率多在 3% 以上，最高一年为 2008 年的 8.61%，最低一年为 2009 年的 1.17%，而 2014 年 11 月为 6.1%③。物价当中房价更是增幅惊人，至 2014 年 11 月平均房价为每平方米 91731 澳门元④，是 1999 年增幅的十倍以上，澳门出现住房难的问题。

政府作为公共财政的管理者，担当资源再分配的重要角色，必须量入为出，合理审慎处之。确实，政府的财政收入随着博彩业发展而大幅增长，在

① 澳门统计暨普查局，http：//www. dsec. gov. mo。
② 澳门统计暨普查局，http：//www. dsec. gov. mo。
③ 澳门统计暨普查局，http：//www. dsec. gov. mo。
④ 澳门财政局，http：//www. dsf. gov. mo。

过去十多年，政府财政年度收入增加了约13.8倍（2013年与1999年相比），开支增加仅3.4倍。在政府库房充裕的情况下，政府在增加促进基建及经济发展之余，也为改善民生做出了不少减税和增加福利的措施。在社会福利方面，除将免费教育扩展到15年，增加公共房屋兴建，逐步提升和完善社会保障制度外，还推出了不少短期、临时社会福利措施，例如，向领取援助金者发放特别津贴、补助，向受援家庭发放租金津贴，豁免社会房屋住户的租金，设立和加强短期食物补助，设立和调高低收入人士补贴，提升政府外判清洁工和保安员的最低工资标准，提供住宅电费补贴、原水价格补贴、公共巴士车资优惠，提升各类学杂费津贴，提供持续进修津贴、医疗券、敬老金、残疾津贴、临时残疾金、现金分享等。这些措施都加大了财政支出，不同阶层的居民都有受惠，而当中以现金分享计划最受瞩目。

现金分享在2008年首次发出，连年持续，转眼间已八年，变得很难分清是长期抑或短期措施。按规定，有关计划由财政局、身份证明局等部门共同执行，具体做法是每年年中以银行转账或邮寄划线支票方式，向持有澳门特区居民身份证的居民发放，其间还会临时开放现金分享发放辅助中心，专门解答居民咨询及协助解决相关问题。多年来的规律是，有永久性居民身份的可获“全额”发放，而有非永久性居民身份的按“全额”的六成发放。计划推出初期，有永久性居民身份的获发放5000澳门元，而有非永久性居民身份的3000澳门元。至最近特区政府宣告2015年的发放金额分别为9000澳门元和5400澳门元。表1为历年现金分享发放金额，当中2011年分两次发放，前一次称“现金分享”，后一次称“现金补助”，但居民普遍都视同为现金分享，俗称“派钱”。

表1　历年现金分享发放金额

单位：澳门元

年份	2008	2009	2010	2011	2012	2013	2014	2015
永久性居民	5000	6000	6000	4000 + 3000	7000	8000	9000	9000
非永久性居民*	3000	3600	3600	2400 + 1800	4200	4800	5400	5400

注：＊向非永久性居民发放的金额，历年来均按永久性居民的60%计算。

无论如何，现金分享计划之推出，是澳门特区政府考虑到当时的政治经济、社会民生等因素，在财政充裕的情况下，因应之前一个年度的财政盈余状况，向特区居民普遍发放现金的一种做法。现金分享所得款项不被视作收入而被计算入其他福利享用条件内。

三　对现金分享的评价

现金分享是政府年度财政有较充裕盈余情况下所做的一种政策举措。在同一时间，社会上有很多问题待处理，如用于推动经济发展，提升公共设施或服务的水平，改善民生，提升人们福祉，不论用于哪方面都需要动用资源，由于资源是有限的，必须要做出选择。事实上，政策本身就是一种有关价值追求或目标实践的选择。最终澳门特区政府选择了较为另类的方式——即时性的现金分享，还富于民。

1. 对现金分享的讨论

一个政策很难令所有人都满意，现金分享之推行就引起不少讨论，有赞同也有反对，尽管大家还是收得很开心。赞同的认为：经济高速发展，每名居民都付出过努力，承受了代价，故年终应分享到经济成果；经济增长也带来高通胀，现金分享对中低层居民的经济负担起到纾缓作用；政府只作为公共事务管理者，财政有丰足盈余时应还富于民；现金分享能促进居民消费，对进一步推动经济增长也有正面作用。反对的认为：花无百日红，在经济良好时要居安思危，未雨绸缪，做好储备；目前澳门尚有很多民生事情未有做好，故财政应先用于改善社会福利方面；应对通胀、纾解民困应有其他方式，而用不着以派钱的方式；派钱会造成人的依赖性，间接削弱了人的竞争力。也有不完全反对的，例如认为派钱要派得其所，要有针对性，按不同弱势程度做不同分配；已不在澳门居住的澳门居民又或非永久性澳门居民，就不应得到现金分享；也有人尤其是长者认为过去没有什么福利大家也挺过来了（意指其实不应派，人们要自身努力），现在有钱派很感恩。

上述讨论，有些是感受抒发，也有些在说理。不同的意见，很难说对或错，而有些观点其实有其两面性，例如有人认为现金分享增加了通胀，但也有人认为正是因为通胀厉害，现金分享有助于抗通胀，两者互为相关，并形成螺旋上升模式。普遍而言，不同社会阶层人士往往有不同的看法，如基层的一般会支持现金分享；中层人士较多反思政府财政应如何善用；知名富人则少见公开发表意见。其实，不论是赞成还是反对，都是居民所思的表达。

2. 现金分享的原意

居民看法如此，那么政府推行此政策的原意又如何？由始至今，政府的说法大体上都是分享经济发展成果，尽管现金分享所达到的目标和作用时有不同的演绎。例如在第一年（2008 年）推出现金分享计划时，经济财政司司长谭伯源强调旨在纾缓高通胀压力[①]；行政长官何厚铧强调："基于明年（2009）的经济出现困难是不争的事实，大众都有心理准备要过上一段紧日子，而现金分享正好令有需要的居民有金钱花费，这样会进一步盘活本澳内部的经济。……因而，'现金分享'计划会刺激本澳的内需，对经济会起到纾缓作用。"[②] 2010 年第三届行政长官崔世安刚上任不久，在施政报告发布后的记者会上表示："今年是第三次实施现金分享计划，当年政府提出该计划，主要是针对通胀并以普及的形式发放现金分享，基础来自当年整个财政年度的盈余，将部分政府收益发放予澳门广大居民，以分享经济成果，同时亦希望透过该计划支持居民面对较高的通胀。"[③] 2011 年 3 月，行政暨公职局局长朱伟干代表政府以书面答复立法会议员的质询时指出："2011 年为适当帮助市民应对通胀压力，现金分享更提前至年初发放。"[④] 另外一个较明晰的界定或可数中级法院合议庭于 2014 年就一宗关于"劳动轻微违反"上诉案的判决内容："现金分享款项不是社会福利，它是澳门政府基于特区近年来良好的经济发展态势和每年出现的财政盈余而向全体居民分配财富，以便从某

---

① 《廿亿纾通胀拟七月实施政府派钱每人五千》，《澳门日报》2008 年 4 月 23 日，第 A01 版。

② 《政府派钱坊间意见不一行政长官称现金分享促内需》，《澳门日报》2008 年 11 月 12 日，第 A01 版。

③ 《今年续派钱发医券》，《澳门日报》2010 年 3 月 17 日，第 A01 版。

④ 2011 年 3 月 30 日答复立法会高天赐议员的书面质询。

种程度上补偿他们对这一结果所作的贡献的一项计划。”① 看来分享经济成果是主因，而应对通胀和促进内需等是附加价值，且也被视为目标之一。

无论如何，社会上不同的意见充分反映出一个政策的现实，那就是政策须反映居民的理想和需要。在现金分享计划推行之初，社会上的讨论明显较为热烈，讨论焦点在应不应派；其后经历国际金融海啸，经济有些动荡，加上特区政府领导班子换届，现金分享计划每年持续，居民对现金分享的“耐受性”亦渐显现。至 2011 年，政府曾尝试改变策略，缩减即时性的现金分享，转而向居民的中央储蓄账户拨款，着眼长远的退休保障，然适逢通胀再度上扬，故在年中再次变相发放一次“现金补助”以作帮补；至 2012 年，政府鉴于上一财政年度盈余大幅飙升，财政储备制度亦于 2012 年初立，现金分享持续并加码。虽然 2014 年下半年赌收出现持续向下，至年终录得全年负增长 2.6%②，但因之前一年基数高，年度财政盈余依然够大，加上储备充裕，政府仍提出 2015 年继续发放 9000 澳门元（非永久性居民身份的为 5400 澳门元）。目前，人们讨论的焦点已少在应不应派，而是应如何派、派多少的问题上，并思索如何为这笔庞大的年度财政盈余设立一个机制，寻找一个对澳门长期可持续发展更有利的做法。

四　现金分享派发的随意性

明确现金分享计划的由来和目标是重要的，因为不同目标应有不同的对应做法。目标确定并与众周知，可免大众过多的猜测，也是当今公共政策推行应有的一步。例如现金分享若为减低居民承受通胀之苦，就只有通胀时发放；如为促进内需，则应在消费信心和消费力薄弱时推行，以增消费、利经营。这样起码可减少不必要的期望或批评，例如将政府现金分享说成为消民怨或作为对居民不满政府施政的“掩口费”。当然如单纯作为分享经济成果

---

① 《无良雇主现金分享被扣》，《澳门日报》2014 年 6 月 3 日，第 A06 版。

② 澳门博彩监察协调局，http：//www. dicj. gov. mo。

的，就是要有充裕盈余时才会发放。

虽谓现金分享在年度财政有较大盈余下才发放，但历年数据所见派发的随意性，简单从发放金额以千元为整数增减已可推断。若认真按年度财政盈余计算一下，计划推行的头三年，发放金额都超过上一年度财政盈余的一成，其后虽然一再提高每份分享金额，但因年度财政盈余的大幅增加而比例缩小至5% ~6%（见表2），难怪有精明的居民说要派1万澳门元或更多才够。单说现金分享用意是为分享经济发展成果，这无疑也是人们提出要明确这类似“分红”方式的有力依据，重点当然是如何计算分享金额。

表2　每年现金分享占上年度财政盈余的比例

年份	年度财政盈余金额*（亿澳门元）	年度现金分享计划发放金额**（澳门元）	现金分享占上年度财政盈余（%）
2007	225.9	—	—
2008	285.7	2545296000	11.27
2009	222.8	3125254800	10.94
2010	447.7	3260766000	14.60
2011	713.7	2260653600	9.09
		1809099600	
2012	803.8	4099860800	5.74
2013	1099.6	4860931200	6.05
2014	—	5632119000	5.12

资料来源：*参考澳门金融管理局（http：//www. amcm. gov. mo）的政府财政统计，表2中引用现金存量一栏数据。

**2008 ~2010年的金额参考2013年的《澳门日报》，其余参考现金分享计划网页（http：//www. planocp. gov. mo）历年的新闻稿。

如果说现金分享与财政盈余或通货膨胀有关，那么就尝试比对一下当中的关系。首先，从数据来看，现金分享金额调整与前一年度的财政盈余的升降有点相关，当财政盈余年变动率上升时现金分享金额也调升；当下降时就不增而只维持原本的，但比例并不一致。如2010年度的财政盈余增约一倍，每人的现金分享金额（含年中加码的现金补助）的增长率合计为16.7%；2011年财政盈余增近六成，每人的现金分享却维持不变。就算加上拥有澳门人身份的人数有增，也不会左右结果。

至于现金分享与通货膨胀的关系，从表3数据可见，虽然有些年份通胀率增幅大，且预期随后一年走势也持续，但不见得现金分享金额及比例都会调升，如2012年现金分享金额无变动，但当年和之前一年的通胀变动率都在6%左右（见表3及图1）。

表3　现金分享与财政盈余、通胀的年度变动率

单位：%

项目＼年份	2007	2008	2009	2010	2011	2012	2013	2014	2015
财政盈余变动率*	98.2	26.5	-22	100.9	59.4	12.6	36.8	—	—
通胀变动率**	5.8	8.6	1.2	2.8	5.8	6.1	5.5	6.1（11月）	—
现金分享金额变动率	—	首次发放5000澳门元	20	0	16.7	0	14.3	12.5	0

资料来源：*根据澳门金融管理局（http：//www.amcm.gov.mo）的政府财政统计。
**根据澳门统计暨普查局（http：//www.dsec.gov.mo）统计。

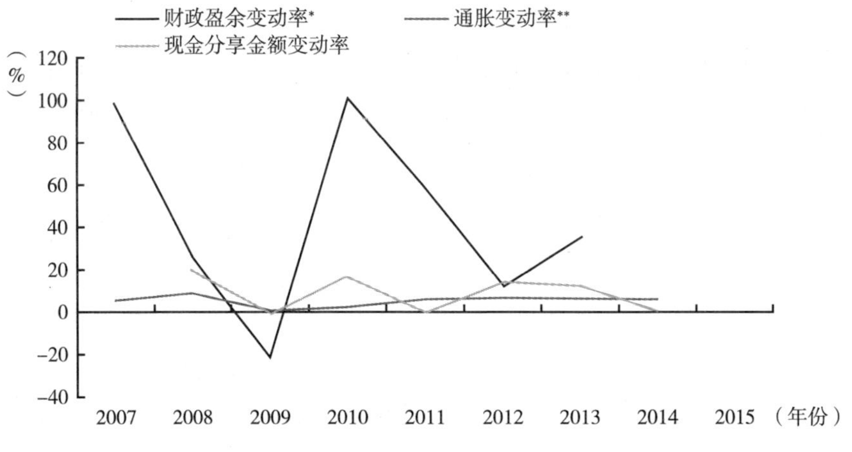

图1　现金分享与财政盈余、通胀的年度变动率

注：由于现金分享建基于前一年的财政盈余，为便于比对，图中将现金分享金额变动率曲线移前一年显示。

资料来源：*根据澳门金融管理局（http：//www.amcm.gov.mo）的政府财政统计所制。
**根据澳门统计暨普查局（http：//www.dsec.gov.mo）所制。

由此可见，现金分享派发有其随意性，金额多少只在于当局的政策决定。就如 2010 年度的财政盈余增约一倍，现金分享金额的增长率为 16.7%，但其实当时政府有意减少即时的现金分享，改为注重长远的藏富于民，增加对社会保障方面的投入。假设 2011 年只发放一次，现金分享的增加率就是 -33.4%。

现金分享连年派发，人们有不同的意见，而金额的决定却充满随意性，这也是要为现金分享计划建立一个长期可持续做法的原因，以显政策的客观、科学。

五　现金分享长效机制的建立

上文已谈过人们对现金分享计划有不同意见，也有不少人同时提出现金分享宜长远考虑，订立现金分享长效机制其实早有所闻，如娄胜华就曾建议："从长远考虑，需要探索一个制度化框架来保证社会再分配的公正。"① 现金分享推行几年后，就有更多意见认为要善用财政盈余，要为现金分享建立长期而有效的机制。在政府层面，有关想法亦早在 2010 年第三届政府上任之初露出端倪，当时新任行政长官崔世安在发表其第一份年度施政报告中提到现金分享时指出："逐步将短期计划过渡到长期的中央储蓄制度的社保体系中。"② 当然政策总有其连续性，不应是兴之所至。自 2010 年起，政府明确推出不少长期政策计划；2011 年，政府也尝试缩减现金分享，但在通胀压力下，年中又加发一次现金补助。

澳门政府对建构长效机制很有决心。2011 年，行政长官崔世安会见青年义工，有出席者担心派钱会削弱人们工作的积极性，崔世安当时回应说："青年在获得现金分享后，意识到事件背后的负面影响是一件好事。现金分享措施已实行'两步走'，包括注资中央储蓄户口。"③ 确实，2010 ~ 2014

① 娄胜华：《政治派钱共享分配》，《澳门日报》2008 年 8 月 13 日，第 D05 版。

② 《2010 年财政年度施政报告》，澳门，2010 年 3 月 16 日，第 24 页。

③ 《崔称现金分享两步走》，《澳门日报》2011 年 5 月 30 日，第 A02 版。

年，政府共向每名合资格澳门永久性居民的公积金个人账户最多注资了35000澳门元，另又将在2013～2016年共注资370亿澳门元入社会保障基金，以支持“双层式”社会保障制度①长远发展。

上文分析了社会对现金分享之目标的不同理解，以及派发标准不明确等问题，下文将针对现金分享制度建设，集中谈谈性质的界定、目标的确定、长远的考虑和机制的确立。

1. 性质的界定：另类的社会福利

首先，现金分享是否属于社会福利，人们或许都未有一致的看法，确实，对社会福利的定义会因时间和社会思想而变，就是一时一地，不同人士可能有不同的看法。现金分享计划实施的第一年（2008年），时任社会文化司司长崔世安曾回应说：“社会福利主要有两种，一是普及式的社会福利；一是有经济审查的社会福利。近年，澳门推行的现金分享计划、敬老金、医疗券等，都是新增的普及性福利。”② 但前面提到2014年法庭就指出现金分享不是社会福利。从学术角度来讲，对社会福利的界定也是五花八门的，但可以肯定的是，它是一种政府政策，也是民众的理想，它有财富再分配的作用，以追求社会公平。政策不限于长期或短期，其功能不仅在于补救性，旨在解决社会问题；也可以具发展性，以改善或提升人们的生活。应当这样理解，现金分享应属一种社会福利，覆盖全民，属普惠性，具发展性，能改善人们的生活。在资源匮乏的社会，多只能做补救性工作，而且也未必做得好；在富裕的地方自然可多做些发展性的社会福利事业。

为达致社会公平的理想，社会福利常发挥着财富再分配的作用。澳门的现金分享也是一种财富再分配方式，向基层稍作倾斜，基层受惠应较多。目前的做法是人人可得到等额现金分配，由于基层群体多不在税网，实际得益相对较大；而低收入者得到相同的分享金额，相比其个人

① 所谓“双层式”社会保障，即社会保险加上中央公积金两种方式。

② 《善用公帑重新界定社保安全网》，《澳门日报》2008年11月27日，第B05版。

固定收入而言比例较大，如分享金额可能相当于低收入者一个多月的薪金，但对高收入者而言只是月收入的几成而已。因此，无论从本质、理想还是从方式上看，将现金分享理解成社会福利是合适的，虽然该手法较为另类。

2. 目标的确定：主要是分享经济发展成果

现金分享是基于澳门赌权开放后，经济增长急速，政府税收及库房充裕[①]，考虑到居民为经济发展有不同的付出，但不是每人都比较公平地分享到经济成果，同时考虑到通胀等压力和居民对生活状况怨气不少，故政府选择现金分享。不同目标有不同应对方法，承上文对目标和方法的论述，有必要将现金分享的目标明确下来。

（1）主要目标：向全民分享经济成果。当储备制度要求达到后，之前一年的财政出现较充裕的盈余，按固定标准计算发放现金分享基本金额。

（2）额外目标：支持全民应对当时的经济压力。例如，预期当年通胀率超过某一百分点时，额外考虑增发现金分享金额。

3. 长远的考虑：长效机制的建立

何谓长效机制？在近两年政府的年度施政报告及崔世安争取连任的参选政纲中都有提及，但似乎未见有概念性的完整论述，这里只按字面理解为长期而有效的政策、制度。

一直以来，澳门政府的政策都透过法律的形式颁布执行，内容上一般都有明确的目标、原则、标准和程序，但却缺少政策的时间进程。过去人们多评价澳门政府推出的政策零散，需整合。笔者认为长效机制的提出也算是一点突破，眼见近年特区政府先后提出过多份长期规划（含咨询本），表4就列出与社会福利相关的政策规划或构想。这些规划多为十年期，有些会细分进度，当然能细分出短、中、长期的阶段性目标和安排会更好，有利于执行和评估。

---

① “至2014年7月，基本储备和超额储备分别为1164亿澳门元和1268亿澳门元，如加上2013财政年度962亿澳门元财政结余，超额储备达2230亿澳门元。”转引自《2014年财政年度政府工作总结》，澳门，2014年11月11日，第59页。

表 4　澳门特区政府近年提出的一些社会福利长期政策、构想

社会福利政策范围	长期政策文件
教育	《非高等教育发展十年规划(2011～2020)》[1] 规划及执行高等教育发展长远计划[2]
医疗	《完善医疗系统建设方案》简介(2011～2020)[3]
住房	《公共房屋发展策略(2011～2020)》咨询文本(2012) 政府提出"新城A区土地使用新规划概念性介绍与意见收集"(意见收集期为2014年7月11日至8月9日)
社会救助	自2012年起采用"最低维生指数"调整机制,每半年检讨一次
社会保障	2007年11月就"双层式"社会保障制度方案开展咨询,其后修订了第4/2010号法律《社会保障制度》(2011年1月1日生效)
中央公积金	第31/2009号行政法规《开立及管理中央储蓄制度个人帐户的一般规则》(2009年9月生效) 第14/2012号法律《公积金个人帐户》(2012年10月15日生效) 《非强制性中央公积金制度》咨询文本(2014)
老年人福利	《长者权益保障纲要法》草案咨询文本(2012年起已经历两次咨询) 2013年初成立跨部门养老保障机制工作小组,研究制订一份《2016～2025年的长者服务发展规划》[4]
残疾人保障	2013年末开展"2016～2025年的康复服务十年发展规划"[5]
青少年工作	2012年8月推出青年政策咨询文本,其后正式公布《青年政策(2012～2020)》
现金分享相关	研究建立财政盈余分配的长效机制[6]

注：[1]《2012年财政年度施政报告》，澳门，2011年11月15日，第121～134页。
[2] 崔世安于2014年发表的参选政纲第26页提及。
[3]《2012年财政年度施政报告》，澳门，2011年11月15日，第113～120页。
[4]《当局研长者服务十年蓝图》，《澳门日报》2013年4月17日，第A02版。
[5]《康复服务十年规划下月开研》，《澳门日报》2013年11月14日，第C05版。
[6] 崔世安于2014年发表的参选政纲第19页提及。

所谓长期而有效的政策、制度，"长期"这点有了，至于是否有效就需评估，而这些评估研究往往需过后进行，难以一开始就认定有效。当然还可以有其他方法，如政策取向的社会调查、社会预测、社会实验、政策咨询等①都可在事前进行，相信政府多少有采用。例如，先提出咨询文本收集意

① David Popenoe，《社会学》（第十版），李强译，中国人民大学出版社，1999，第24～27页。

见，以作为订定政策前的基础，对此我们还是可接纳“长效”之说法。当然，特区的长期政策、制度不止这些，正如之前说的，澳门政府的政策都透过法律的形式颁布执行，有其稳定性，亦时会进行完善和改良，例如，基础教育方面本身有《非高等教育制度纲要法》和其他专门法律法规，其他社会福利工作领域亦然。

现金分享计划作为临时政策已累积了八年的经验，不宜“长期临时”下去，是时候长远部署，设计一个科学而合理的机制。由于这是社会福利的一个组成部分，必须跟其他社会福利项目一并考量，即如何分配财政盈余，将其用作现金分享还是其他的社会福利？

4. 机制的确立：一些操作上的考虑

（1）中庸方案。

如前所述，社会上对直接派钱有不同的看法，行政当局必须要聆听和平衡各方意见，采取中庸之道，提供适合大多数人的公共政策或服务。目前财政盈余充裕，但总不会将盈余只做一件事，在派钱与不派钱之间，还有很多选择。简单地说，就是不走极端，当年度财政盈余充裕到一个水平时，才会实行派钱方案。

（2）有何选择。

关于年度财政盈余用在哪里，坊间最多建议是在现金分享与加强社会福利之间做选择，政府每年的平常预算中已包含各式各样的开支，各种社会福利全都已在其中，那么在财政储备制度的规定已满足的情况下，年度充裕的财政盈余又如何分配呢？从大方向想，可用于促进经济进一步发展，改善提升基础建设，巩固社会福利的长远发展；当然可以将一部分作现金分享安排，甚至可抽部分用于成立投资发展基金，基金每年增值部分也可适当再作分配。还有，将来与内地合作填海造地也需要投入大笔资金，必须有所准备。

按过往经验，现金分享金额约占上年度财政盈余金额的5%～15%（见表2），当既可以派钱，也可多做改善民生和社会福利乃至更多其他事情时，现金分享长效机制就要综合考虑各选项的优先次序及分配比例。

（3）“长效”的不同体现。

对于长效机制，不同范围、项目应有不同的理解和做法，如目前居民最困扰之一的住屋问题，政府要在澳门A区填海地建造28000套公共房屋，其实施需要一段很长的时间，说不定十年二十年；又如随着人口老化，社会保障如不及早安排，出现问题仍是要政府协助解决，以随收随付的社会保险形式而言，政策为两三代人做打算是基本常识。再如老人院舍，如以“9064”① 的政策方针目标，院舍床位数目就能计算，政府要定下短、中、长期的分段工作时间表。至于现金分享，看来相对简单，建立标准的分配方式后，其长效见于逐年运行的一个可加可减机制，并定时做效用评估。

（4）增值建议。

用于现金分享的金额，历年都没有100%被提取，以2011～2014年看，兑现者约85%，列明没有提取及未被提取金额加起来已超过20亿澳门元（见表5），如此庞大的金额也可有所作为，例如可成立扶贫基金，以利直接支援社会弱势群体和间接支援民间社会服务发展，这不正回应了一部分反对派钱人士的声音吗？另外建议此基金亦容许作为援外、援内之用，以便履行国家一分子的义务，对国家及别国发生的大型灾难伸出援手。

表5　近年来估算没/未被提取的现金分享金额

年份	寄出划线支票（张）	涉及金额（澳门元）	已兑现支票（张，%）	估算没/未被提取金额（澳门元）
2011上半年	504631	1897221600	424135（84%）	303555456.0
2011下半年	511840	1444657200	439287（85.8%）	205141322.4
2012	518671	3427629800	455487（87.8%）	418170835.6
2013	531333	4041985600	454955（85.6%）	582045926.4
2014	537343	4620709800	455446（85.1%）	688485760.2

资料来源：现金分享计划网页（http：//www.planocp.gov.mo）历年有关的新闻稿。

① “9064”意即90%长者居家养老、6%长者需社区照顾和4%机构安老，体现政府提出的“居家式养老为主，社区式养老为辅，机构式养老为补充”。

六 结语

回顾澳门特区成立 15 年，在社会福利供给形态上，大概分三个不同阶段：第一阶段是特区政府成立之初，财政实力较弱，本着固本培元的原则，免构成长远负担，在既有的基本社会福利项目上，多设立临时性、补充性、短期性的措施，增加对弱势群体的支援；第二阶段是当财政条件有明显改善时回应社会要求，提出强化各项基本社会福利制度，如将免费教育延长至 15 年，重启公共房屋建设，提出完善“双层式”社会保障制度等，现金分享也在此时期以临时性方式推出；第三阶段是在财政充裕的条件下，提出建设和完善社会福利长效机制，在社会福利不同的范畴，都有跨十年的政策规划推出。

现金分享计划是社会福利的一种普惠方式，大可视之为澳门特色的、另类的社会福利措施。现金分享自 2008 年开始推行，至今已发放七次，实践证明此政策措施广受欢迎，符合居民需要。为长远计，宜建构现金分享长期可操作做法，那就是在政府财政充裕的情况下，综合而科学地分配年度财政盈余，现金分享乃其中一个分配选项，目标是分享经济发展成果。

当然，花无百日红，尤其是以博彩业单一独大的税收来维持政府财政，因此，在现金分享长效机制，更准确说是年度财政盈余分配机制下，分享金额应可加可减，甚至会停止派发，居民应理性看待。

附　　录

Appendix

BLUE BOOK

B.18

澳门概况

陈震宇*

第一部分　统计数据（2013）①

一　自然环境

地理	
陆地面积	31.3 平方千米
澳门半岛	9.3 平方千米
氹仔	8.6 平方千米
路环	7.6 平方千米
路氹填海区	5.8 平方千米
海岸线总长度	52.6 千米

* 陈震宇，澳门基金会高级技术员，管理学博士。

① 除非特别注明，所有货币单位均为澳门元。

续表

天气	
平均气温	22.4 摄氏度
平均相对湿度	80.8%
总雨量	2565.2 毫米
总日照时间	1724.1 小时
盛行风向	北
平均风速	3.28 米/秒
引致悬挂风球的热带气旋数量	7

环境	
人均耗水量	0.40 立方米/天
人均耗电量	7250 千瓦/小时
焚化固体废料	369691 吨
污水处理总量	214802 立方米/天
二氧化碳总排放量(估算)*	0.997 百万吨
人均二氧化碳排放量(估算)*	3.85 吨

空气污染物年平均值(μg/m^3)：

	微细悬浮粒子(PM2.5)	二氧化硫	二氧化氮	臭氧
一般性(氹仔)	34.9	9.8	28.6	56.2
路边	51.4	—	65.5	—
澳门高密度住宅区	38.8	3.8	28.5	19.8

注：*根据《2006 年政府间气候变化专门委员会（IPCC）国家温室气体清单指南》的指引，结合统计暨普查局公布的《能源统计》数据估算。由于航空及水路交通用燃料的统计数据依法保密而不作公布，估算值并未包括该消耗排放。

二　人口

人口	
年终人口	
总数	607500
男性	295200
女性	312300

续表

岁组分布	
0～14 岁	11300
15～64 岁	80700
65 岁或以上	8000
新生婴儿	6571
死亡	1920
期末外地雇员	137838
移民净值(包括中国内地移民)	5829
增长率	4.3%
老化指数	70.8%
抚养比例	24.0%
自然增长率	7.9%
人口密度	
澳门特区	18900 人/平方千米
澳门半岛	53400 人/平方千米
氹仔	10200 人/平方千米
路环	900 人/平方千米
平均预期寿命	82.3 岁

住户	
住户总数	185200
每户平均成员人数	3.07
人均居住面积	20.25 平方米

三　社会

人文发展指数(2012)	
总指数	0.882
预期寿命指数	0.981
教育指数	0.719
收入指数	0.974

就业	
劳动人口	367800
就业人口	361000
劳动力参与率	72.7%

续表

就业	
失业人口	6700
本地居民失业率	2.4%
就业不足人口	2100
就业不足率	0.6%
就业人口每月收入中位数	12000 元
住户每月工作收入中位数	24000 元

医疗	
每千人口医护资源	
医生	2.5
护士	3.1
病床	2.2

教育(2012/2013 学年)	
学校	
学校数量	78
校部数量	119
公立学校校部	18
免费教育学校系统的私立学校校部	79
非免费教育学校系统的私立学校校部	22
注册学生	
高等教育	27776
中学教育	33921
小学教育	22231
幼儿教育	12669
特殊教育	582
回归教育	2412
师生比	
中学教育	1∶13.1
小学教育	1∶13.7
幼儿教育	1∶16.6
教学语言	
中文校部	101
葡文校部	5
英文校部	13

续表

文化	
报章	
中文报章	10
葡文报章	3
英文报章	3
发行量	111 百万份
电视台及电台总数	10
博物馆	
数量	21
参观人次	3874000
图书馆及阅书报室	
数量	65
藏书	2158707
期刊	13669
多媒体资料	6386799 套
接待人次	4565808
借书册次	792782
公开表演及展览	
场数	38593
观众人次	7499585
出版	
申请国际标准书号(ISBN)	652
已加入国际标准书号系统的出版机构	674

社会保障	
社会保障制度	
受益人总数	348478
供款雇主	20842
供款	
强制性制度	140.0 百万元
任意性制度	40.5 百万元
外地雇员聘用费	227.0 百万元
发放	
受领人总数	87486
旧制度养老金	688.5 百万元
旧制度提前发放养老金	986.3 百万元

续表

发放	
新制度养老金	243.1 百万元
残疾金	87.7 百万元
额外给付	158.3 百万元
其他给付	32.9 百万元
公积金个人账户	
账户持有人总数	520098
政府拨款金额	2181.5 百万元
提取款项人数	48548
提取总金额	439.2 百万元
私人退休基金	
参与法人	849
参与个人	114293
资产总额	10207 百万元

治安	
犯罪个案	13685
囚犯人数	1154

社会团体	
注册社团总数*	6155
社团与人口比例	1:98.7

注：*以澳门基金会2008年提供的资料为基准，并从《澳门特别行政区公报》刊登的新注册社团章程数据中调整而得出。

四　基础建设

建筑及不动产	
楼宇单位	
住宅	209868 个
工商业	41727 个

续表

建筑及不动产	
建成楼宇单位	
住宅	98050 平方米
工商业	46910 平方米
其他用途	417062 平方米
每平方米平均成交价	
住宅	81811 元
办公室	74525 元
工业	33721 元
能源	
总产电量	413.7 百万千瓦小时
进口电量	4058.6 百万千瓦小时

运输	
道路总长度	421.3 千米
行驶机动车辆	
汽车	108484
摩托车	119453
货物流量	
海路	194638 吨
陆路	28827 吨
航空	26421 吨
海路货柜总吞吐量	124973 个标准货柜单位

通讯	
固网电话线	158414
流动电话用户(包括储值卡)	1722245
互联网用户	262863
使用时数	814.03 百万小时
寄出邮件	
普通信件	32073000 件
挂号信件	1033000 件
包裹	8000 件

五 经济

本地生产总值		
	2012	2013(临时数值)
本地生产总值(当年价格)	343416 百万元	413471 百万元
私人消费支出	68991 百万元	77297 百万元
政府最终消费支出	23798 百万元	26989 百万元
固定资本形成总额	50595 百万元	57230 百万元
货物及服务出口净值	200033 百万元	251955 百万元
人均本地生产总值	563384	697502
	75532 美元	87306 美元
本地生产总值平减物价指数(2011 = 100)	107.1	115.3

产业结构	
工业生产	1.3%
建筑业	4.4%
批发及零售业、维修、酒店业及饮食业	15.1%
运输、仓储及通信业	2.7%
银行、保险及退休基金、不动产业务、租赁及向企业提供的服务	19.6%
博彩业	46.1%
公共行政、教育、医疗卫生及社会福利和其他服务业	10.8%

本地居民总收入	
本地居民总收入(当年价格)	347777 百万元
人均本地居民总收入	586681 元

对外商品贸易	
货物总出口	9094 百万元
本地产品出口	2009 百万元
再出口	7085 百万元
货物总进口	81014 百万元

外来直接投资	
累计总额	189376 百万元
流量	36509 百万元
收益	78896 百万元

续表

境外直接投资	
累计总额	14507 百万元
流量	6350 百万元
收益	245 百万元

货币及金融Ⅰ		
货币供应量	2012(修订数值)	2013
狭义货币供应量(M1)	47622 百万元	58907 百万元
广义货币供应量(M2)	374931 百万元	441362 百万元
外地资产净值	482694 百万元	559921 百万元
本地私人部门信贷	198702 百万元	257542 百万元
居民存款	367262 百万元	432403 百万元
银行提供信贷结余量	198463 百万元	257265 百万元

货币及金融Ⅱ	
外汇储备结余	128954 百万元
澳门元汇率指数(贸易额加权,12 月 31 日)	96.71
澳门金融管理局基本利率	0.50%
澳门元期末储蓄存款年利率	0.01%
澳门银行同业拆息(期末值,2013 年 12 月)	
一个月	0.2387%
三个月	0.3926%
六个月	0.5519%

保险		
毛保费	2012	2013(临时数值)
人寿保险	3737 百万元	4964 百万元
非人寿保险	1702 百万元	1861 百万元
毛赔偿	2012	2013(临时数值)
人寿保险	1335 百万元	2064 百万元
非人寿保险	507 百万元	1582 百万元
非人寿保险赔损率	29.8%	25.9%

续表

旅游	
入境旅客	29.32 百万人次
随团入境旅客	9.78 百万人次
旅客平均逗留时间	1.0 日
可供应用酒店客房	27800
酒店平均入住率	83.1%
旅客总消费	59541 百万元
旅客人均消费	2030 元

旅游附属账	2010	2011
直接旅游消费	220384 百万元	304541 百万元
旅游消费及服务供应总额	228694 百万元	317811 百万元
总体旅游比例	90.4%	91.0%

博彩业	2012(修订数值)	2013
赌场	35	35
赌桌	5485	5750
角子机	16585	13106
博彩毛收入	305235 百万元	361866 百万元
博彩及相关服务收益	306487 百万元	362750 百万元
增加值	186432 百万元	225868 百万元
固定资本形成总额	3188 百万元	4346 百万元

会展业	
会议数量	964
展览数量	66
会议与会人次	140643
展览入场人次	1893265

零售	
零售场所	6051
零售业总收益	65909 百万元
零售业增加值	15415 百万元
固定资本形成总额	686 百万元

续表

工业	
工业场所	916
工业产值及其他收益	9466 百万元
工业增加值	3707 百万元
固定资本形成总额	1091 百万元
工业生产指数(2008 = 100)	61.98

内地与澳门关于建立更紧密经贸关系的安排(CEPA)	
零关税货物出口额	110.9 百万元
关税优惠额	10.5 百万元
累计发出澳门服务提供者证明书	438
人民币存款总额	85834 百万元人民币
内地居民个人游入境旅客	8.06 百万人次

消费物价	
通货膨胀率	5.50%
综合消费物价指数 (2008 年 4 月至 2009 年 3 月 = 100)	123.48

国际收支平衡表		
	2012	2013(临时数值)
经常账	138830.0 百万元	165874.4 百万元
资本账	-2.3 百万元	—
金融账	146181.6 百万元	136329.6 百万元
净误差及遗漏	7353.9 百万元	—
整体国际收支	30127.6 百万元	-4566.9 百万元

六　公共行政与政治

公共账目		
	2012	2013(临时数值)
总收入	144995 百万元	155512 百万元
博彩税	113378 百万元	134382 百万元
其他税收及收益	31617 百万元	21130 百万元

续表

公共账目		
	2012	2013(临时数值)
总开支	54103 百万元	59253 百万元
经常开支	36817 百万元	51286 百万元
资本开支	17196 百万元	7967 百万元
结余	90982 百万元	96259 百万元
财政储备	100240 百万元	168900 百万元

按政府职能分类的公共开支		
	2012	2013(临时数值)
一般公共服务	5842.2 百万元	7365.3 百万元
公共治安	5175.9 百万元	6054.4 百万元
经济事务	7804.5 百万元	7753.2 百万元
环境保护	616.6 百万元	760.9 百万元
房屋	3895.7 百万元	1594.3 百万元
卫生	4227.8 百万元	4447.8 百万元
康乐及文化	1867.3 百万元	2126.7 百万元
教育	11360.4 百万元	8023.7 百万元
社会保障	10790.2 百万元	8292.7 百万元

信贷评级(穆迪投资)	
评级	Aa3
评级展望	稳定

工作人员	
公务人员	27497
受私法制度规范的基金会及其他公共机构人员	2468
包工合同及劳务提供合同人员	66

法律法规	
立法会通过之法律	13
政府制定之行政法规	
独立行政法规	15
补充性行政法规	12

续表

自然人选民登记	
新登记选民	
17～24岁	1673
25岁或以上	3726

选民结构	
17～24岁	23104
25岁或以上	258096

法人选民登记	
维持有效	825
效力被中止	7
注销	58

第二部分　统计图表（2009～2013）

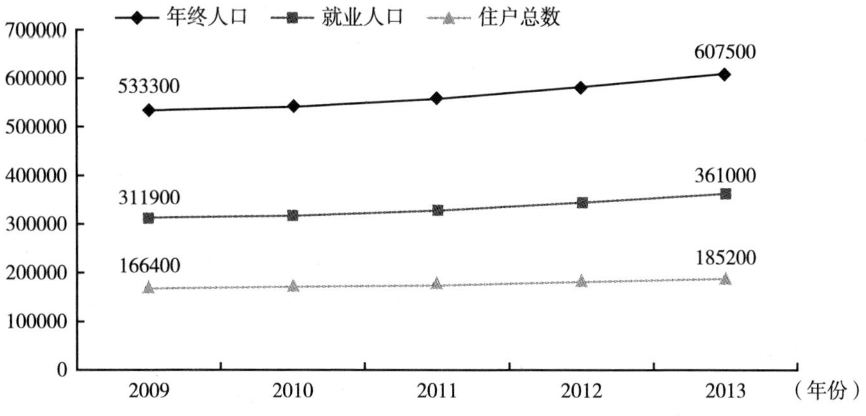

图1　年终人口、就业人口及住户总数

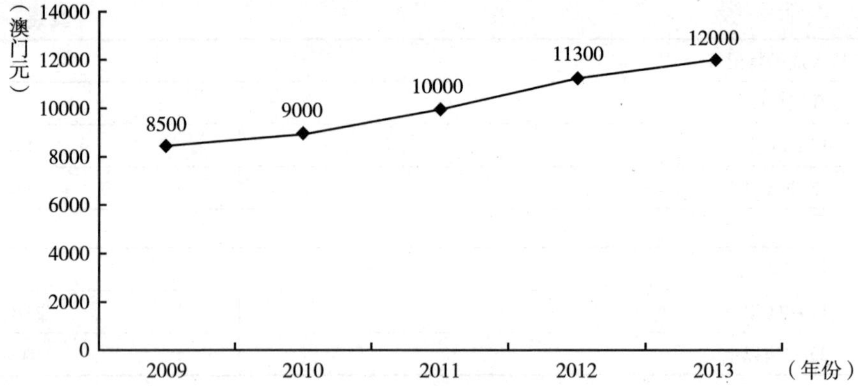

图2　就业人口每月收入中位数

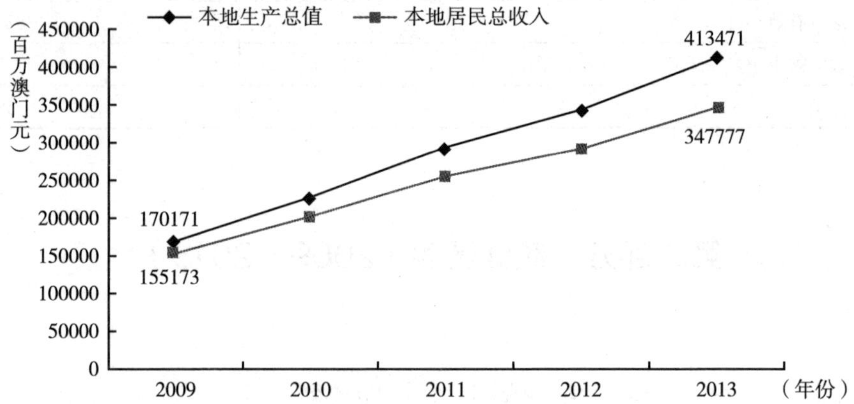

图3　本地生产总值及本地居民总收入

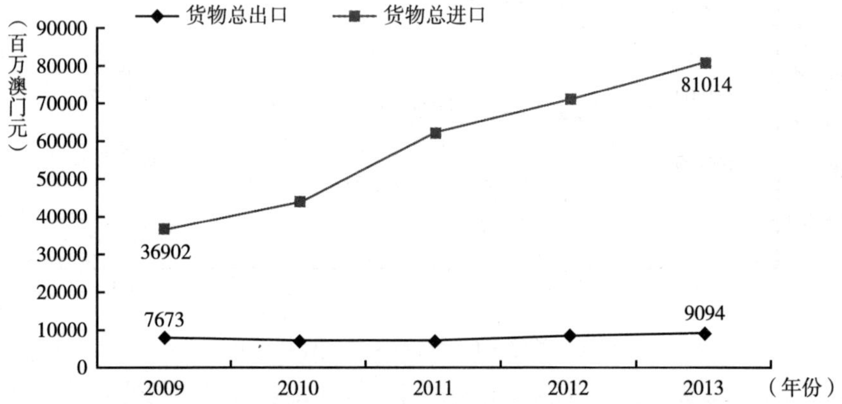

图4　对外商品贸易

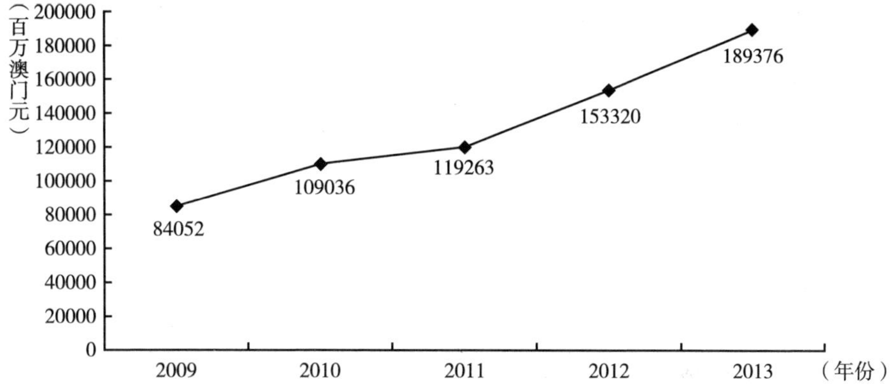

图5　外来直接投资累计总额

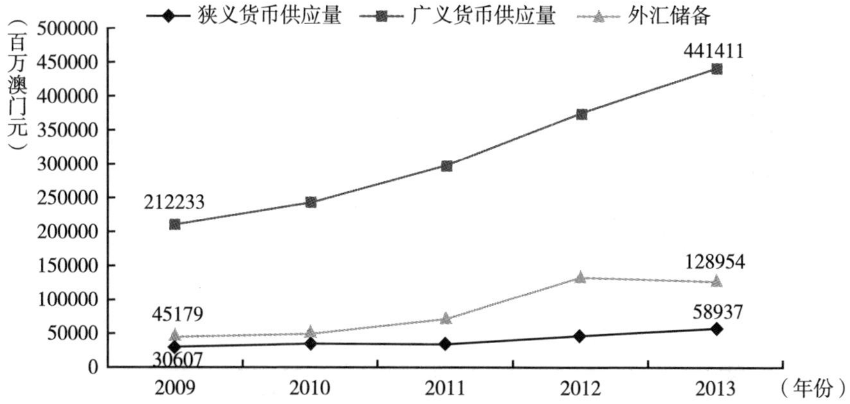

图6　货币供应

注：2009～2011年外汇储备数值已减去政府财政滚存。

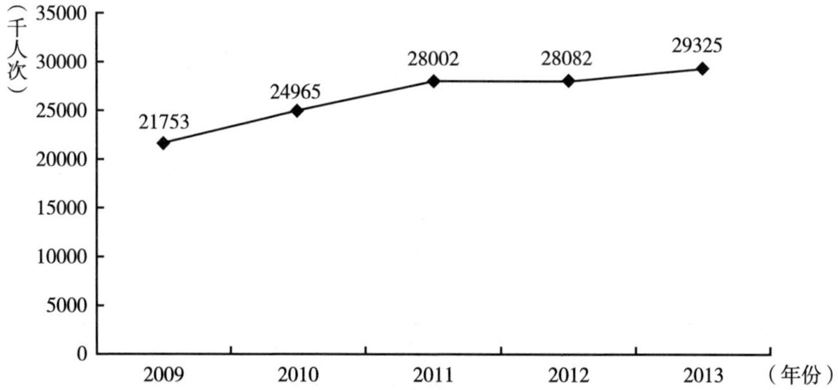

图7　入境旅客

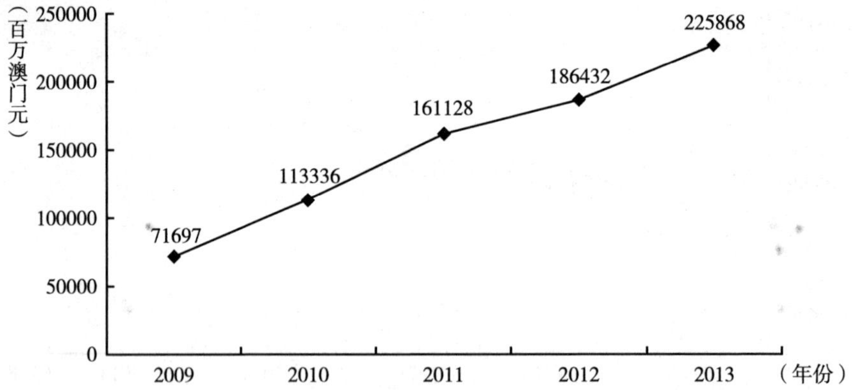

图8　博彩业增加值

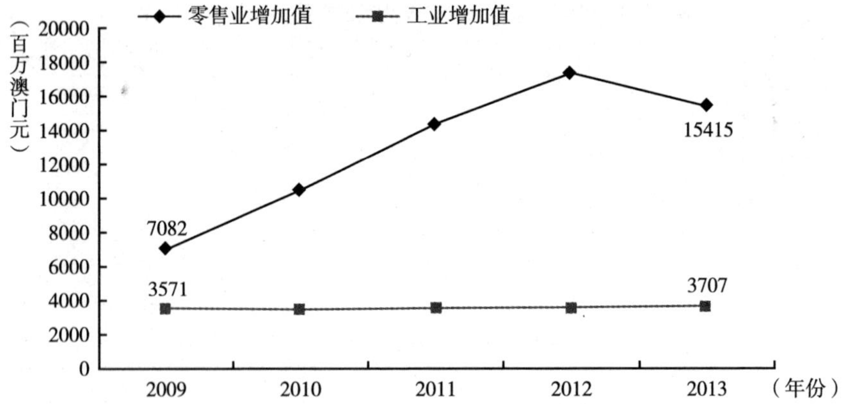

图9　零售业及工业增加值

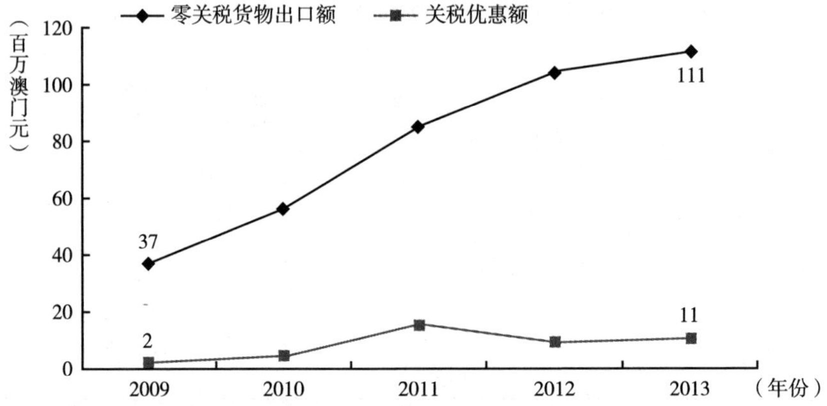

图10　内地与澳门关于建立更紧密经贸关系的安排（CEPA）

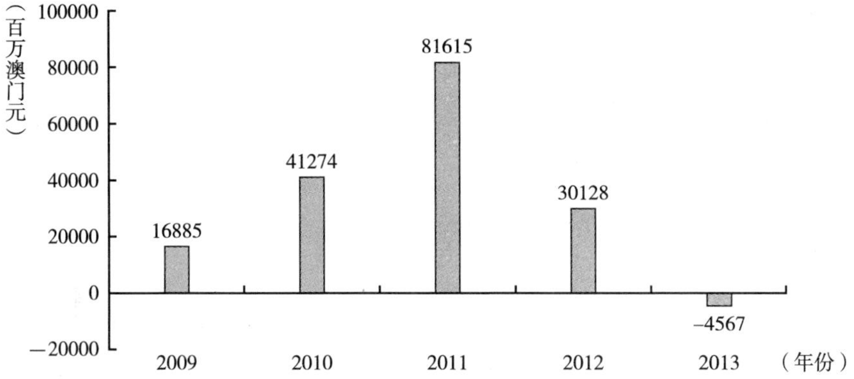

图 11　整体国际收支

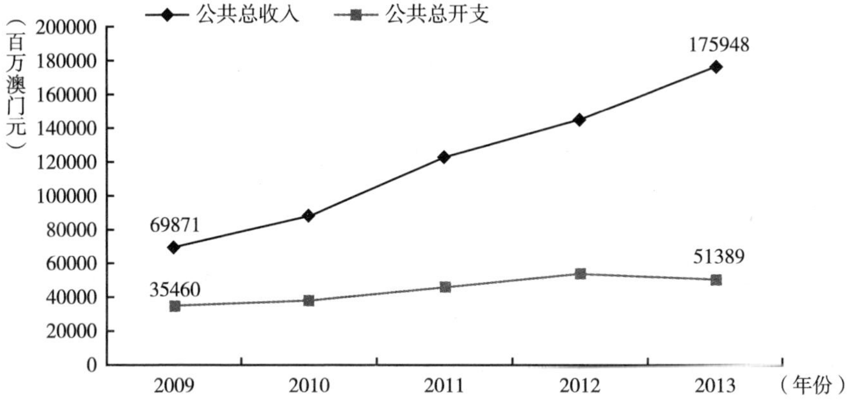

图 12　公共账目

第三部分　年度纪事（2014）

一月

1 日　《内地与澳门关于建立更紧密经贸关系的安排》补充协议十生效。

6 日　港珠澳大桥珠海口岸近日正式动工，计划 2016 年底与港珠澳大桥同步建成。

7 日 澳门中联办公布，经国务院决定，由李刚接任中联办主任，白志健将调回内地，在全国人大华侨委员会履职。

10 日 政府公布轻轨系统石排湾线可行方案选项，向公众征集意见。

11 日 药王禅院（药山）完成复原工程，管理机构举行佛事仪式。

16 日 中国澳门体育代表团出发前往印度果阿，参与第三届葡语系运动会。

19 日 九澳货柜码头发生大火，一批拟运往内地的纸皮遭焚毁。

24 日 澳门国际银行（珠海）横琴代表处揭牌，这是首家进驻横琴岛的澳门银行。

“澳门电视服务研究”发布中期报告提出三项建议，包括区分“免费电视”及“收费电视”服务、优化多元电视接收模式、实现电视服务顺利过渡。

27 日 澳门金融管理局获中国证券监督管理委员会授予合格境外机构投资者（QFII）资格。

28 日 政府设立人才发展委员会。

联合国教科文组织世界遗产中心及中国国家文物局致函澳门特区政府，通知已审阅并通过“澳门历史城区”的保护状况报告。

横琴长隆国际海洋度假区首个主题公园——海洋王国试业，行政长官崔世安出席揭幕仪式。

31 日 参与第三届葡语系运动会的中国澳门体育代表团返澳。代表团于该届运动会中取得 15 面金牌、9 面银牌和 14 面铜牌，排在奖牌榜的第三位。

二月

2 日 警方于 14 时 50 分首次在亚美打利庇卢大马路（新马路）实施人流管制，至 19 时解除。

12 日 地球物理暨气象局（气象局）于 7 时录得室外气温 4. 8 摄氏度，为 1996 年以来 2 月份最低气温。

澳门大学部分课程正式在横琴岛新校区开课。

13 日 澳门博彩股份有限公司在路氹城的项目——“上葡京”（Lisboa Palace）举行动土仪式。

17 日 《澳门与台湾间航空运输协议》在澳门签署，待两地官方完成行政程序后正式生效。新航协取消旧有澳门来往台湾与高雄的运力限制，并且允许经营定期包机服务至台中、台东、嘉义等航点。

20 日 审计署发表《交通违例检控工具的使用及监管》衡工量值式审计报告，批评治安警察局对交通违例控诉书的管理，以及对电子交通监测系统的资料审查出现严重缺失，又批评交通事务局长期没有回应治安警察局对改善电子交通监测系统的诉求。治安警察局和交通事务局均认同报告内容。

2014 年深澳合作会议在澳门举行，双方在会后签订两份有关加强经贸和旅游合作的协议。

24 日 立法会章程及任期委员会召开会议，决定启动修订议事规则。

25 日 政府公布新措施，幼稚园新生于下学年开始须凭“注册凭条”入学，以确定学童获多所学校录取后只能选择一所注册。

美资塑料容器制造商特百惠（Tupperware）假金光大道度假区举行亚洲太平洋区会议，与会者达 8700 人，为澳门历来规模最大的商务会议活动。

26 日 行政长官崔世安视察路环及氹仔。

27 日 政府首次举行经济房屋认购排序抽签，涉及项目为路环石排湾业兴大厦 1 房单位。

三月

1 日 《土地法》《城市规划法》《文化遗产保护法》生效。

4 日 行政长官崔世安出发赴京列席全国人大会议开幕式前，表明有意角逐下届行政长官选举，争取连任继续为澳门服务。

5 日 国务院总理李克强在第十二届全国人民代表大会第二次会议上发表政府工作报告，提及中央政府将进一步扩大内地与港澳合作，促进港澳自身竞争力提升。

6日 中共中央政治局常委、全国人民代表大会常务委员会委员长张德江出席澳门特区全国人大代表团全体会议。

12日 民政总署从南粤批发市场的输澳活鸡中检出H7N9禽流感病毒，即时决定扑杀市场内所有共约7500头鸡只，并宣布自翌日起暂停活禽输澳21天。

14日 初级法院裁定，与前运输工务司司长欧文龙贪污案有关的香港商人刘銮雄及罗杰承，以及其余六名被告的大部分控罪成立。其中刘銮雄及罗杰承被控行贿及洗黑钱罪成立，各被判5年3个月徒刑，两人均缺席听判。

17日 多户型经屋申请截止，房屋局共收到约42000宗申请，是1900个供应单位的21倍。

19日 受大雾影响，外港及氹仔航道在一天内四次实施单向航行管制，超过130个来往香港的航班出现延误。

文化遗产委员会召开首次全体会议。

20日 澳门特区获世界卫生组织确认已消除麻疹。

23日 约100名善丰花园小业主到大厦门外聚集，晚上到对面道路扎营露宿。运输工务司司长刘仕尧联同多名局长与小业主开会，解释善后工作进度。

24日 行政长官原定在中午与善丰花园小业主于政府总部会面，但因小业主拒绝出席而取消。

政府下午宣布，公开与善丰花园原“十人小组”过去召开会议的所有记录，同时将提供80个单位供受影响小业主暂住。

行政长官晚上委派行政长官办公室主任谭俊荣前往善丰花园外，慰问集会人士。部分集会者于20时左右陆续收拾离去，至21时，受影响路段重新开放。

29日 社会各界响应世界自然基金会发起的“地球一小时”活动，360座政府和私人建筑物于20时30分起关掉非必要的灯饰装置一小时。

30日 初级法院批复，准许特区政府租赁维澳莲运的期限延长三个月。

31日 行政长官选举管理委员会主席及委员正式就职。

四月

2 日 人才发展委员会召开首次会议。

4 日 横琴新区管理委员会澳门事务局成立，专责推进横琴与澳门合作相关事务，并邀请澳门特区政府推荐人士出任副局长。

8 日 城市规划委员会召开首次会议，审议内部规章。

9 日 澳门基本电视频道股份有限公司成立，由政府、澳门广播电视股份有限公司及邮政局持有股份，负责支援基本电视频道的接收，存续期预计两年。

经济财政司司长谭伯源表示，政府将研究以适当方式参与横琴新区管理委员会澳门事务局的工作。

10 日 政府公布善丰花园补充性调查及行政违法调查结果。

政府晚上原计划与善丰花园小业主开会讲解调查结果，但因秩序问题中止。会后部分小业主占据大厦外一段马路扎营，也有人闯进大厦停车场以至住宅单位。

11 日 警方在 0 时 30 分法定集会时间结束后对占据马路的善丰花园小业主采取清场行动。政府同时发表声明，呼吁善丰花园小业主理性处理问题，并于早上举行记者会，进一步解释后续跟进工作。而部分小业主早上再到大厦停车场和门外行人路扎营，警方未有采取行动。

12 日 同善堂值理会和澳门江门同乡会先后宣布，愿意提供款项协助善丰花园小业主重建，所有款项将交由澳门社会企业有限公司管理。

在善丰花园停车场和大厦门外行人路扎营的小业主，全部于 21 时 50 分自行散去。

13 日 澳门特区与日本签署《中华人民共和国澳门特别行政区政府与日本政府关于税收信息交换的协定》，该协定自 5 月 22 日起生效。

14 日 正在澳门访问的葡萄牙共和国教育暨科学部部长克拉托（Nuno Crato）会见行政长官崔世安，向其转达葡萄牙政府关于澳门葡文学校将在原址办学的决定。行政长官对此表示尊重。

政府向横琴新区管理委员会推荐33个粤澳合作产业园项目。

15日 政府展开《非强制性中央公积金制度》公众咨询。

政府与澳门有线电视续签收费电视地面服务的非专营批给合同，为期五年；另与澳门基本电视频道股份有限公司签订基本电视频道接收的支援服务批给合同，有效期至2016年3月31日。

澳门大学、澳门科技大学、澳门理工学院、旅游学院联合宣布，拟于2017年开设联合入学考试。

16日 行政长官崔世安视察路环九澳，随后政府公布改善当地环境污染的方案。

港珠澳大桥首片钢箱梁（桥面）吊装工序完成。

18日 民政总署在16日于临时沙梨头街市采集的环境样本中检测到H7亚型禽流感病毒，决定即时扑杀批发市场8000只活禽，并由翌日起再度停止活禽交易21天。

22日 行政长官崔世安在列席立法会全体会议回答议员提问时透露，已向中央政府申请使用澳门特区习惯水域的权利，并以有偿租赁方式于横琴取得更多土地。其中，中央政府批复已展开关于使用习惯水域的研究。

电视接收服务新模式开始投入运作。在新模式下，基本电视频道的信号接收由澳门基本电视频道股份有限公司负责，公天公司转型为网络维修和技术支援商。

28日 行政长官批示核准《文化产业基金资助批给规章》，一般项目最高资助不超过900万澳门元，分为无偿资助和免息贷款。

五月

2日 政府公布《文化产业发展政策框架》。

6日 本日为佛诞节、醉龙节和谭公诞，澳门多处举行庆祝活动。其中鲜鱼行总会举办年度舞醉龙活动，并派发龙船头长寿饭，也有团体举行浴佛仪式、派发平安米和香斋（素菜）；路环则举行第五十五届“光辉路环四月八”巡游。

7 日 行政长官选举委员会（选委会）委员选举开始接受参选人报名。

8 日 第五届国际基础设施投资与建设高峰论坛开幕。

10 日 政府展开《澳门本地居民置业安居计划》公众咨询。

14 日 初级法院开始审理发展商丁文礼在取得罗若翰神父街地段（俗称“桃花岗”）时涉嫌触犯虚假证言及加重诈骗的案件（以下称“桃花岗案”），但被告缺席，至 7 月 23 日再审时出席，听证开始。

15 日 南光集团收购香港与法国合资公司中法能源 90% 权益。由于中法能源占澳门电力股份有限公司（澳电）约 42.2% 权益，南光集团间接成为澳电最大股东。

全澳娱乐场中场 10 月 6 日全面禁烟，可设立不设赌桌、封闭的吸烟室。

17 日 葡萄牙共和国总统施华高（Aníbal Cavaco Silva，内地称作席尔瓦）访问澳门，与行政长官崔世安会面，并向其授予大十字功绩勋章（Grã - Cruz da Ordem do Mérito）。

澳门特区与葡萄牙共和国签署《中华人民共和国澳门特别行政区与葡萄牙共和国合作纲要协定修订协议书》。

20 日 选委会委员选举参选人报名期结束。在需要通过选举产生的 344 名委员中，行政公职局共收到 352 人报名参选。教育界、体育界和劳工界将出现差额选举。

选委会委员选举的法人选民投票人登记结束。行政公职局共收到 584 名法人提交的投票人名单，投票人总数为 5466 人。

公安部在广东省试点启用卡式电子内地居民往来港澳通行证。

22 日 政府根据新生效的《城市规划法》，公布首批规划条件图草案，收集公众意见。

25 日 善丰花园举行分层建筑物所有人大会，出席的小业主悉数赞成重建。

有支持和反对《候任、现任及离任行政长官及主要官员的保障制度》（以下简称“官员保障制度”）法案的团体举办游行，警方公布分别有 1000

人及7000人参与。翌日多数报章报道，参与反对游行者超过1万人。

26日 全国政协前副主席、工商界知名人士马万祺在北京逝世。

27日 立法会举行全体会议，一致通过由行政长官26日提出中止细则性审议及表决“官员保障制度”法案议程的请求。行政长官发表声明表示感谢，并强调高度重视各界意见。

反对“官员保障制度”法案的团体于立法会门前举行集会，最高峰时有4700人参加。

28日 行政公职局公布选委会选举候选人确定名单。

澳门参加国际群众体育协会（TAFISA）“世界挑战日”活动，对赛城市为塞尔维亚的诺威撒（Novi Sad）。参与是次活动的澳门居民有264176人，为历年最多。体育发展局于6月6日公布对赛结果，由澳门胜出。

29日 行政会举行特别会议，会后行政长官崔世安宣布，将致函立法会，撤回“官员保障制度”法案，以便更充分听取社会各界意见。当天下午，立法会召开全体会议，主席贺一诚在议程开始前宣布，已收到行政长官的函件，并接纳其撤回法案的请求。

30日 民政总署宣布，从6月1日起恢复输入内地活禽，同时宣布新措施，除禽流感病毒来源养殖场外，其余非病毒来源的注册养殖场可在环境彻底清洁消毒三天后，于翌日恢复活禽输澳，以减小对民生的影响。

31日 新一批八年期出租车牌公开开标，900多份标书竞投。

六月

1日 马万祺公祭仪式假综艺馆举行。治丧委员会主任、全国政协副主席杜青林致悼词。仪式结束后，灵柩奉移氹仔孝思永远墓园安葬。

3日 政府公布轻轨系统澳门半岛线南段规划，确定采用行经城市日大马路的方案。

5日 环境保护局公布《澳门环境保护规划（2010～2020）》中期执行状况，结果显示近期行动计划的各项目标，除废弃物资源回收外均基本达标。

10日 澳门葡人社群庆祝葡国日、贾梅士日暨葡侨日（即葡萄牙国庆日）。

政府与澳门新时代公共汽车股份有限公司签合同，将原由维澳莲运经营的27条巴士路线批予该公司，7月1日起正式由该公司营运，经营期三年。

12日 行政会完成讨论《物业管理范畴的清洁及保安雇员的最低工资》法律草案，建议物业管理行业清洁及保安员的最低工资为时薪30澳门元。

13日 喷射客船“幸运星号”（Cacilhas）从香港进入澳门时撞向外港航道南堤搁浅，70人受伤。

15日 第十五次粤港澳文化合作会议在广州召开，会上签署《粤港澳文化交流合作发展规划（2014～2018）》。

16日 社会各界响应能源业发展办公室的“节能周2014”活动，于20时30分起关掉非必要的灯饰装置一小时，共节省电力27兆瓦。

19日 行政会公布《动物保护法》草案，严重虐畜列刑事，最高可囚三年、罚款10万澳门元。

20日 司法警察局（司警）破获历来最大宗外围足球赌博集团，涉及金额超过50亿澳门元。

22日 中央政府赠送澳门的雌性大熊猫“心心”病发死亡。民政总署于7月25日确定其死因为原发性肾衰竭继发出血性胃肠炎。

25日 经济财政司司长谭伯源表示，政府已决定娱乐场范围内的刷卡活动合约，由7月起不再增加。

横琴岛澳门大学新校区河底隧道及公共道路全面开放予公众车辆使用。

27日 政府公布轻轨系统澳门半岛线北段建议方案，并由7月1日起展开公开咨询，为期45天；并于7月30日宣布延长咨询期45天。

29日 本日为行政长官选举委员会委员选举日，在由行政长官选举管理委员会（选管会）负责统筹的第一界别（工商金融）、第二界别（文化、教育、专业、体育）和第三界别部分分组（劳工和社会服务）选举中，有4505名投票人投票，投票率为82.69%。此外，立法会及澳门地区全国政协委员于当日分别召开会议，自行选举产生相应的委员，当选名单送报选管会登记。

30 日 《澳门特别行政区公报》刊登行政命令，订 8 月 31 日为行政长官选举日；另刊登行政长官批示，订定行政长官选举每一名候选人的竞选活动开支限额为 5769955.96 澳门元。

七月

1 日 澳门新时代公共汽车股份有限公司接收原维澳莲运经营的公共运输服务。

当局推出新措施，对持中国护照过境澳门的旅客，在首次入境时给予的逗留许可从七天减至五天，并收紧违反过境条件人士再次入境的规定。

2 日 终审法院确认选委会委员选举结果。

政府开始发放本年度现金分享。

3 日 设于横琴的粤澳合作中医药科技产业园商业孵化中心启用。

4 日 香港特区政府律政司司长袁国强及保安局局长黎栋国访问澳门。

10 日 政府宣布调整新城填海 A 区概念规划，大幅缩减商业用地比例以分别提供约 28000 个公共和约 4000 个私人房屋单位，并于翌日起就建议展开意见征集。

15 日 崔世安宣布参选第四任行政长官。

16 日 2014 年粤澳合作联席会议在澳门举行，会后双方签署六份协定和备忘录，包括与中山市人民政府合作，在翠亨新区建设“粤澳全面合作示范区”，首期占地 5 平方千米。

广东省省长朱小丹在澳门宣布，将于横琴建立一个面积为 10 平方千米的澳门产业园。

第十七届亚太区打击清洗黑钱组织年会在澳门召开。

17 日 王文大校接任中国人民解放军驻澳门部队司令员。

终审法院裁定，在特区成立前已退休的澳门地区公务员，不享有《澳门基本法》赋予的收取退休金权利，上诉人提起有关领取现行公务员制度下的房屋津贴等福利的上诉败诉。

18 日 第七次港澳合作高层会议在澳门举行。

19 日 政府展开《检讨经济房屋法》公众咨询。

24 日 政府同意立法会第三常设委员会建议，将《物业管理范畴的清洁及保安雇员的最低工资》法律草案调整为澳门特区最低工资法律制度。

国际货币基金组织首次发表澳门特区“第四条款磋商”（Article Ⅳ Consultation）代表团人员报告，肯定澳门的宏观经济和金融管理政策，同时指出澳门地产市场出现泡沫。

继内地传媒揭发上海福喜食品有限公司使用过期原料，民政总署查出澳门麦当劳曾进口该公司的食材之后，澳门麦当劳餐厅发出第三份声明，承认曾于本年 5~6 月使用该公司的食材，并宣布停售有关产品。

25 日 崔世安参选代理人黄显辉向选管会递交共有 331 位选委会委员签署的行政长官选举提名表。

29 日 行政长官选举提名期结束，共有两人提交提名表。

初级法院裁定，民政总署人员渎职案中四名嫌疑人谭伟文、李伟农、冯惠星及邵国权无罪。

31 日 选管会公布，接纳崔世安为第四任行政长官选举被提名人；另一名提交提名表的李光远，因并无任何选委签署提名而不获接纳。

澳门特区游泳选手周文颢在上海举行的全国学生运动会 200 米蛙式决赛中以 2 分 15.9 秒的成绩打破大会纪录，同时将澳门纪录缩短近 6 秒。

八月

6 日 行政长官崔世安致函中央人民政府，表示政府决定拨款 1 亿澳门元，支援云南鲁甸地震的救灾工作。

选管会发出公告，接纳崔世安为第四任行政长官选举唯一候选人。

7 日 姚坚接替仇鸿出任中央人民政府驻澳门特区联络办公室副主任。

8 日 往来澳门与广州的直升机航线开始试运。

14 日 政府公布，澳门大学氹仔校区日后将留作高等教育未来发展之用，原图书馆大楼将改为“澳门大学城区中心”。

15 日 世界女排大奖赛澳门站举行。

16 日 行政长官选举竞选宣传期开始。选管会举行行政长官候选人政纲宣讲及答问大会，候选人崔世安介绍竞选政纲。

24 日 三个团体无视法院裁决及政府劝谕，执意举办所谓“行政长官选举民间公投”活动，个人资料保护办公室、治安警及司警采取联合行动，带走五人，其中一名发起人涉嫌违反《个人资料保护法》，被司警控以加重违令罪，检察院翌日决定立案侦查。

25 日 澳门大学首次在横琴岛新校区开始新学年。

30 日 澳门确诊今年首例本地登革热病例。

31 日 本日为行政长官选举日，共有 396 名选委会委员投票，投票率为 99%。唯一候选人崔世安获 380 票，得票率 95.96%，当选成为行政长官候任人。

九月

3 日 终审法院确认行政长官选举总核算结果。

为执行全国人大常委会决定，政府首次举行中国人民抗日战争胜利纪念活动。

澳门特区分别与大不列颠及北爱尔兰联合王国以及根西行政区签署《税收信息交换协定》。

4 日 社会保障基金公布，本年度公积金个人账户的利息收益已转入符合资格的个人账户内，收益率为 0.1693%。

5 日 澳门特区与阿根廷共和国签署《税收信息交换协定》。

10 日 第四十五次亚洲太平洋经济合作组织旅游工作组会议在澳门召开。

13 日 第八届亚洲太平洋经济合作组织旅游部长会议在澳门召开，国务院副总理汪洋出席开幕式。会议通过《澳门宣言》，达成八项重要共识。

15日 《澳门特别行政区公报》刊登行政命令，自16日起接受经营长期演进技术公共地面流动电信服务牌照（LTE牌照，俗称4G牌照）的竞投申请。政府在首阶段将发出四张牌照。

卡式电子内地居民往来港澳通行证扩展至全国启用。

行政长官办公室接收崔世安竞选办公室在行政长官选举竞选期内收集到的120932份意见。

16日 受台风“海鸥”影响，气象局悬挂八号风球。民防中心在此期间共收到87宗事故报告，共有6人受伤。

中国澳门体育代表团首批运动员出发前往韩国仁川，参与第十七届亚洲运动会。

17日 国务院总理李克强签发第655号国务院令，任命崔世安为中华人民共和国澳门特区第四任行政长官。

葡萄牙语大学联会第二十四届会议在澳门召开。

民政总署人员渎职案，辅助人向中级法院提出上诉。

19日 横琴新区粤澳保险机构相互提供跨境机动车保险服务合作签约仪式举行。根据协议，澳门单牌机动车辆车主只需在澳门或珠海横琴购买两地车险产品，便可获得两地跨境汽车保险保障。

“桃花岗案”嫌疑人丁文礼获判无罪。

24日 《澳门特别行政区公报》刊登2014年度澳门科学技术奖获奖人名单。

26日 内地、香港、澳门、台湾四地警方联合侦破电信诈骗案，涉及款项2亿港元，共拘捕31人。其中澳门司警在一处住所搜出超过140万港元现金、6部电脑主机、大批手提电话和银行卡。

30日 本年度现金分享发放工作基本完成，涉及金额约462071万澳门元。

《澳门与台湾间航空运输协议》生效，全面取消澳门来往台北与高雄间的运力限制。

十月

1日　政府及民间举行系列活动，庆祝中华人民共和国成立65周年。

5日　参与第十七届亚洲运动会的中国澳门体育代表团最后一批运动员返澳。代表团在该届运动会上取得三面银牌和四面铜牌。

6日　娱乐场中场实施全面禁烟。当局同时准许娱乐场设置没有赌桌、封闭和独立抽气的吸烟室。

国家金牌运动员代表团访问澳门。

12日　约5000人参与中国银行澳门分行举办慈善步行，共筹得1400万澳门元的善款。

第十届泛珠大会高层论坛在广州举行，由行政长官崔世安主持。论坛以“合作发展，共创未来”为主题，“9+2”各方行政首长围绕构建开放型经济、促进合作与发展进行演讲和讨论。

15日　检察长何超明透露，检察院已就“桃花岗案”裁决提出上诉。

17日　台湾劣质食用油事件扩大。民政总署宣布，由即日起暂时禁止进口台湾生产的食用油。

18日　第一届澳门全民运动会举行。

23日　第十九届澳门国际贸易投资展览会举行。

中级法院裁决，行政法院于2013年6月有关澳门律师公会拒绝澳门科技大学法学士申请注册实习律师决议无效的判决，因部分存在过度审理而无效；但由于律师公会不具备学历认可和审查的自由裁量权，相关决议仍存有违法瑕疵，故裁决将其撤销。

运输基建办公室公布，将采用“空中花园”方案，以解决轻轨系统澳门半岛线南段在行经观音像时产生的景观问题。

26日　第十九届澳门国际贸易投资展览会结束，共举行超过1500场商业配对洽谈，签约项目超过130个。

27日　第五十一届亚太广播联盟周年大会及附属会议在澳门召开。

往来澳门与金边的航线开通。

30 日 第十届澳门特区全国人大代表、《澳门日报》副董事长、澳门新闻工作及文化界知名人士李鹏翥逝世。

十一月

1 日 供水收费调升，加幅按收费阶梯及用户类别，介乎 0.9% ~15%。另外，政府维持水费补贴措施。

6 日 政府宣布，宏益电召的士有限公司之特别的士准照期限将于 6 日届满后不再续期。宏益电召的士有限公司于当日 23 时 59 分结束营运。

9 日 李鹏翥追悼会举行。治丧委员会副主任、全国人大常委、立法会主席贺一诚致悼词。

10 日 政策研究室公布《崔世安先生参选第四任行政长官竞选活动期收集意见的分析报告》结果，其中有效意见 111827 份，涉及 18 个施政范畴，交通、房屋、医疗卫生排在首三位。

11 日 行政长官崔世安列席立法会，发表《2014 年政府工作总结》，并介绍 2015 年财政年度预算安排。

13 日 第六十一届澳门格兰披治大赛车举行。

14 日 澳门特区与葡萄牙联合委员会第三次会议举行。

政府公布澳门大学氹仔旧址建筑群的使用分配安排，澳门理工学院、旅游学院、行政公职局、体育发展局、交通事务局及澳门城市大学获分配使用有关建筑物或设施。

16 日 第六十一届澳门格兰披治大赛车结束，四日赛事共有 7.95 万人次进场。

20 日 中国人民解放军驻澳门部队完成第十五次建制单位轮换。

28 日 统计暨普查局公布第三季本地生产总值按年实质收缩 2.1%，是五年来首次出现季度经济负增长。

30 日 国务院任命第四届澳门特区政府主要官员及检察长。

政府公布 2014 年度颁授勋章、奖章及奖状名单，其中最高荣誉大莲花荣誉勋章从缺，工商界知名人士吴荣恪获授金莲花荣誉勋章。

十二月

3 日 国务院公布，“澳门妈祖信俗”及“澳门哪吒信俗”被列入《国家级非物质文化遗产代表性项目名录扩展项目名录》。

6 日 澳门大学举行荣誉学位及高等学位颁授典礼，向莫言、默顿（Robert Merton）、杨振宁、李焯芬及邵贤伟颁授荣誉博士学位。

7 日 第三十三届澳门国际马拉松举行。

8 日 “同心协力共创繁荣——澳门特别行政区成立 15 周年成就展”在北京开幕。

11 日 行政长官崔世安委任第四届行政会委员，11 名委员分别是陈海帆、梁庆庭、廖泽云、马有礼、欧安利、郑志强、陈明金、何雪卿、黄如楷、林金城和陈泽武。

13 日 为执行全国人大常委会决定，政府举行南京大屠杀死难者国家公祭日悼念活动。

14 日 第三十一届公益金百万行举行，共筹得 1600 万澳门元善款。

“澳门拉丁城区幻彩大巡游”举行。

15 日 政府举行 2014 年度勋章、奖章及奖状颁授仪式。

澳门电讯有限公司、和记电话（澳门）有限公司、数码通流动通讯（澳门）股份有限公司，以及中国电信（澳门）有限公司的公用地面流动电信服务牌照获续期至 2023 年 6 月 4 日。

16 日 终审法院裁定，当政府调整职位薪俸点时，处于退休状态而曾出任同一职位的公务员的退休金薪俸点不会有相应调整。

18 日 内地与澳门新通关安排正式实施。

内地与澳门签署《〈内地与澳门关于建立更紧密经贸关系的安排〉关于内地在广东与澳门基本实现服务贸易自由化的协议》。

19 日 国家主席习近平抵达澳门展开访问。

国家主席习近平会见行政长官崔世安，向崔世安透露中央政府已决定启动明确澳门特区习惯水域管理范围相关工作，并向澳门赠送一对大熊猫。

20 日　庆祝澳门回归 15 周年大会暨澳门特区第四届政府就职典礼举行。崔世安在国家主席习近平监誓下，宣誓就任澳门特区第四任行政长官。

《澳门特别行政区公报》发行特刊，公布行政会委员的委任及多项政府人事任命。

政府及民间举行系列活动，庆祝澳门特区成立 15 周年。

国家主席习近平结束访问澳门。

24 日　天主教澳门教区主教黎鸿升发表圣诞献辞，呼吁“爱人如己”，与他人和睦相处。

26 日　行政长官崔世安在北京先后向国务院总理李克强及国家主席习近平述职。

28 日　全国人大常委会会议任命第四任澳门特区基本法委员会组成人员，李飞续任委员会主任。

中央人民政府于澳门特区成立时赠送的《盛世莲花》雕塑的创作者郭宝寨，向澳门特区政府捐赠原设计模型及创作手稿等资料。

29 日　张智猛少将接任中国人民解放军驻澳门部队政治委员。

司警揭发有保安部队成员透过社交网站诱骗奸淫多名未成年少女，在其电脑档案中搜获超过 160 名女童的图片及视频资料。

31 日　行政长官崔世安发表 2015 年元旦献辞，强调新一届政府将持续增强主人翁意识及忧患意识，努力提高治澳能力及水平。

澳门多处举行活动，倒数迎接 2015 年。

参考资料

《澳门特别行政区公报》，澳门，2014。

澳门文化局：《澳门中央图书馆 ISBN 中心 2013 年度报告》，2014。

澳门社会保障基金：《2013 年度报告》，2014。

澳门财政局公共会计厅：《2013 年度预算执行情况报告》，2014。

澳门统计暨普查局：《工业调查 2013》，2014。

澳门统计暨普查局：《本地居民总收入 2013》，2014。
澳门统计暨普查局：《统计年鉴 2013》，2014。
澳门统计暨普查局：《博彩业调查 2013》，2014。
澳门统计暨普查局：《就业调查 2013》，2014。
澳门统计暨普查局：《澳门产业结构 2013》，2014。
澳门统计暨普查局：《澳门资料 2014》，2014。
澳门金融管理局：《2013 年年报》，2014。
澳门选民登记网站（http：//www. re. gov. mo）。
澳门行政公职局网站（http：//www. safp. gov. mo）。

Abstract

The *Blue Book of Macao 2015* is comprised of 17 articles covering sections of General Report, Politics and Legal System, Economy and Trade, Gaming, Society and Livelihood, as well as Appendix. The *Book* allows readers to understand directly the latest developments and changes in all aspects of Macao. Through analyses on domestic and international economy in combination with Macao's own resources and trends of development, the *Book* argues that the year 2015 will be a key year for Macao to realise the 12th Five – Year Plan in achieving a world-class tourism and leisure centre. On the one hand, the Special Administrative Region Government (SARG) has begun a new term. A motivated team is keen to open a new era for the economic and social development of Macao, allowing reform and development to enter a new stage. On the other hand, following the reduction of gaming revenue and increased constrains in land, population and capital elements, the moderate economic diversification and urban loading have become key issues to be resolved.

The General Report reviews the policies implemented by the SARG in 2014 and the principal questions facing the economy and the community of Macao, and proposes some countermeasures. Guided by people-based and scientific governance, Macao has maintained a rather high-speed economic, education and social development. However, problems have begun to emerge during the course. The General Report analyses the existing problems and proposes to the SARG to formulate mid- and long-term development strategies and clear industrial policies, namely the establishment of an investment fund, the improvement of wealth part-taking mechanisms, the promotion of administrative and judicial reform, the reinforcement of youth education and national education, the realisation of professional training, the elevation of the quality of citizens and the promotion of higher education reform.

The Politics and Legal System section focuses on the political development of Macao in 2014. The 4th Chief Executive Election is reviewed, and some institutional reflections are made. Meanwhile, new media has brought new opportunities and challenges to Macao in 2014, and a series of social movements has put the SARG to the test, although it also opens a new way of communication between the government and the general public. Specific analysis and summary are also made in this section for the legislative work and government performance assessment building.

The Economy section focuses on the moderate diversification of Macao's economy and the construction of the economic and trade exchange platform between China and Portuguese-speaking countries. In an article that reviews and analyses Macao's economy in relation to the domestic and international economy at large in 2014, a forecast is made for the trend of growth and development in 2015. The moderate diversification of Macao's economy, despite being slow, is nonetheless on the course of formation, following explicit support to such emerging sectors as conference and exhibition, as well as culture and creations, together with regional cooperation within the Pearl River Delta region. This section also discusses the current situation of the development of Macao as a platform the economic and trade cooperation and services between China and Portuguese-speaking countries. With full support of the central government, measures such as setting up a service centre, a food wholesale centre and a conference and exhibition centre are expected to facilitate connections of enterprises from both sides, which in turn will provide the potential for Macao's sustainable economic development in the future. The development of tourism and the features in the spending of visitors are also discussed in this section. Being a pillar industry, tourism in Macao has experienced rapid development in recent years. However, some negative social effects are also in accumulation and begin to emerge. A series of reform measures have been introduced by both the tourism sector and the SARG to enhance the competitiveness of tourism and urban loading, which ultimately will help building a liveable and pleasant international tourism city. The feasibility of setting up a "sovereign fund" is also discussed.

Gaming Development is a new section introduced to the *Blue Book of Macao*.

Despite different opinions on the size of the gaming sector in relation to Macao's economy due to differences in calculations, it is still the most important industry in this territory. The domination of the gaming sector over the economy and its effects to the region, the economy and the livelihood have attracted national and international concerns. Macao has developed into the world's largest centre of gaming over the decade, but gaming revenue has sharply fallen in 2014 as a result of China's economy facing a new growth pattern. In this section, deep-seated factors contributing to the recession of development, such as competitions in loan provisions, legal versus illegal gaming, and international competition, are firstly analysed. Following concerns on the flow of capital of the gaming sector, this section also provides an account to the measures taken by Macao authorities against money laundering. On the other hand, the century-old non-fortune gaming methods have contributed to the development of Macao's gaming sector, and are worth studying by academics.

In the Society and Livelihood section, it is forecast that transport will be significantly improved within the Pearl River Delta region as a result of the completion of a number of highway, railway and intercity light rail networks. It will be common for residents within the region to work and live in neighbouring cities. The inter-regional movement of residents will inevitably be connected with social security issues, such as logistics, education and medical care. This section has dedicated to a number of articles discussing these issues, which provide readers with better understandings on the lives of cities, including Macao, in the western coast of the Pearl River Delta region in the future. Technical-professional education and social security institutional building are also the foci of this section. It is argued that the SARG can take measures to perfect the structure of education in Macao, and to ensure the grassroot residents are able to share the fruits of social and economic development.

Contents

B I Synopsis

Abstract: The Macao Special Administrative Region (SAR) has made great achievements in the economic and social development in 2014. On the other hand, it is undeniable that various contradictions and problems gradually emerged in the community, namely a rather monopolised economic structure, high inflation, a large income gap, low administrative and judicial efficiency, slow regional cooperation, labour shortage and low-quality labour force, etc. This paper proposes the formulation of a mid- and long-term strategies and clear economic policies by implementing a series of concrete and effective measures, such as establishing a sovereign investment fund, improving the wealth part-taking mechanism, promoting administrative and judiciary reform, setting up a mechanism for talent development and elevating the quality of the population. Establishing a good mechanism for talent development is an essential condition to guarantee the prosperity and stability of the Macao SAR.

Keywords: Macao; Challenges; Strategic Industrial Sectors; Talents

B II Political and Legal Development

Abstract: The 4th Chief Executive election has been completedin 2014 according to the amendment of its election law in 2012. The election was held on the basis of the expansion of the number of members of the Electoral College, the adjustment of sectors and the increase of the number of voters. In comparison with the last election in 2009, this election was different in terms of the content of the manifesto and the campaign, which responded to the changes in the context and demands within the community. The interaction of the candidate with the community, and the use of modern network technology were reinforced. However, the one-man candidacy remained and the level of competition among candidates into the Electoral College did not elevate significantly. It can therefore be said that the amendment to the election law is of limited effectiveness, and that further improvement is necessary. For the election of members of the Electoral College, the nomination threshold should further be lowered. For the Chief Executive election itself, the "one-man candidacy" should be changed by enhancing competition in order to reinforce the legitimacy of the elected. In the meantime, adjustments to policies to improve the livelihood of the population and to innovate the structure of governance are also necessary.

Keywords: Chief Executive; Macao; Election System; Electoral College; Competitiveness; Legitimacy

Abstract: Legislative work in the Macao SAR has achieved remarkable results in 2013 -2014. The Legislative Assembly has approved a series of major legislation that had been under preparation for a long time. To facilitate description, this article firstly introduces the legislative function and procedures of the Legislative Assembly in 2013 -2014, and then provides a detailed account on the legislation approved by the Assembly in the same year as well as some principal legislation.

Keywords: Legislative Assembly; Legislative Function; Legislative Procedure

B. 4 Political Communication in the Network Society of Macao

Abstract: In 2014, social uses of new media in Macao society presented new characteristics, making Macao a highly advanced network society. New media use of Macao residents evidently functioned to facilitate their knowledge and participation of social movements. The new media-mobilized social movements, such as the "5. 25 Anti -Retirement Subsidies Movement", reflected the influence social media effected in public opinion and the power it generated in social mobilization. The traditional political communication model, which had been set within the principal framework of association politics, was greatly impacted, and exhibited a lack of network political communication. In the year 2015, the newly-sworn-in Macao government will make on the list of its major priorities the construction of a new model of political communication. The support of the Central Government and the development of Hong Kong - Macao - Zhuhai integration will also contribute to an environment for more open, transparent and participatory model of political communication. However, local tensions and external influence still exist, which will pose serious challenges to political communication, particularly network political communication. The contention among mainstream media and new media in influencing public opinion will continue, so the prospect of political communication which strives for consensus will not come easy.

Keywords: New Media; Social Movement; Political Communication; Macao

Abstract: The Macao SAR initiated a system of government performance management in 2013, based on the original appraisal systems of public sector employees, assessments of public services and service satisfaction assessments of the population. In 2014, the SAR Government conducted a full-scale planning on performance management by proposing a neutral assessment body that combines performance management with accountability of officials, reorganisation of functions and simplification of the Administration. In future institutional building, the Government should ensure the credibility of the third-party assessment body, create a performance-oriented culture, realise the simplification of the Administration and the accountability against performance.

Keywords: Government performance management; Performance assessment of leading officials; Neutral assessment body; Simplification of the Administration; Accountability against performance

B Ⅲ Economics and Trade

Abstract: Since the emergence of the concept of Macao being the platform for economic and trade cooperation between China and Portuguese-speaking countries, support was received by China and all other countries concerned. The platform has provided a great stimulus in economic and trade cooperation as well as cultural exchange, and that its effect is in continuous release. This article analyses the situation of the development of the platform during 2014 – 2015 and summarises the principal achievements and several strategic approaches adopted by the Macao SAR Government in promoting the development of this platform. This article also briefly analyses the problems during the construction of the platform, and provides several suggestions.

Keywords: Macao; Platform for Economic and Trade Co-operation between China and Portuguese-speaking Countries; Present Development

B. 7 Study of Visitor Flow Management in Macao

Vong Chuk Kwan / 095

Abstract: With the phenomenal development of its tourism industry, Macao has morphed from a nameless city to an internationally renowned and prosperous tourist destination. The increase in visitation that follows, however, strains the city's resources and puts its infrastructure to stringent tests. The community begins to wonder if Macao has reached its maximum tourism carrying capacity and if any further development will be sustainable. The article discussed the challenges brought by increased tourist arrivals, international experiences in adjusting and influencing tourist demand and service supply, as well as strategies to manage tourist flows. Recommendations on how to apply some of these strategies in Macao were provided.

Keywords: Macao; Tourism carrying capacity; Sustainable development; Tourist flow diversion; Visitor management

B. 8 On Setting Up a Sovereign Wealth Fund for Macao

Qiu Xiaohua, Zhang Ming, Wang Yongzhong and Pan Yuanyuan / 110

Abstract: Setting up a government-controlled sovereign wealth fund has gradually become one of the important components of the developmental strategies of some countries and territories. This article discusses the feasibility and necessity for Macao to set up a sovereign wealth fund, and provides feasible suggestions in terms of sources of funding and its application, corporate governance, investment strategies and management, risk management, performance appraisal, human resources and international cooperation. Some important issues that require solution are also indicated.

Keywords: Macao; Sovereign Wealth Fund; Investment

Abstract: The year 2014 is the fifteenth year of Macao's Reunification with China. With her unique cultural heritage, support from the Central Government and the tireless effort of the population, Macao gradually achieves her goal to be the "world-class tourism and leisure centre". Macao promoted her tourism industry to a higher level in 2014, with the overall demand growing steadily. From January to October, the total number of visitors to Macao rose steadily in which markets from the Republic of Korea and the Chinese mainland experienced the fastest growth. Chinese mainland visitors accounted for nearly 70% of the total visitors. The main purpose of visitors to Macau was holiday (59%), followed by transit (21%). The proportion of visitors to gamble was relatively low, only at 7%. In the first three quarters, the total visitors' spending increased significantly and per capita spending increased slightly. However, when taking into account the inflation changes in Macao, the real per capita spending declined. Gaming expenditure began to decline since the middle of 2014. The structure of visitors' spending varied in different markets: Chinese mainland visitors spenta higher proportion in shopping, which constituted the major consumption force of jewellery and watches, cosmetics and perfumes, handbags and footwear. Visitors from other markets mainly bought local produces. Looking ahead to 2015, with the extension of the opening hours of the border checkpoints, improvements in infrastructure and the gradual completion of large resorts, Macau tourism is expected to step to a new level.

Keywords: Macao; Visitors; Spending

B. 10 A Review of Macao's Economy in 2014 and the Outlook

Lao Chi Ngai / 154

Abstract: This paper mainly analyses Macao's macro-economic environment and development of its principal industries in 2014, and provides forecast to the economic situation of the coming year.

The combining effects of the end of the Quantitative Easing (QE) programme by the US in 2014 and the anti-corruption campaign in mainland China deeply impacted on the spending behaviour of mainland Chinese visitors to Macao, especially on the VIP junkets in casinos. The gross revenue of gaming declined for seven consecutive months since the mid −2014. The GDP of Macao contracted by 2.1% and 17.2% respectively in the 3rd and 4th quarter, the first recessions over the past five years. The annual GDP of Macao contracted by 0.4% in 2014.

Looking ahead to 2015, it is predicted that the economy of Macao would continue the falling trend during the upper half of the year. However, as casino revenue is expected to stabilise at the middle of the year, economic growth would resume by the final quarter. The overall annual GDP in 2015 would either remain the same level as in 2014, or would grow in a lower single-digit percentage, possibly between 2% and 3%.

Keywords: Macao Economy; Industrial Analysis; Economic Outlook

B IV Gaming Development

Abstract: Gross gaming revenue in Macao experienced a 10 – month consecutive fall. Statistics shows that the VIP junkets in casinos were the hardest hit, while revenue from the floor pit actually increased. The reason for the depression of the gaming sector should therefore be examined from the VIP junkets. This article revealed the specific reasons from the perspectives of competitions in credit provisions, legal versus illegal gaming, and international competition.

Keywords: Macao; Gaming sector; Decrease in gross gaming revenue; VIP junkets

Abstract: Gaming is a cash-intensive sector. The provision of certain financial services by the operators has become a channel for criminals to launder their illegal incomes. In order to prevent and deter money laundering in the industry, Macao has promulgated laws and regulations as well as taken a number of measures compliant to international practices. For instance, casinos are required to file Currency Transaction Reports (CTRs) and Suspicious Transaction Report (STRs) to the regulatory bodies. The enforcement of anti-money laundering laws in Macao is, in general, satisfactory as no serious money laundering cases have been found.

Keywords: Anti-money laundering, Gaming regulation, Money laundering crime

B. 13 Non – Casino Gaming in Macau: the Past, the Present and the Future *Liu Shuang / 207*

Abstract: Casino gaming has been the soul of Macao's gaming industry. Non-casino gaming, however, does not attract much research attention. This article provides a concise review and summary to the history and the present situation of non-casino gaming, and presented suggestions on the future development of the mutual gaming items, such as lotteries, greyhound racing and horse racing. This article argues that non-casino gaming is significant in the diversification of Macao's gaming sector. Gaming products that receives little market attention can be withdrawn, while measures should be taken to those with certain market foundation in order to expand its influence and betting volume.

Keywords: Macao; Non-casino gaming industry; Lottery; Greyhound racing; Horse racing

B V Society and Livelihood

B. 14 Collaboration in Social Services under the Framework Agreement on Cooperation between Guangdong and Macao: Challenges and Opportunities

Chan Kin-sun, Wu Zhilei and Fong Kuok Hou / 218

Abstract: Macao's social services and health care are highly interdependent. As patients with chronic illnesses, including the elderlies and disabled people, are the main users of the health care system, long-term care services have always been the core of social services. Social Services provision has always been the Macao SAR Government's major tools of improving the livelihood of the population. Most social services are delivered by local social organisations under the sponsorship of the Macao SAR Government, and so local organisations are relatively independent in developing these services. Constrains in land and human resources have cause bottlenecks in the development of social services in Macao. Under the Framework Agreement on Cooperation between Guangdong and Macao, civic organisations in Macao have continuously promoted collaboration with the public sector of the mainland in the provision of social services. The huge difference in the delivery modes of social services between Guangdong and Macao leads to big challenges for Macau's social organisations to provide direct services in mainland China. The Macao SAR Government should consider switching the system from the supply side to the demand side by strengthening the present healthcare voucher system and services matching system. Based on the aforementioned systems, this article attempts to further analyse the elderly services and rehabilitation services in Macao under the framework of regional cooperation.

Keywords: Framework Agreement on Cooperation between Guangdong and Macao; Social Services; Long Term Care; Voucher System

B. 15 The Development Trends of Cross – Boundary Living in Macao-from the Perspective of Transportation Connectivity *Lam Soi Hoi* / 235

Abstract: With the continuous development of Macao and the growing population and visitors, the relationship between Macao and the region has become increasingly important. The Chief Executive pointed out, in his 2014 Policy Address, that enhancing regional cooperation to complement each other's strength is an important policy for sustainable development and improving people's livelihood in Macao. This paper analyses the recent overall regional development in Macao, its regional development plans and strategies in the future, and conducts a brief analysis of the future trends of cross-boundary living, from the perspective of transportation connectivity. Considering the increasing interaction between Macao and the region, a blueprint for the development of regional integration has been developed in the regional planning and overall planning of future reclaimed areas. As the cross-border travel being the basis of cross-border living of Macao, various cross-boundary transport infrastructure projects will be integrated with the rest of the regional network. This will provide the foundation of cross-border living for Macao residents in the future and help promoting inter-regional exchange of personnel and key elements. The recent extension of the opening hours of border checkpoints will help to improve the cross-border travel of Macao residents and visitors, as well as the internal traffic in Macao, which in turn will have a profound impact on the development of a more sustainable future in Macao. Looking ahead, the interaction with the region, especially the Pearl River Delta region, will be more frequent, and cross-border living will become more important. As such, cross-border travel will greatly increase, and there is a need to meet the new requirements for the next-round of development through enhanced customs clearance and cross-border transport infrastructure, especially the promotion of sustainable development and the improvement of people's livelihood in Macao through regional cooperation.

Keywords: Cross-border travel; Cross-border infrastructure; Regional integration; Sustainable development; Railway; Transportation planning

B. 16 The Review & Prospect for Macao's Vocational and Technical Education

Chang Ma Lei / 249

Abstract: The task for Vocational and Technical education (VTE) is to cultivate Macao's applied talents of various levels. This article reviews the development of Macao VTE and summarised its problems in terms of institutional arrangement, sources of students, infrastructure, qualification of teachers and VTE providers. This article also argues that VTE will be developing under the framework of Talent cultivation long-term mechanism where local VTE institution and government funding will be strengthened and the regional VTE cooperation will be enhanced.

Keywords: Long-term mechanisms; Applied talents; Vocational and Technical Education; School-enterprise cooperation

Abstract: The Wealth Partaking Scheme began in 2008, in which every Macao resident was eligible to participate. People should be aware of the ups and downs of the economic environment and that a surplus in every fiscal year should not be expected. There have been different views on the nature, objectives and practices of the Wealth Partaking Scheme over the years, and the community has offered proposals to modify the scheme so the current temporary practice could be replaced by a more sustainable long-term mechanism. This article aims to explore, analyse the Scheme, and proposes that the Wealth Partaking Scheme should be considered a universal welfare. The main goal would be to share the fruits of economic development, and to ensure a fair allocation through a thorough consideration of financial reserves and the surplus available. The Scheme should be a long-term mechanism with fair distribution, while the amount could be increased or decreased. For the money which was not taken as the annual scheme became overdue, a poverty alleviation fund could be set up in order to better assist the disadvantaged groups.

Keywords: Wealth Partaking Scheme; Social welfare; Long-term mechanism; Macao

B Ⅵ Appendix

皮书起源

“皮书”起源于十七、十八世纪的英国，主要指官方或社会组织正式发表的重要文件或报告，多以“白皮书”命名。在中国，“皮书”这一概念被社会广泛接受，并被成功运作、发展成为一种全新的出版型态，则源于中国社会科学院社会科学文献出版社。

皮书定义

皮书是对中国与世界发展状况和热点问题进行年度监测，以专业的角度、专家的视野和实证研究方法，针对某一领域或区域现状与发展态势展开分析和预测，具备权威性、前沿性、原创性、实证性、时效性等特点的连续性公开出版物，由一系列权威研究报告组成。皮书系列是社会科学文献出版社编辑出版的蓝皮书、绿皮书、黄皮书等的统称。

皮书作者

皮书系列的作者以中国社会科学院、著名高校、地方社会科学院的研究人员为主，多为国内一流研究机构的权威专家学者，他们的看法和观点代表了学界对中国与世界的现实和未来最高水平的解读与分析。

皮书荣誉

皮书系列已成为社会科学文献出版社的著名图书品牌和中国社会科学院的知名学术品牌。2011 年，皮书系列正式列入“十二五”国家重点图书出版规划项目；2012~2014 年，重点皮书列入中国社会科学院承担的国家哲学社会科学创新工程项目；2015 年，41 种院外皮书使用“中国社会科学院创新工程学术出版项目”标识。

中国皮书网

www.pishu.cn

发布皮书研创资讯，传播皮书精彩内容
引领皮书出版潮流，打造皮书服务平台

栏目设置：

- □ 资讯：皮书动态、皮书观点、皮书数据、皮书报道、皮书发布、电子期刊
- □ 标准：皮书评价、皮书研究、皮书规范
- □ 服务：最新皮书、皮书书目、重点推荐、在线购书
- □ 链接：皮书数据库、皮书博客、皮书微博、在线书城
- □ 搜索：资讯、图书、研究动态、皮书专家、研创团队

中国皮书网依托皮书系列“权威、前沿、原创”的优质内容资源，通过文字、图片、音频、视频等多种元素，在皮书研创者、使用者之间搭建了一个成果展示、资源共享的互动平台。

自 2005 年 12 月正式上线以来，中国皮书网的 IP 访问量、PV 浏览量与日俱增，受到海内外研究者、公务人员、商务人士以及专业读者的广泛关注。

2008 年、2011 年中国皮书网均在全国新闻出版业网站荣誉评选中获得“最具商业价值网站”称号；2012 年，获得“出版业网站百强”称号。

2014 年，中国皮书网与皮书数据库实现资源共享，端口合一，将提供更丰富的内容，更全面的服务。

法律声明